中国廉政史鉴

李洪峰题

思想理论卷

4

李洪峰　主编

文化藝術出版社
Culture and Art Publishing House
國家圖書館出版社

第九章　元代廉政思想

概述

元代是一个廉政制度较为废弛的时代，制度方面的粗疏直接导致了其吏治的腐败，而庞大的王朝也便因此在不长的时间内便走向覆亡。与廉政制度方面的松弛相对应的是，元代有关廉政的思想也并不十分完备。虽然从数量上看，元代有关廉政的思想并不鲜见，但从思想的深度和价值方面看，却很难和唐、宋、明、清等朝代相提并论。

在元代，很多廉政思想的提出都显得颇为必要，但这种必要性不是来自相关的政治家或思想家对于现实的深切洞察，而是根源于制度的粗疏。正是由于制度方面存在着颇多的漏洞和不合理之处，因此一些有识之士才会提出相关建议，企图对于相关的制度进行改善和弥补。因此，虽然从现实政治的角度看，这些思想都显得十分及时和必要，但倘若放在整个历史的进程中，就会发现这些思想许多都只是最为基本的建议，倘或在其他朝代，都已经用制度、法律或是规章的形式加以明确，而在元代却还需要朝野之士在各种官方或是私人的著述中大力加以呼吁。

这一状况在元初体现得更为明显，其原因也不难想见。元代是由北方游牧民族建立的政权，缺乏如同汉民族那样管理一个统一王朝的经验。在其建立之初，很多廉政方面的制度都还没有设立，或是很不完善，因此，相关的建议也就会大规模地出现。

即便如此，在元代的廉政思想中，还是有许多熠熠闪光之处，值得我们充分重视。其中的很多建议不仅可以用于元代，对于中国其他的历史时期也有相当的借鉴意义。如程钜夫曾提议设立贪赃籍，也就是将那些贪污腐化的官员记录在案，避免他们再次任官。在古代历朝的选官制度中，多有官员因为腐败而被免除官职，但在很多情况下，这种免职的处分都不是终身的，过了一段时间以后，这些官员还是可以东山再起。而在制度相对松弛的元代，更出现了在此地因贪污而落职的官员，在异地仍然可以为官的事情。程钜夫提议的贪赃籍，无疑可以有效地杜绝这种状况。而即使放在其他朝代，这一建议倘或可以落实，也仍然可以在廉政方面发挥重要作用。

值得注意的是，元代的廉政思想多是针对具体的现实问题而发，体现了务实性的特点。例如，在俸禄的发放方面，“拨职田”的建议便是如此。在元代，多给地方官员分发一些没有人耕种的荒田，用田产所得补偿他们相对少的俸禄收入，这样做，既可以保证官员的基本收入，避免他们盘剥百姓，又可以减轻国家财政的支出负担。但在具体操作的时候，由于江南经济较为发达，很少有荒田出现，因此这一制度很难得到实施。这也就直接导致官员由于收入不足，不得不运用种种不正当的手段去谋取钱财。而提议“拨职田”，也就是说在实行这一政策时充分考虑江南的实际情况，直接将官田拨给官员作为职田，以此使得官员得到合法的收入，减少腐败的可能。这一建议不仅考虑到了问题的现实意义，而且充分顾及了问题发生的背景和特殊性，并提出了最为易行的办法加以解决。更重要的是，虽然俸禄制度在今天已经不复存在，但这一建议中所涉及的处理相关问题的基本原则，即便现在看来，还是异常重要，即任何制度层面的规定都不应采取“一刀切”的办法，而是应当仔细甄别不同的状况，因地制宜地加以区分和对待。这才是更为理性也更为切实的态度。

尽管总体而言，与其他朝代相比，元代有关廉政的思想缺乏深刻，但其中还是有一些颇具探讨价值的内容。中国的廉政思想从不缺乏深刻和广泛，但在思想的系统性上却略显不足，很多思想的提出多是随机的、零星的，难以构成周密细致的体系。而在这一点上，在元代的廉政思想中却有一个例外，这便是张养浩所写的《三事忠告》（也称《为政忠告》），也就是《牧民忠告》、《风宪忠告》和《庙堂忠告》，分别是对于基层地方官、监察官员以及中央大员的告诫和建议。在《三事忠告》的三个部分之下还有详细的区分，如《牧民忠告》中又分为拜命、上任、听讼、御下、宣化等几个方面，涉及了地方官员任职、处事的各个方面；在这样的区分下还有更为细致的条目，如听讼就有十条之多，拜命也有六条，分别是省己、克性之偏、戒贪、民职不宜泛授、心诚爱民智无不及、法律为师等等。对于这些三级条目，张养浩也有较为详尽的解释。可以说《三事忠告》涵盖了官员廉政所有重要的方面，不仅见解精辟，而且自成系统，代表了元代廉政思想的最高成就。其周密、完整程度，即便放在整个中国历史的背景上看，也仍然是第一流的。

此外，从发言者的身份来看，元代廉政思想体现了多样性的特点：既有雄才大略的君主，例如忽必烈；又有在朝野间享有盛誉的名臣，如程钜夫、苏天爵；也有著名的思想家，如许衡；还有身为布衣却心系政事，不在其位仍谋其政的赵天麟。这些处在不同地位的发言者，从各自的地位、角度、认知出发，为元代的廉政思想增添了多层次的丰富性，也为我们把握、理解元代的廉政思想提供了必要的线索。

第一节 许衡

【人物简介】

许衡（1209—1281），字仲平，号鲁斋，怀州河内（今河南沁阳）人。著名的理学家、政治家和杰出的教育家。在元朝曾任京兆提学、太子太保、集贤大学士兼国子祭酒、教领太史院事等职。涉猎经传子史、礼乐名物、星历兵刑、食货水利之类，学问渊博，无所不通。在政治方面，曾经参与“立朝仪”、“定官制”，筹划立国规模，并且屡屡上书直言进谏，刚正不阿，被称为“元代的魏徵”。

汰省冗官

【原文】

国家能汰省冗官，则可以重名器①，抑侥幸，厉廉能，其为善政无疑也。然言之甚易，为之甚难。盖人之情大抵患于得失，故凡得则喜，凡失则怨，此所谓已夺者犹可与，已与者不可夺也。方其用之之初，正当甄别审察，不以私亲，不以贿赂，不以权贵，量其限而简用之，自无冗长。今既滥之于前，遽欲黜之于后，是恩之在私门者固无恙，而怨则归于上矣，其可哉？往者既不可复追，继自今后，当尽改前失，使天下之官有定员，岁取之人有定数。其科举荐举考课之法，具见前史，可考而知也。然又必重风宪之权，任廉能之士，使巡行天下，纠弹黜陟，无一不当，则前所谓冗官者日减，而新进者无积，庶乎可补前日之失也。[1]

【注释】

①名器：名号与车服仪制。奴隶社会与封建社会用以别尊卑贵贱的等级。

【译文】

国家如果能淘汰节省一些多余的官位，就可以让名号与仪制等变得更尊崇，并且可以抑制一些人企图通过不正当的手段获得官职，还能够激励那些廉洁贤能的官吏，这样的做法无疑是很好

〔1〕《元代奏议集录》（上册），浙江古籍出版社1998年版（下同），第103页。

的政治措施。但是这件事说起来十分容易，做起来却很难。大概人之常情多是对于得失的事情都忧心忡忡，因此凡是得到什么东西就会很高兴，凡是失去什么东西就会有所抱怨，这就是所谓的已经夺走的东西还可以再还给别人，但已经给予别人的东西却不能再夺走了。在开始使用这些人的时候，就应该仔细鉴别审察，不应该受到私人的情谊、贿赂之类的好处、权贵之类的势力等事情的干扰，估量这些人的潜力来选择使用他们，自然就不会产生多余的官位。现在既然之前已经有很多多余的官位，立刻想要一起废除，这样，对那些私人之间的恩德固然没有什么妨碍，但所有的抱怨都会指向朝廷，可以这样做吗？以前的事情既然不能再追回来，从今往后，应该改正以前所有的错误，使得天下的官职有一定的名额，每年选择的官员有一定的数量。那些科举、荐举、考课之类的办法，都可以参见前代的史书，可以通过考索的办法知道。然后又必须加重监察部门官员的权力，任用廉洁贤能的人士，使得这些人在国内巡察，采用纠察、弹劾、降职、升职这些手段，所做的没有一样恰当，那么前面所说的那些多余的官位就会每天都在减少，并且新任命的官员也不会有什么积压，这样便差不多可以弥补之前的过失了。

【评述】

在这篇奏疏中，许衡主要谈到的是精简行政部门的职位、裁汰多余冗员的重要性。对于冗员，许衡觉得有三个方面的危害：其一，官职过多，流品过滥，使得整个国家的官员系统没有充分被社会所尊重；其二，是很多投机分子会对多余的官位生出觊觎之心，因此会使用不正当的手段去谋取官位；其三，过多的不必要的官位延滞了国家的行政效率，并会造成人浮于事、仕途壅滞等不良后果，对于那些以廉洁贤能自许的官员来说，无疑打击了他们的士气。这些危害都会对整个王朝的吏治造成直接的损坏。

正是由于上述这些原因，许衡提出应该淘汰一些不必要的官位；但在策略方法上，许衡也有所考虑，这主要体现在“已夺者犹可与，已与者不可夺也”这句话上。因此，许衡主张以往的过失不再追究，裁汰冗员的工作从当下做起，这体现了原则性和策略性的统一。

当然，精简官位绝不是最终的目的，许衡这些建议所指向的是提高政府的办事效率、促进廉洁贤能的官场风气。而就这一点来说，官员的铨选以及监察无疑是最为重要也是最为基本的两个方面。许衡对于这两点也有所提及，这显示了其对于政治方针的深思熟虑。

任用贤能

【原文】

臣某窃意国家自壬辰之后，便当询求贤哲，商论历代创业垂统之宜，参酌古今，稍为定制，使后世子孙垂拱守成，此有国者之先务也。日习宴安，已为不可，而其委任又多残民蠹国之流。壬寅以还，民益困弊，至于己酉、庚戌，民之困弊极矣。困弊既极，殆将起乱。当是时，陛下有爱民之誉，好贤之名闻于天下，天下望之如旱之望雨。故先皇帝[①]继统，民皆欣悦，将谓信从陛下，选任善人，改更弊政，以兴太平。不意仍踵前失，再用此徒，委天下之民，使之刻剥，付天下之物，使之侵欺，大为失望。所赖者，分河南、关中，得陛下委之诸贤，不一二岁，疲民大安，恩虽未普，而天下之心已归之矣。此曹畏避威名，不敢纵横，但于君臣骨肉之间，阴行谮诉，将为不利于陛下。但天命人心，皆在于此，故不得遂其所愿。然委付以事，实为不可。而其间节目又少有可不可焉。其可者已在不可之中，不得为可；其不可者，是又不可之不可者也。浅见若此，未知是否。

臣某伏睹先皇帝圣旨，叮咛恳至，其大要欲事办民安二者而已。然所委之人，唯能刻薄官民，阿附近要，肆为欺蔽，窃据宠权，又乌知事之所以办，民之所以安乎？自壬寅之后，民已困苦，至于己酉、庚戌，民之困苦极矣，虐政所加，无从控告。先皇帝在潜，固知此弊，及其继统，不惟不见黜逐，且遽复大权而委用之，于此见欺，而所命之旨，皆属不可，不必更于其中有可不可之辨也。借寇兵而赍盗粮，不必指其兵曰孰利孰钝，指其粮曰孰新孰陈。[1]

【注释】

①先皇帝：指元宪宗蒙哥，是元世祖忽必烈的哥哥，其去世后由忽必烈继位。

【译文】

我认为国家自从壬辰年（1232 年）以后，便应该向贤能睿智的人咨询求教，商量讨论历朝历代创业以及继承系统中可以借鉴的地方，参考斟酌古往今来的经验教训，逐渐创立一些固定的制

〔1〕《元代奏议集录》（上册），第 107—108 页。

度，使得后代的子孙能够无为而治并且保持前人的成就和业绩，这是创立国家的人应该先做的事情。每天大摆宴席、安乐地过日子，已经是不应该了，更何况当时委任的又多是残害百姓损害国家利益的那些人。壬寅年（1242 年）以来，百姓更加困顿，到了己酉年（1249 年）、庚戌年（1250 年），百姓的困顿已经到了极点。困顿既然到了极点，动乱大概也差不多就会发生了。在那个时候，陛下有爱护百姓的名誉，爱好贤能的名声天下的人都知道，天下盼望陛下像大旱的时候盼望下雨一样。因此先皇帝宪宗继承大统，百姓都很欢欣喜悦，认为宪宗将要信任听从陛下的建议，选择任用贤能之人，改变原来恶劣的政治措施，以达到太平盛世。但没想到宪宗仍然继续以前的错误，再次使用残害百姓损害国家利益的那些人，将天下的百姓交给他们苛刻地剥削，将天下东西都交给他们侵占欺压，因此百姓非常失望。所能依赖的，不过是河南和关中两个地方，由于陛下委任了很多贤臣，没过一两年，疲惫的百姓就已经很安定了，恩德虽然还没有普及到其他地方，但天下人的心都已经向着陛下了。那些贪官害怕、躲避陛下的威名，不敢肆意地为非作歹，但在您和宪宗之间，偷偷地做了很多离间和进谗言的事情，将会陷害陛下。但上天的命令以及百姓的意愿、感情都在陛下这边，因此那些贪官都没有完成他们的心愿。但是将政事委托给这些人，实在是不可以的。而其中麻烦之处在于又很少有能用或是不能用的人。那些所谓能用的人已经在不能用的行列里，不能够使用；那些不能用的人，又是不能用中最不能用的人。我浅薄的建议就是这样，不知道正确与否。

我曾经看到先皇帝的圣旨，非常恳切地叮咛嘱咐，主要意思就是要使得政事得到办理以及让百姓安宁这两件事情罢了。但是所委托的人，只能严苛刻薄地对待官员和百姓，阿谀依附那些权势显要的人，肆意地做欺瞒蒙蔽朝廷的事情，偷窃占据恩宠以及权势，又怎么会知道政事要如何才能得到办理，百姓怎样才能安宁呢？自从壬寅年以来，百姓已经很困苦了，到了己酉年、庚戌年，百姓的困苦已经到了极点，他们对于施加在自己身上的暴虐的统治，也没有办法去控诉和告状。先皇帝还没即位的时候，就已经很清楚其中的弊端了，等到他继承大统以后，不仅没有对这些贪官加以罢黜和驱逐，而且迅速将大权又交给他们并加以任用，在这件事上受了欺骗。而那些下旨所任命的官员，都属于不能用的人，也不必从中去区分辨别究竟是可用还是不可用了。借给贼寇兵器而送给强盗粮食，也不必指出哪些兵器锋利哪些不锋利，哪些粮食是新粮哪些是陈粮了。

【评述】

这是许衡在至元十七年（1280 年）所写的一段奏疏，对于元世祖忽必烈即位之前元朝初期的一些历史作了简单的回顾，并总结了其中的经验得失。

许衡认为，元代初期造成“民之困弊极矣”的状况，根本原因就在于朝廷任用的官员有问题。这些官员都是一些只会对上阿谀奉承，对待百姓却残酷压榨的人。可以说，就是因为当时吏治腐败才造成了政局的困顿。

这就涉及元代的铨选制度，即以何种方式选拔官员了。在元代主要有以下几种主要的官员铨选制度：科举制度、“怯薛”制度、吏员出职制度、荫叙制度、纳粟补官制度等。在这几种制度中，只有科举制度较为合理，选拔出来的官员也具有较高的水准，但科举制度在元代却没有得到充分的重视，不仅实行的时间断断续续，通过科举考试获得出身的官员也并未如同后世那般拥有较高的地位。而其他几种制度则无一例外都对元代的吏治造成或深或浅的负面影响。元代的统治没有持续太长的时间，与其在选官制度上的弊窦丛生以及由此带来的吏治败坏实际上密切相关。

因此，可以说，虽然许衡谈的只是元初的吏治问题，但这一问题实际上贯穿了元代历史的始终，并最终造成了元代统治的覆亡。而许衡早在元世祖时就提出任用贤能的主张，也是具备了相当政治眼光的正确建议。

第二节　元世祖忽必烈

【人物简介】

元世祖忽必烈（1215—1294），成吉思汗之孙，元宪宗蒙哥的弟弟，名字全称为孛儿只斤忽必烈。他在位期间，灭南宋，统一全国。在政治上，注意选用人才，采用汉法，建立了各项政治制度、法律法规等，又在地方上建立行省制度，劝课农桑，兴修水利，发展生产，并加强对边疆地区的管理，开辟中外交通，是中国历史上颇有作为的一代君主。

在廉政方面，忽必烈也很有建树，如在中央建立了御史台，在地方设立了行御史台和诸道肃政廉访司，形成了从中央到地方严密而完整的监察体系。这在我国的监察史上也是一个创举。

勉励御史

【原文】

今任职者多非材，政事废弛，譬之大厦将倾，非良工不能扶，卿辈能任此乎？……

卿等既为台官，职在直言，朕为汝君，苟所行未善，亦当极谏，况百官乎！汝宜知朕意。人虽嫉妒汝，朕能为汝地也。[1]

【译文】

现在任职的人，多不具备担任官员的资质，因此政事多有松弛和废止的现象，就像大楼将要倒塌一样，不是非常好的工匠不能将大楼扶稳，你们能担当这样的重任？……

你们既然担任御史台的官员，职责便在于进谏直言。我是你们的君主，如果在什么地方做得不好，你们就应该极力进谏，对我都是如此，更何况朝廷百官呢！你们应该知道我的心意。即使有人嫉妒你们，我也会支持你们的。

【评述】

至元二年（1265 年）的时候，忽必烈曾与张雄飞、江孝卿等官员有过一次著名的对话。忽必烈对于当时官员的整体状况非常不满，因此询问张雄飞等人有没有什么改善的办法。张雄飞提出可以仿照古代建立御史台，一是可以进谏政治方面的得失以及普

〔1〕《元史》，第 3820 页。

通百姓的疾苦，二是可以纠察、弹劾那些贪污腐化的官员。忽必烈表示赞同，并立即着手设立了御史台。

第二段话是忽必烈在御史台建立后对于信任的监察官员的勉励，重申了这些官员的职能，而尤为重要的是表达了他对于监察官员的支持。由于监察官员权限颇重，又容易得罪人，因此受到旁人的非议甚至陷害的可能性无疑是非常高的，而忽必烈明确对监察官员表示支持，势必极大地鼓舞他们的士气，有助于这些官员正当地行使职权，改善当时的吏治。

从这两段话也可以看出，尽管建立御史台的动议不是由忽必烈提出的，但忽必烈采纳这样的建议以及提供给御史台的支持，却是使得御史台得以建立并能够正常运转的决定性因素。

禁占民宅

【原文】

镇守军人并头目及到任官员、上司差去使臣，多于人家安下，中间欺凌逼扰，甚为民害。今后军人并头目须要各立营司屯住，到任官员须要系官房舍内居止，无官房者，以己钱就赁，使臣须要于馆驿①内停歇，皆不得持势强将新附官员士庶第宅夺占。违者，仰行省、行台起遣究治。[1]

【注释】

①馆驿：驿站上设的旅舍，供来往官员住宿的地方。

---

〔1〕《大元通制条格》，法律出版社2000年版（下同），第309页。

【译文】

镇守在地方的士兵、军官以及到地方任职的官员、上级部门派去的使臣，大多在百姓的家里住下，这中间有很多欺压凌辱逼迫干扰的事情发生，对于百姓非常有损害。从今往后，士兵和军官都必须各自在建立的军营以及机构里居住，到任的地方官员也必须在官府的房间内居住，没有官府房间的官员用自己的钱租房，派到地方出差的使臣必须在馆驿里居住休息，都不得凭借自己的权势把新近投靠本朝的官员、士人以及普通百姓的宅院府第抢夺强占。违反这条规定的人，由各省以及行御史台遣送打发并予以追究和治罪。

【评述】

这是至元十九年（1282 年）时，元世祖所颁发的一道圣旨，主要解决的是军队以及官员扰民的问题。

从这道圣旨中可以看到，元初的时候，虽然有军营、官府以及馆驿等相应的地方可以供给军队和官员居住，但士兵、军官以及官员却往往住在百姓的家里，由此造成的后果不难想见：不仅干扰这些百姓的正常生活，也会给地方上一些豪强势力以借此行贿的机会，增大腐败现象出现的可能性。

这种军队和官员居住在民房的状况，可以视为战争时代留下来的积习。但在战争结束以后，这些积习显然与当时情势的发展不相适合。因此，元世祖在此时下旨就显得必要而及时。

第三节　程钜夫

【人物简介】

程钜夫（1249—1318），名文海，以字行，别字雪楼，元建昌（今江西南城）人。曾受到元世祖忽必烈的赏识，授其翰林之职，此后又在成宗、武宗、仁宗三朝任职，历任翰林院修撰，集贤直学士、中议大夫、侍御史、山南江北道肃政廉访使等职务。程钜夫为四朝元老，四十余年间出入显要，朝廷典册多出其手，是元代前朝最主要的文臣之一。他对于朝政特别是廉政方面有颇多非常重要的建议，并以平易正大之学，振作文风士气，被朝野上下视为楷模。

置贪赃籍

【原文】

国朝内有御史台①，外有行台②、按察司③，其所以关防贪官污吏者，可谓严矣，而贪污狼藉者，往往而是，何也？盖其弊在于：以征赃为急务，以按劾为具文。故今日斥罢于东，明日擢用于西，随仆随起，此弃彼用。多方计置，反得美官。相师成风，愈无忌惮。欲乞省台一体，应内外诸路官员，有以贪赃罢者，置籍稽考，不许收用。其吏人犯赃者，重置于法，内外一体照应，庶几官吏知所警戒。[1]

【注释】

①御史台：元代中央最高的监察机关，又简称为内台、中台或宪台，初建于元世祖至元五年（1268 年）。其职责主要是向皇帝直言进谏，监督百官。

②行台：即行御史台，元代地方的监察机关，职责与御史台相同。建立于至元十四年（1277 年），先后建立了江南行御史台、河西行御史台、云南诸路行御史台和陕西行御史台，最后只剩下江南行台（简称南台或南行台）和陕西行台（简称西台或西行台）。

③按察司：提刑按察司的简称，在元代是行御史台之下的地方监察机关。建立之初共有四道：山东东西道、河东陕西道、山北东西道、河北河南道。除监察的职责外，还有督促农业建设等方面的功能。后改名诸道肃政廉访司，并增至二十二道。

【译文】

朝廷在中央有御史台，在地方有行御史台、提刑按察司，这些用来防止官吏贪污腐化的机构，可以称得上严密了，但贪污受贿的官员仍然屡见不鲜，这是什么原因呢？这大概是因为这些官员都将收受贿赂视为急切要做的事情，而把按察弹劾之类的规章制度看成一纸空文。因此，今天在东边被斥责罢职，明天又会在西边被重新起用，随时跌倒，随时爬起，这里罢他的官，其他地

〔1〕 柯劭忞：《新元史》，上海古籍出版社、上海书店 1989 年版（下同），第 763 页。

方还会任用他。运用了很多种方式为自己谋求好处，反而能得到好的官职。如此相互效仿竟然成为一种风气，更加没有忌惮。我想请求行政部门和监察部门通力合作，中央和地方所有的官员，但凡曾经因为贪赃枉法而被罢官的人，都记录在特定的簿子中以备稽查和考索，不许再到其他地方为官。那些触犯了贪赃罪行的胥吏，要依据法律从重处置，中央和地方都统一按照这样的方式去做，也许官员和胥吏就能够知道有所警醒和戒备了。

【评述】

一般说来，元代整个的廉政制度建设多较为薄弱，但在其中，监察系统却是一个例外。元代在中央有御史台，在地方则有行御史台和诸道肃政廉访司，形成了一个严密的监察体系。这样的体系即便从整个中国历史的角度来看，也是非常完备的。

但从程钜夫的这段话中，我们却可以看到，虽然已经建立了非常严密的监察系统，但似乎却没有产生良好的效果。这主要是因为监察制度的执行非常不力，而程钜夫所提出的设立贪赃籍，也就是将曾经因为贪赃枉法、收受贿赂而获罪的官员记录在案，取消他们再次任官的资格，正是为了扭转这一状况。

事实上，取消贪污腐化官员的任官资格，在当时也没有得到很好的实行，这可能是因为元初许多制度都还不是十分完善，因此有不少明显的漏洞。而经过程钜夫的建议，这样的情形应当会有所改变。

此外，程钜夫还提到了“以征赃为急务，以按劾为具文”这一点，这可以说是典型地反映了贪腐官员的心理。而如何使得官员不敢将贪污受贿视为“急务”，并且也不能将相应的规章制度看做一纸空文，则是推进廉政建设的关键所在。

拨职田

【原文】

江南官吏多是北人，万里携家，钞虚俸薄，若不侵渔，何以自赡中。前曾令依腹里①州县体例，各给与职田②，而行省行下，必令于荒闲田地内摽拨。夫江南州县安得处处有荒闲田地？只为此语糊涂浮泛，得职田者，遂无几人。今欲一一添俸，则费钞愈多，虚钞愈甚，莫若职田之为便也。宜令行省遍下诸道诸路州县，凡各处系官田，即拨与各官充合得职田，比腹里例毋令减少，使洁己守官者既免饥寒之忧，其病民蠹国者自甘惩汰之罚。如此，然后治平可冀也。〔1〕

【注释】

①腹里：犹内地。元朝时对中书省直辖地区的通称。

②职田：古代按品级授予官吏作俸禄的公田。北魏太和九年（485 年）均田，地方官吏也按级分给公田，为授职分田之始。隋时已有职分田之称，以后历代相沿，唯授田数量各有增减。职分田于解任时移交后任，不得买卖。官吏受田佃给农民耕种，收取地租。

【译文】

在江南任职的官员和胥吏大多是北方人，万里迢迢地携家眷

〔1〕《新元史》，第 764 页。

前往，钱财不足，俸禄微薄，如果不侵夺牟利，用什么样的方法来维持生计、照顾家庭呢？之前曾经命令按照内地州县采取的惯例，每个官员给予一定的职田，但行省所下达的命令，是一定要从没有人家耕种的荒废闲置田地中拨给。江南州县怎么会处处都有荒废闲置的田地呢？只因为这句话说得糊涂并且虚夸不实，于是就没有多少官员能够按照规定得到职田。现在如果想给每个官员增添俸禄，就会耗费越来越多的钱财，也会增加很多不必要的花费，还不如实行职田来得方便些。应该命令行省以下的各个道、路、州、县等各级地方机构，凡是各个地方属于官田的，就立即拨给各官当做应该享有的职田，与内地相比也不要有所减少。这样既可以使洁身自好、安分守己的官员免除饥饿和寒冷的后顾之忧，那些损害百姓利益、侵吞国家财产的官员也会甘心受到惩戒和撤职之类的处罚。这样做，就可以期待国家得到治理和安宁了。

【评述】

俸禄是使得官员没有后顾之忧的关键，因此，健全合理的俸禄制度对于官员的廉洁奉公来说异常重要。而对于整个王朝，俸禄也同样重要：一方面，俸禄使得官员的生活有所保证，以便于官员正当行使权力；然而，另一方面，过多的俸禄支出又会给王朝带来经济方面的压力，令其难以为继。因此，如何维持两者的平衡便是一件需要仔细思考的事情。而“职田”制度，便是解决这个问题的一种方法。

元代的时候，给予只有俸钞却没有俸米的府、州、县等地方官以职田，用以补偿他们的俸禄收入。这样既可以使官员的收入得到一定的保证，又可以避免中央财政承担过重的经济压力。

而从这段原文可以知道，在元初的时候，这一制度在实行中仍然存在一些问题，主要是基于江南和其他地区现实状况的区别。在其他地区，由于本来人口密度较低，又历经多年的战乱，因此荒废闲置的田地很多，从这些田地中分拨出一部分来作为职田就显得非常容易。但在江南，由于经济发达、人口稠密，受到战争的影响又较小，因此很少有荒废的田地，一视同仁地使用荒废田地作为职田，就会使得官员实际上无田可得，势必减少了收入，并由此滋生种种贪污腐化的不法行为。

从更大的范围来看，程钜夫实际上是要求制度的制定必须遵循因地制宜的原则，而不能机械和僵化，要根据地方上的实际情况妥善地作出最适宜的安排，这样才能使得制度得到有效的贯彻和执行，也才能最大限度地实现制度设立的原本用意。

第四节　张养浩

【人物简介】

张养浩（1270—1329），字希孟，号云庄，山东济南人。元代著名政治家、文学家。十九岁时荐为东平学正，后历任县尹、行台中丞、监察御史、翰林学士、礼部尚书、参议中书省事等职。因对于现实政治的腐败和黑暗不满，曾长期辞官家居，屡召不赴。为官期间，清正廉洁，敢于犯颜直谏。所撰写的政论书籍《三事忠告》（也称《为政忠告》），即《牧民忠告》、《风宪忠告》、《庙堂忠告》，代表了他一生主张为官清廉的主导思想，有许多精辟的见解，历来为世人所重视，在廉政方面具有重要的探讨价值。

自律与示教

【原文】

《自律第一》　士而律身，固不可以不严也，然有官守者，则当严于士焉；有言责者，又当严于有官守者焉。盖执法之臣将以纠奸绳恶以肃中外，以正纪纲，自律不严，何以服众？夫所谓严如处子之居室，一行一住一语一嘿必语礼法，厥德乃全；跬步有违，则人人得而訾之。苟挟权怙势，惟殖己私，或巧规子钱，或盗行盐帖，或荒耽曲糵，或私用亲属，或田猎不时，或宴游无度，或潜托有司之事，或妄兴不急之工，或旷官第而弗居，纵家人而不捡[①]，于斯数者而有一焉，皆足为风宪[②]之累。近年南北富民多起宅以居势要，因济己私，既有官舍，则不必居于彼矣。夫朝廷以中台为肃政，御史为监察，以宪司为廉访者，政欲弭奸贪，戢侵扰，开诚布公，俾所属知所法也，今而若是，牧民之吏将焉法哉？且他人有犯轻，则吾得而言之；又重，吾得闻于上而僇[③]之；己之所犯，其孰得而发哉？恃人不敢发，日甚一日，将如台察何？将如天理何？故余备载其然，俾为宪司者有则改之，无则益知所以自重。

《示教第二》　甚矣，人之不可无教也！生知如圣人，犹胥教诲，胥训告，况不能圣人万一者，可忽焉而不务哉？大抵常人之情，苟非其所惮，虽耳提面命，则亦不足发其良心。何则？非所素服素畏故也。今夫庶司之职，为众所畏服者莫如风宪，诚因监莅于彼，或始上之日会所属而勖之曰："彼之官重者廷授，次者省授，又次则吏部授，大小虽殊，无非国家臣子。为人臣子，奸污不法，人孰汝容？夫纳贿营私，所得甚少，所丧甚多，与其事败治汝，曷若先事而教之为愈哉？吾之此言，虽曰薄汝，实厚汝也；虽若毒汝，实恩汝也。”苟能如是谕之，吾知退而必有率德改行，易凶恶为善良者矣。且刑罚不足致治，教之而使不犯，为治之道莫尚焉。圣人谓“不教而杀谓之虐”；又闻治于未然者易，治于已然者难。近年刘伯宣④为浙西宪使，疏真西山⑤《守令四箴》播告所属，且曰：“近年执宪者惟知威人以刑，而不知诲人以善。”呜呼！刘公此言，可谓仁人君子深得风宪之体者矣。[1]

【注释】

①捡：同“检”。检点，约束。

②风宪：泛指监察、法纪部门。此外，古代御史掌纠弹百官，正吏治之职，因此又以“风宪”称御史。

③僇（lù）：通“戮”。杀戮。

④刘伯宣：刘宣，字伯宣，太原人。是许衡的弟子。曾任中书省掾，累官吏部尚书，又任行台御史中丞。被江浙行省丞相忙古台所陷害，自杀。追封彭城郡公，谥忠宪。

⑤真西山：真德秀（1178—1235），字景元，后更为希元，号西山。南宋人，后世称其“西山先生”。福建浦城人。本姓慎，因避孝宗讳改姓真。真德秀是南宋后期与魏了翁齐名的著名理学家，也是继朱熹之后的理学正宗传人，他同魏了翁在确立理学正统地位的过程中发挥了重大作用。

---

〔1〕 张养浩：《风宪忠告》，《吏学指南（外三种）》，浙江古籍出版社1988年版（下同），第315—316页。

【译文】

《自律第一》　士人对于自身的要求，本来就不能不严格，然而担任官职的人，则又当更加严格地要求自己；而担任监察、进谏职责的官员，又应该比一般的官员更严格地进行自律。这是因为执行法律的那些官员的职责便在于纠正奸邪，将那些恶人绳之于法，从而使得朝廷和地方都非常整肃，各种纪律和制度都得到维护，如果不能严格自律的话，又怎么能让大家信服呢？正如同平常所说的：像处女在房间里一样，每一个动作举止、言语说笑都必须符合礼法的要求，她的德行才是完整的；如果只是走错了一小步，那么每个人都有资格去责备她。倘若仗着自己有权有势，只是为自己在谋取私利，或是运用巧妙的办法借贷给他人钱财以此获得高额利息，或是偷偷地去发放盐帖以从中获利，或是沉湎于美酒，或是私自任用亲属，或是在不适宜的时候去打猎，或是没有节制地举行宴会、到处游玩，或是暗地里为一些事情向有关部门进行请托，或是胡乱地兴建一些非急需的工程，或是空着官宅而不住，或是放纵自己的家人而不对他们加以约束，这些情形中只要触犯了其中的一条，都完全可以看成是对于监察、法纪部门官员的损害。近年以来南方、北方有钱的百姓大多建筑宅院供给那些有权有势显要的官员居住，用这样的方法来为自己谋取好处，官员既然有官宅可以居住，那么就不用住在那些私人盖建的宅院里。朝廷用御史台来肃清政治，用御史来监察百官，用诸道肃政廉访司来进行查访的原因，正是要消除那些奸诈贪污之类的事情，止息对于百姓的侵夺和干扰，推诚相待，坦白无私，使得那些被管理的官员知道向谁去学习。现在如果像这样做的话，那些管理百姓的官吏又将怎样去学习做一个好官呢？并且别人犯了比较轻微的错误，那么作为监察官员，我就可以向朝廷上书揭发这件事，如果是比较严重的错误，我也可以报告给朝廷来惩罚他。但我自己所犯的错误，又有谁能揭发出来呢？仗恃着别人不敢揭发，一天做得比一天过分，那把监察机关又放在什么位置呢？又将天理放在哪里呢？因此我详细地记载下这些状况，使得担任监察职责的官员如果有这样的错误就加以改正，没有的话也能够更加知道尊重自己的人格。

《示教第二》　太重要了，人不可以不接受教育！即便是生下来就像圣人那样智慧的人，还需要接受教诲，需要接受训导和教育，何况是那些连圣人的万分之一也比不上的人，可以忽视教育的重要性而不接受教诲吗？大概普通人的一般情形，如果不是他所忌惮害怕的人，即便是教诲殷切、要求严格，也不足以激发他的善心，这是为什么呢？这是因为说话的不是他平时所信服所敬畏的人。现在各种机构里的职务，没有比监察官员更被大家所敬畏信服的了，这实在是因为这些官员都担负着监督、纠察其他官员的职责，或许应该在其任职之初就召集管辖的官员并且勉励他们说："你们这些官员最重要的是由朝廷来任命，次等重要的由中书省来任命，再次等重要的是由吏部来任命，官职的高下虽然有所不同，但作为国家臣子的地位却没有区别。担任君主的臣子，做一些奸邪贪污之类不法的事情，君主怎么会容忍你呢？接受贿赂为自己谋取私利，所得到的东西很少，但所丢失的东西却很多，与其事情败露后别人纠治你，哪像先向别人讨教接受教诲来得更好些呢？我这些话，虽然像是轻待你们，实际上是厚待你们；虽然像是在毒害你们，实际上是有恩于你们。"如果真能这样告谕他们，我知道他们回去之后必然会遵循道德而改正自己原来的行为，改变凶狠邪恶的性格而去做善良的人了。并且，刑罚是不足以使国家在政治上达到安定清平的，教育这些官员使得他们不犯错误，治理国家的方法没有比这个更好的了。孔子曾经说过："事先不予以教化，等到犯了罪再来杀他，就叫做'虐'"；又听说在事情没有成形之前进行治理会比较容易，等到已经不好挽回的时候再治理就很难了。近年来刘宣担任浙西廉访使，将真德秀所写的《守令四箴》分发给所管辖的官员，并且说："近年以来执掌官员监督职责的人，只知道用刑罚来威吓别人，却不知道用好的行事方式去教诲别人。"唉，刘公所说的这句话，真可以说是仁德的君子深切地了解到监督官员的体制了。

【评述】

上面这两段话是张养浩所写的《风宪忠告》中的前两条。所谓"风宪忠告"，也就是对于监察官员——包括御史台、行御史台、诸道肃政廉访司的监察机构官员——的一些建议。而这两条，即"自律"与"示教"可以放在一起对读。这不仅是因为这两条所说的都是如何成为一个称职的监察官员，更是由于这两条恰好可以互补。

张养浩所说的自律，就是要求监察官员加强对于自身行为的制约，不单是要与贪污受贿、人情请托等种种不法行为划清界限，连日常生活中的一些言行举止也要特别注意，从而避免别人的非议，并为其他接受监督的官员树立良好的榜样。

当然，自律是对于监察官员的内在要求，但是这样的要求不是轻易就能达到的，这就牵涉到第二条——示教。从表面上看，张养浩谈的是监察官员应该给那些被管辖的官员打预防针，在上任之初，就教诲他们应该如何做官以及怎样杜绝腐败的行为，从而避免这些官员走上歧途。可对于监察官员来说，接受教诲同样重要，自律的养成以及榜样的树立，与监察官员自身所受到的廉政方面的教养如何也是密不可分的。

张养浩之所以给予监察官员这些建议，就是因为他觉得在朝廷的众多官员中，监察官员是至关重要的，其职责的履行程度以及自身的言行风貌，都在一举一动间牵涉到王朝的吏治。可以说，倘或监督官员都能有良好的品行和杰出的才能，无疑有利于整个国家的长治久安。

任职之初

【原文】

《省己》　命下之日，则拊心自省：有何勋阀行能，膺兹异数？苟要其廪禄，假其威权，惟济己私，靡思报国，天监伊迩，将不汝容。夫受人直而怠其工，偿[①]人爵而旷其事，己则逸矣，如公道何？如百姓何？

《克性之偏》　夫及物之心，人孰不有，第材质强劣，有所不同。苟即其所短而痛自克治，则官无难为，事无不集者矣。弛缓克之以敏，浮薄克之以庄，率略克之以详，烦苛克之以大体。苟不度所任，一循己之偏而处之，鲜有不败者矣。古人佩弦佩韦[②]，亦皆此意。今人往往读书无益，莅官不才者，皆由狃于习而不知痛自克治故也。

《戒贪》　普天率土，生人无穷也，然受国宠灵而为民司牧者，能几何人？既受命以牧斯民矣，而不能守公廉之心，是自不爱也，宁不为世所诮耶！况一身之微，所享能几，厥心溪壑，适以自贼。一或罪及，上孤国恩，中贻亲辱，下使乡邻朋友蒙诟包羞，虽任累千金，不足以偿一夕缧绁之苦。与其戚于已败，曷若严于未然。嗟尔有官，所宜深戒。

《民职不宜泛授》　今选官者大率重内而轻外，殊不知汉宣帝所以富民，唐太宗所以家给人足，皆由重牧民之长故也。呜呼！牧民之长，其重若此，乃泛焉而选，懵焉而授，奚为不是虑也哉！

《心诚爱民智无不及》　赤子之生，无有知识，然母之者常先意得其所欲焉。其理无他，诚然而已矣。诚生爱，爱生智。惟其诚，故爱无不周；惟其爱，故智无不及。吏之于民，与是奚异哉？诚有子民之心，则不患其才智之不及矣。

《法律为师》　吏人盖以法律为师也。魏相③所以望隆当世者，汉家典故无所不悉也。凡学仕者，经史之余，若国朝以来典章文物，亦须备考详观，一旦入官，庶不为俗吏所迂也。[1]

【注释】

①儋（dān）：“担”的古体字。肩挑。

②佩弦佩韦：佩弦，佩带弓弦。弓弦常紧绷，故性缓之人佩以自警，让自己性子急一些。佩韦，佩带皮条。皮条性柔韧，性急之人佩之以自警，让自己的性子慢一些。

③魏相（？—前59）：字弱翁，济阴定陶人。西汉著名大臣。他先后任茂陵令、扬州刺史、河南太守、大司农、御史大夫等职，官至丞相，封高平侯。曾因治郡有方而深得民心。

---

〔1〕 张养浩：《牧民忠告》，《吏学指南（外三种）》，第277—279页。

【译文】

《省己（反省自己）》　朝廷任职的命令下达之后，官员就应该拍胸自我反省一下：自己到底有什么样的功绩或是才能，能够承担这么重要的任命？假如朝廷给你们以俸禄，又授予你们威势与权力，但你们却只想着为自己谋取好处，不去考虑如何报效国家，上天就在不远的地方监视着你们，将不会容许你们这样做的。接受别人给予的俸禄却怠慢他交给的工作，肩负着别人授予的爵位却忘记他嘱托的事情，就算你们自己能原谅自己，怎么向公道交代？又怎么向百姓交代？

《克性之偏（克制性情的褊狭）》　那些性格上的缺点谁会没有，只不过是人的才能资质有优劣强弱的不同。如果他知道自己的短处，并且严格地自我约束，那么官就没有什么难做的，事情也没有什么做不好的了。用敏锐来制约松弛缓慢的弱点，用庄重来克服浮泛刻薄的缺陷，用周详来克制草率简略的缺点，用顾全大局的方式来克服烦躁苛刻的毛病。如果不考虑自己的职责，一味地放纵自己性格中的缺陷去处事，很少有不坏事的。古人佩带弓弦佩带皮条用以自警，也都是这样的意思。现在的人常常从读书中得不到什么好处，在官位上却不能称职，都是由于受自己习性的局限却不知道痛下决心去克制改正的原因哪。

《戒贪（戒除贪婪）》　普天之下，四境之内，有无穷无尽的人生长出来，但是受到国家的宠信而担任了管理百姓的官员，能有几个人？既然接受命令来管理百姓了，却不能坚守廉洁奉公的信念，是自己不爱惜自己，怎么会不被世人所嘲笑呢！况且只有一个身体那么微小，所享用的东西能有多少？放弃自己的信念去填充对于物质的欲望，等于是自己在戕害自己。一旦因为贪污而被治罪，上对不起国家的恩德，中会给亲属留下耻辱，下会使得乡亲邻居朋友蒙受诟骂和羞辱，即便在职位上累积了千金的财富，也不足以抵偿有朝一日被关进监狱的痛苦。与其为你们自己的败坏而悲伤，怎么比得上在没有做事情之前就严格地加以防范。值得叹息呀，你们这些做官的人，应该深切地戒除贪婪的念头。

《民职不宜泛受（地方官不应该随便授予）》　现在铨选官员大多重视中央却轻视地方，却不知道汉宣帝之所以能让百姓富足，唐太宗之所以能让百姓用度充足人丁兴旺，都是由于重视管理百姓的地方官的缘故。嗨呀！管理百姓的地方官，他们是这样的重要，竟然随便选择，糊里糊涂地就授予了官职，为什么会这样不仔细地考虑这一点呢！

《心诚爱民智无不及（诚心诚意地去爱护百姓，智慧就不会不够用）》　婴儿生下来的时候，是没有辨识事物的能力的，但做母亲的却常常可以事先知道他想要的东西，其中没有什么其他的道理，只不过是诚心诚意罢了。诚心诚意就会生出爱护之心，爱护之心就会生出智慧。正是因为诚心诚意，因此爱护之心所有的地方都能关照到；正是因为有爱护之心，因此智慧就不会不够用。官员对于百姓，与母亲对于婴儿有什么区别呢？如果真的有爱护百姓的情感，那就不会担心你们的才能智慧不够用了。

《法律为师（以法律制度作为自己的老师）》　官员大概应该以法律制度作为自己的老师。魏相所以能在当时有那么高的声望，就是因为对于汉朝的典章制度和成例没有什么不熟悉。凡是学习做官的人，在研习经书、史书的闲暇时，像我朝建立以来的一些典章制度礼乐等方面的东西，也必须全面了解、详细考察，有朝一日做官了，就不会被那些俗世的胥吏所愚弄了。

【评述】

这段原文取自张养浩所写的《牧民忠告》第一部分，即“拜命第一”，共六条。所谓牧民忠告，就是对于那些地方官的忠告。地方官又称亲民官，其直接与百姓接触，是连接朝廷与百姓的枢纽。因此，地方官自身的表现与王朝的治乱兴衰有着极为密切的关系。在这一部分里，张养浩说的主要是官员在得到任命之初，在心理和行为上所应当做的一些必要准备。大致说来，可以分为以下几类：

首先是地方官如何调适自己的心理，如“反省自己”、“克制性情的褊狭”、“戒除贪婪”这三条都可以归入此类。官员与普通的百姓在身份和地位上有着明显的差别，而地方官与其他官员又有所不同。因此，针对地方官职责的特殊性，也就有这样三条心理上的要求。例如性情褊狭这一点，对于每一个普通人来说，都会或多或少地存在，是在所难免的，但作为地方官，其一举一动关系重大，性情的褊狭会给千万黎民百姓的生活造成严重的损害，因而竭力克制这些性格上的缺陷和弱点，便是做好地方官的一个先决条件。

其次是对于地方官行为上的要求，主要是爱护百姓、学习法律这两条。前者是做一个优秀地方官的基础，后者则是做好地方官的保证。尤其是后一条，对于官员来说，特别是一些刚进入仕途的官员，很可能由于经验的缺乏，存在不熟悉法律制度的状况，而这便会给那些官府中奸诈油滑的胥吏以舞弊的机会，由此造成的腐败虽然不是由官员直接引起的，却也让官员脱不了干系。而在现实社会中，这种类型的腐败不仅常见，并且难以防范。因此，张养浩特意提出官员要学习法律制度，正是为了杜绝类似的腐败现象。

第三类是强调任用地方官要慎重。这一条其实不应算是对地方官的建议，而是对于朝廷的建议。而这一条又可以视为以上所有建议的基石——倘或朝廷任命的本就是一个不廉洁不贤能的地方官，则所有的这些建议都不会被其采纳。而只有官员本身用得其人，张养浩所写的这些“牧民忠告”才能真正地发挥作用。

第五节　赵天麟

【人物简介】

赵天麟，生卒年均不详，东平人，在当时有博学能文之名，元世祖至元末年（约 1294 年），曾以布衣的身份进献《太平金镜策》，共有数万字，对于政事的议论也多能切中时弊，因此很多内容都被朝廷采用。元成宗即位后，他还曾上《逃民策》等奏议。在文学上，他著有丰富的诗文作品，可惜都没有流传于世间。

崇置谏院

【原文】

臣闻夫妇之愚，可以与知焉，及其至也，圣人亦有所不知焉。由是观之，圣人生知之资，天纵之美，未能尽知也。况于王者以拱默为尊，无为为贵，眼力之所至，不过乎宫禁之间，耳力之所及，不越于轩墀之侧。受天眷命，职司治下，京、府、州、县，缕错星分，烟火茫茫，民以亿计，内委卿士，外任守令，事机情弊，奚以知之？故下情贵于上通，使万里之远，如泥之在钧，灼然于廊庙之奥，而民瘼息矣。上意贵于下达，使九重之邃，如日之在天，普照于闾阎之贱，而王化敷矣。今圣朝诏许陈言，旁及山野，然无谏议之臣，实歉悦言之至。臣固知陛下丕绳祖武，图任旧人，合九土为一家，光百王于千载，敷天仰睿，比屋从仁，小民膺美于无穷，百司承风之不暇，又何假乎谏也？实无得而称焉。其或覆盆难照，过事微萌，岂不累乾坤造化之功，阙衮冕焜煌之耀乎！在下之臣有言责者，则拜章飞疏以全益明之明，无言责者，则尸祝不可以代庖人，将无救之者矣。能自得师者王，惟后从谏则圣，故过事非谓之过，惟有过而不闻，是为过也。前汉以前，有谏大夫，后汉以后，增为谏议大夫，至于唐朝，遂分左右，是诚居极之大端也。伏望陛下因今稽古，崇置谏院，隶于都省，选天下名高德劭、才学该博之士，班分左右，立谏大夫二员，又立司谏、补阙、拾遗各二员；凡上躬之进退从容，政令之更张制作，假之以阳春之颜，厉之以风霜之节，如沧海之愈下而愈深，如宝镜之愈磨而愈明，不亦美哉！臣又思之，不患有过，而患乎过之不闻；不患过之不闻，而患乎闻之惮改也。何则？过者，圣贤之所不免也。以孔子犹天而贵徙义，以颜渊入室而不贰过，言未尝无过也。过而不闻者，蔽塞之因也。今已上通下情，若又上立谏府，则无不闻之过，但在转圜而已。夫迅雷之驾怒奔驰，飘风之扇势横起，骇震天宇，荡播海岳者，天子之威也。万钧悬于一缕之轻，秋毫近于洪炉之炽，似断还连，生死相邻者，谏臣之命也。且鸣玉曳组，翔集殿庭，岂不知阿容顺指则禄可常荣，忤上竭诚则身难自保。然其所以为之者，盖以明主可为忠言，君子贵崇高节，食其禄，当其职，上欲七庙[①]之齐天，下欲群生之蒙惠也。忠言逆耳利于行，良药苦口利于病。更望陛下既立谏臣，又当纳谏如流，改过不吝，毋或加愠以杜忠直骨鲠之门也。[1]

【注释】

①七庙：本指四亲（父、祖、曾祖、高祖）庙、二祧（高祖的父和祖父）庙和始祖庙。七庙是逐渐形成的，约到汉朝定型，即帝王设七庙供奉祖先，太祖庙位居正中，其左右各为三昭三穆。所以，后世以七庙作为王朝的代称。

【译文】

我听说即使是像民间普通的男女那样愚昧，也可以让他们了解一些事情，把这种状况推衍到极端，连圣人也会有一些不能了解的事情。从这里来观察，即便是圣人有天生智慧的资质，有上天赐予他们良好的才能，也不能了解所有的事情。何况君主以拱手缄默的方式显示自己的尊崇，以无为而治的方式彰显自己的尊贵，眼睛所能看到的地方，不过是他居住视政的宫廷大内这一块小小的地方而已，耳朵所能听到的地方，也不超过朝廷旁边这么大的范围。君主受到上天的眷顾和命令，分派职司来治理下面的百姓，京、府、州、县等各级行政划分，数量众多，纷繁复杂，百姓也以亿万来计算，因此要在中央委任卿、士等官员，在地方任命郡守、县令等官员，所有的事情、机密、情状、弊端，怎么能都知道呢？因此民间的情况能被君主所知道是非常重要的，使得即便像万里那么遥远，也能够如同泥土在鼎里一般，明显地呈现在端坐于朝廷的君主面前，而民间的疾苦便可以解决了。君主

〔1〕《元代奏议集录》（上册），第334—335页。

的意图下达到民间也非常重要，使得非常深邃的宫廷，像太阳在天上一样，普遍地照耀在低微的民间，并且天子的教化也能够得到施行。现在朝廷下达诏书准许上书讨论政事，连山野之中的普通百姓也在允许的范围之内，但是没有专职直言进谏、建言朝政的大臣，实在是离完美进言的地步还差得很远。我固然知道陛下能够很好地继承先人的事业，意图任用那些老臣，将所有的疆域都统一进来，在千年的历史中赢得光耀，普天之下都在仰望陛下的睿智，家家户户都在跟从陛下的仁德，普通百姓都在心中怀着无穷的赞美，各个机构接受教化也还来不及，又怎么会有时间来进谏呢？这样实在对于政事是没有什么值得称赞的好处的。或者是就像翻扣着的盆子阳光照不到里面一样，无处申诉沉冤，稍微出现一些错误的情况，岂不是连累了天地创造化育的功绩，让陛下光耀万物的统治有所缺失吗！在下面的那些有进谏责任的大臣，就会向朝廷上疏来锦上添花好上加好，那些没有进谏职责的官员，则像负责祭祀的人不能代替厨师那样去超越职权做事，这样就不会有人来挽救这种状况了。能够自学到足够多的知识的人可以成为王者，但唯有后来能够听从谏言的人才能成为圣人，因此做了错事并不能算是错误，只有出了错事却听不到，才是错误。东汉以前，有谏大夫这样的官职，西汉以后又增添了谏议大夫这样的官职，到了唐朝，就分为左、右谏议大夫，这就是谏官设置的大致情形。希望陛下能够根据现在的现实情况，考察古代的制度，非常郑重地设置谏院这样的机构，隶属于都察院，选用天下德高望重、博学多才的人士，分为左右两班，设立谏大夫两人，又设立司谏、补阙、拾遗这样的官职各两人；凡是君主的举止言行，政治法律的改变和制定，给他们像春天太阳那般的和颜悦色，用类似于风霜的气节去激励他们，就像沧海一样越到下面越深，也像宝镜一样越磨越亮，真是美好啊！我又想到，不怕有错误，而怕听不到错误；不怕听不到错误，而怕听到错误却不敢去改正。这是什么原因呢？错误，即便是圣贤之人也不能避免。即便是孔子那种像天一样不可及的人也认为跟随义理很重要，即便是颜渊这样的圣人弟子也从不犯同样的错误，这就是说他们也未尝没有错误。犯了错误却不知道，这就是遮蔽堵塞所产生的原因。现在已经上下的意见都可以沟通，倘若又建立起谏院来，那么就不会有不知道的过失，这只不过是件可以迅速实行便易之极的事情罢了。迅雷在天上挟着怒气来往奔驰，飘风像被扇子扇起来似的到处发生，让天空和宇宙都惊骇和振动，让四海和山岳都摇荡播动，这就是天子的威势。万钧的重量只悬挂在一根线那么轻的东西上，鸟兽在秋天新长出来的细毛靠近了烧得炽热的大火炉，似乎已经断了其实还连着，生与死也紧紧连在一起，这就是谏臣的命运。并且出仕在朝，像众鸟飞翔而后群集一样集聚在殿堂中，怎么会不知道偏袒宽容、曲意逢迎君主的心意，那么官禄的荣耀就可以长时间的保留，而忤逆君主的意见，竭尽忠诚，那么自己的生命也难以保全。但是那些谏官还是要直言进谏的原因，便在于圣明的君主是可以向他进献忠言的，正人君子是尊重崇敬这样的高风亮节，享用朝廷的俸禄，就应当承担起相应的责任，对上想让王朝寿与天齐，对下想让百姓蒙受恩惠。忠直的言语虽然不好听，但对于行为很有好处；好药虽然吃起来很苦，但利于治病。更希望陛下设立谏臣之后，还要采纳这些谏言如同水从高处流下那样迅速和顺当，改正错误不要有半点儿的吝惜，不要因为某些谏言特别的发怒，从而杜绝了忠诚正气刚直的人进谏的门路。

【评述】

这是赵天麟呈献的一篇名为《请崇置谏院》的上疏，主要谈到的是建立类似于谏院这样专门负责向君主直言进谏的机构的重要性。

虽然君权集中的程度没有之后的明清那样高，但元代也是君主专权的朝代，国家的最高权力都掌握在皇帝的手里。在这样的情形下，倘若皇帝在行使权力的时候稍有失误，对于国家局势的稳定、黎民百姓的安宁都会产生极大的负面影响。而作为皇帝个人，即便再英明神武，也不能避免犯错误的可能性。就此意义而言，对于君主专制的政体来说，君主个人专制的程度越高，犯错误的可能性就越大，而由此引发一系列弊端以及腐败现象，甚至动摇国家之根本的可能性也就越大。因此，赵天麟提出的设立谏院的建议，实际上就是对君权集中的政体必然出现的问题的一种补救，对于任何朝代来说都有普遍的意义和价值。

不仅是设立谏院这样的机构，赵天麟还提到了最高统治者应该如何对待下面的意见，其中最为关键的一句话是“不患有过，而患乎过之不闻；不患过之不闻，而患乎闻之惮改也”。犯了错误并不可怕，可怕的是不知道自己犯了错误；不知道自己犯了错误也不可怕，最值得担心的是知道犯了错误却不去改正。因此，建立谏院并不是最终的目的，赵天麟所真正要表达的是君主应该及时知道自己哪里做错了，并有充分的勇气去改正错误。这样不仅可以改善君主个人对于国家的统治，也能够鼓励那些忠诚、刚直的大臣，并消除那种只会阿谀奉承、曲意逢迎的官场恶习。

事实上，元代只有御史台这样的监察机关，并没有专门设立谏院这样的直言进谏的部门，也没有设置赵天麟提到的谏大夫、司谏、补阙、拾遗这样专职进谏的官职。谏官的职责合并到御史台的御史身上，也就是说，御史既要面对文武百官，对他们进行监督和纠察，也要面对君主，对于政治得失提出自己的建议。这一方面使得监察官员的职权过大，由此产生了一些弊端；另一方面也使得监察官员的职司过多，难以面面俱到。而御史一般都将工作的重心放在监督百官上，这就不免影响了谏言职责的履行，对于国政也产生了不少的损害。由此再来反观赵天麟的这篇奏疏，则其建议设立谏院、设置专职谏官，对于元代的政治实情来说，无疑是非常正确的。

第六节　苏天爵

【人物简介】

苏天爵（1294—1352），字伯修，真定（今河北正定）人。元朝名臣，著名史学家。由国学贡举出仕，曾任江南行台监察御史、吏部尚书、礼部尚书等职。苏天爵迁转过二十多个职位，其中最受人称道的，是在监察系统中任职时的作为。他曾前后八次在监察系统任职，平反了很多冤狱，弹劾了一些位高权重的贪官，并对朝廷的政治得失多有进言，在朝野间享有极高的声誉。后世有“元代包公”、“苏青天”的美誉。

论台察之弊

【原文】

尝谓纠劾贪邪，在乎公天下之好恶；辨明诬枉，所以著一人之是非。好恶既公，则恶党消而奸弊息；是非既著，则善类伸而治化兴。钦惟世皇肇立台宪，登明选公，欲四海人才之来集；扬清激浊，务一时公论之持平。比者风纪之司，论列涉于轻易，或因察识之未审，故致辨论之多端。自昔国家皆有国是，国是既定，则邪正判而公道行；国是不明，则是非杂而人心惑。宋宰相王曾[①]语谏官韩琦[②]曰："近见章疏所陈甚佳，高若讷[③]多是择利，范希文[④]未免近名。要须纯意为国家事，斯其谏论之良法欤。"夫天生人才足周一世之用，作而成之则才常有余，沮而弃之则才恒不足矣。然公族贵胄必生于阀阅之家，而谋士轶才或出于山林之下。故伊尹[⑤]聘于有莘，傅说[⑥]起于版筑，孰曰出身之卑贱，岂论家世之寒微。此古者数路用人，未尝滞于一也。

夫法令朝廷所定，廷尉[⑦]天下之平，或笞或杖，受宣者必申禀于中台；或降或黜，无例者必定拟于刑部。是慎重于守法，不敢轻于用刑。今动辄曰"省、院、台勿用"，则当用者宣政、资政之选乎？是降为杂职矣。又曰"有选衙门勿用"，无选者孰敢用乎？是不复得叙矣。且职官犯赃，犹有一贯至三百贯之分，至论其罪，则有殿、降、叙、不叙之别。岂有一遭论列，或犯在革前，或事涉疑似，辄坐杂职任用之科，终身不叙之罪，岂法之平允哉！且犯罪者至于流远，家属尚留于京师；被劾者未至当刑，起遣即归于乡里。盖缘无事可寻，强生于掇拾；洁白素著，特为之污染。致使高尚之人闻而退藏，有志之士亦为敛避，当路兴乏全材之叹，后世有国无人之讥，其于世道甚有关系。

夫孰贤孰否，在君子固自信而不疑；去泰去甚，当言者宜核实以详审。今始者一人纠言其罪，次者一人辨明其非，三人共列于一堂，何以酬酢乎庶政。纵使不行报复，岂能消弥仇嫌。夫史官定千古之褒贬，台谏判一时之是非，褒贬公则后世之人信，是非明则天下之人劝。今或好恶沦于所偏，邪正因以失实，轻则讦人之阴私，甚则诬人之父祖。是以清浊混淆，善恶错乱，朝是而暮非，春劾而夏辨。奏请有烦于圣听，辨论实挠于台端。事至于斯，当究其理。大抵为治莫先于择人，择人贵在于守法。盖诸人呈言并无罪责者，所以通上下之情；台谏论事务得其实者，所以重耳目之寄。若不申其赏罚，何以端其本原。举人不当，今有连坐之科；论事不实，古有抵罪之禁。今后论言人者，必须赦后为坐，果犯赃罪，并从台宪追问。其余罪名，仍须法司定拟。如此则事不至于及覆，法必底于允平，奏请不烦于圣听，毁誉弗紊于朝章。刑政肃而国体尊，是非明而人心服。公论幸甚，天下幸甚。[1]

【注释】

①王曾（978—1038）：字孝先，青州益都（今属山东）人。北宋政治家。宋真宗咸平五年（1002 年）乡试、会试、廷试皆第一，连夺三元。大中祥符九年（1016 年）为参知政事。仁宗景祐元年（1034 年），为枢密使。二年，拜右仆射兼门下侍郎平章事，集贤殿大学士，封沂国公。

②韩琦（1008—1075）：字稚圭，自号赣叟，相州安阳（今属河南）人。天圣进士。北宋政治家、著名将领。景祐三年（1036 年），任右司谏，以敢于犯颜直谏著称，曾一次奏罢宰执四人。

③高若讷（997—1055）：字敏之。强学善记，精于天文，兼

〔1〕 苏天爵：《滋溪文稿》，中华书局 1997 年版，第 447—449 页。

通医学。第进士，曾任知谏院，官至参知政事，为枢密使。

④范希文：即范仲淹（989—1052），字希文，吴县人。北宋名臣，是著名的政治家、文学家。为官时有敢言之名。曾多次上书批评当时的宰相，因而三次被贬。仁宗时官至参知政事。

⑤伊尹（？—前1713）：商初大臣。名伊，尹为官名。一说名挚。今山东莘县人。出仕前，曾在“有莘之野”躬耕务农。传说他为了见到商汤，遂使自己作为有莘氏女的陪嫁之臣。后为成汤所重用，任阿衡，委以国政，助汤灭夏。

⑥傅说（约前1335—前1246）：商王武丁的大臣。从政之前，身为奴隶，在傅岩做苦役，故以傅为姓。被起用后，辅佐武丁安邦治国，形成了历史上有名的“武丁中兴”的盛世。

⑦廷尉：官名。秦始置，九卿之一，掌刑狱。东汉以后，或称廷尉，或称大理，又称廷尉卿。北齐至明清皆称大理寺卿。

【译文】

我曾经说纠察弹劾贪污奸邪的官员，在于显示天下百姓的喜欢或是厌恶；辨别清楚诬陷以及冤屈之类的事情，可以用来表明一个人的对错。喜欢或是厌恶既然显示出来，那么奸恶的党羽自然会消除，而奸邪和舞弊的事情也会止息；对错既然表明了，那么善良的人就会伸展才能而治理国家、教化人民的事情也变得兴盛。自从世祖皇帝首先建立御史台等监察机构，进用贤明的人、选用公正的人，想让四海之内的人才都聚集过来；冲去污水，使清水飘流，务必使得一段时间内众人的意见持守公平。以前那些掌管官员风貌、纪律的部门，议论有时会比较轻率简易，或是因为考察识别不是很仔细，因此导致有很多争论。从前的国家都有国策，国策确定了以后，那么正邪两派就会立刻区分开来，而公平公正的道理也会得到遵行；国策不明确，那么对错的标准就会混杂，并且人心也会迷惑。宋朝的宰相王曾对担任谏官的韩琦说："最近看到奏章和上疏所条陈的都十分好，高若讷多是选择有好处的事情，范仲淹则未免有些为了追求名声。最主要的是必须诚心诚意为国家的事情而操心，这才是进谏和议论政事的好方式。"上天生育人才足够其使用一世，培养并且育成他，那么人才就往往会有剩余，阻拦并且抛弃他，那么人才就总会有所不足。但那些王亲贵族必然生长在那些有功勋的世家，而那些有智谋或是才能超群的人或是出自于山野荒林之中。因此伊尹以农夫的身份在有莘这个地方被聘用为大臣，傅说也是出身于从事版筑的奴隶，谁也没有说他们出身卑贱，也没有人谈到他们家世的寒微。这就是古人用各种方式招纳贤才，没有拘泥于单一的形式。

法律制度是由朝廷所制定的，大理寺掌管着天下的公平，或是用笞刑或是用杖刑，接受命令的人必须向御史台申明、禀告；或是降职或是罢黜，没有常例可以遵循就一定要在刑部拟定。这就是慎重地遵守法律，不敢轻易地使用刑罚。现在动不动就说"不要在中书省、枢密院、御史台等部门任用"，那么就是应当任用为宣政、资政之类的职务，这就降到品官以外办事人员的地位上去了。又说"有资格参与选官的人，衙门不许任用"，可没有资格选官的人谁又敢去任用呢？这样规定就是使得那些人不能再得到官职了。况且在职官员触犯了贪赃的罪行，还有一贯钱到三百贯钱的差别，但到讨论他们刑罚的时候，就只有停职、降职、叙用、不得叙用这样几种类别。怎么会一旦遭到议论或是弹劾，或是在撤销职务之前犯的罪，或者是事情还只是稍有嫌疑而罪行并没有坐实，但动辄就受到降为品官以外办事人员的处罚，或是受到终身也不能再任官职的处置，这难道能算是公平允当的制度吗！况且那些被判处流放到远方的罪犯，他们的家属还可以留在京城，那些被弹劾的人还没有到接收刑罚的地步，就立刻被遣送、打发回到老家。大概是因为寻找不到什么确实的证据，只是勉强搜集一些过失而加以抨击；本来是一向以洁白著称的，特意要污染他的名声。这就使得品德高尚的人听到这样的事就退回去隐居起来，有志向的士人也因为这样的缘故而有所回避躲让，那些当权的人发出缺乏贤才的感叹，后代也会讥笑我们国中没有人才，这对于社会状态有十分紧密的关系。

谁贤能谁不贤能，在于君子自己固然是非常自信没有半点儿怀疑的，做事情应该适中而不应该过甚，那些负责进言的官员应该对事情加以核实并且详细审察。现在开始的时候是一个人纠察揭发某人的罪行，另一个人则替那个人辩护认为其没有错，这三个都站在朝廷之上，怎么能应付各种政务呢？纵然这些人之间不互相报复，又怎么能消除彼此之间的仇恨和怨尤？史官要评定人物千古的褒贬，监察官员则判定人物一时之间的对错，如果褒贬评定得很公平，那么后世的人就会相信，对错判定得很明了，那么天下的人都会受到鼓励。现在或是喜欢或是厌恶被偏见所左右，对于邪和正的判断因此而与事实不符，轻一点儿的就告发别人的一些隐私，过分一点儿的则是诬陷别人的父辈、祖辈。因此，清浊黑白混杂在一起，善良和邪恶错乱，早上还是对的，到了晚上就变成错的，春季还是在弹劾一个人，到了夏季却可能为他进行辩解。奏请多到使得君主都感到厌烦的地步，互相之间的辩论也干扰了监察部门的正常工作。事情到了这样的地步，应当追究其中的道理。大概治理国家没有比选择官员更为优先的事情了，选择官员贵在遵守相应的制度。官员向君主进言却并不会因此而获罪，用这样的方式来沟通君主和大臣之间的想法；监察部门讨论任何事情也都要追查到其中的事实，也是朝廷为什么会重视监察部门类似于耳朵和眼睛这样的功能。如果不施展监察部门赏罚的职责，怎么能端正其根本和基础。所推举的官员不恰当，现在有推举的人一同受罚的规制；议论事情不符合实情，古代也有受到与所议论的罪行同等处罚的法令。从今往后指责别人的，必须先假设其是无罪的，然后再进行判罚，果真触犯了贪赃的罪行，就一并由监察部门负责追查和审问。其他的罪名，仍旧需要由司法部门拟定。这样做的话，事情就不至于到败亡的地步，法律必然会得到允当而公平的执行，大臣的奏请不会让君主觉得厌烦，诋毁或是赞扬也不会让朝政变得混乱。刑罚和政治非常的整肃而国体也变得更为尊崇，对与错都很明白而百姓心里也会觉得信服。这对于公正的评论是十分的幸运，对于天下也是十分的幸运。

【评述】

这是苏天爵所写名为《论台察纠劾辨明之弊》的一篇奏疏。在奏疏中，苏天爵主要分析了监察部门在履行自身弹劾、纠察其他官员时所犯的一些过失、其中的缘由以及可以改正的方法。

元代的监察官员拥有比较大的权限，不仅可以向君主进言朝政，更可以纠察弹劾其他的官员和政事：他们负责中书省、枢密院等中央机构的监察；对于司法事务也有监督之责；还要行使对朝廷官员行政事务的监督；一些其他职能部门的行政事务，监察官员也要进行弹纠；此外，对于官员个人的举止也要进行监督。

可以说，几乎所有的朝廷官员以及官员公私事务的各个方面，都在其监督的范围之内。

也正由于监察官员的权限较大，因此容易滋生一些弊端，最为明显的就是苏天爵提到的这些情状：监察官员在纠察之初不对事情加以详细的追查以及核实，只凭一些似是而非的证据进行弹劾；在弹劾的时候也不依据法律制度进行公平、允当的评判，而是从自己情感的好恶出发进行处置。正是由于这些状况，监察部门的工作无法妥善地开展，朝政因为监察官员与被弹劾之人无休止的争辩而被耽搁，整个国家的治理也限于停顿。

因此，苏天爵提出，首先，监察官员的选择要十分审慎，并且要贯彻不拘一格的原则，从各种出身、各个阶层的人中选拔出贤能之人来任职；其次，监察官员一定要以国家的利益而不是个人的私利作为出发点，以国家的法律法规而不是个人的偏见为准绳行使职责。只有这样，才能纠正监察工作中出现的种种缺失，在推进廉政工作进展的同时，推进国家的治理。

参考文献：

《元史》，中华书局1976年版。

柯劭忞：《新元史》，上海古籍出版社1989年版。

《元代奏议集录》（上册），浙江古籍出版社1998年版。

《大元通制条格》，法律出版社2000年版。

《大元圣政国朝典章》，中国广播电视出版社1998年版。

《吏学指南（外三种）》，浙江古籍出版社1988年版。

苏天爵：《滋溪文稿》，中华书局1997年版。

叶子奇：《草木子》，中华书局1959年版。

陶宗仪：《南村辍耕录》，中华书局1959年版。

刘晓：《元史研究》，福建人民出版社2006年版。

陈德洋：《元朝选官制度研究》，吉林大学硕士学位论文，2005年。

本章执笔：叶楚炎

第十章　明代廉政思想

概述

明代是一个高度君主专制的朝代，但在廉政思想上，政权上的专制却似乎没有干扰到思想的丰富与深刻。在明代，无论是从数量上看，还是就质量而言，其廉政思想都达到了一种鼎盛的状态。这与其在制度上的完备、细密与严格，以及所处的历史地位也极为相称。

从内容来看，明代的廉政思想可以分为两个方面，其一是对于个人道德操守的要求和规范，其二则是对于廉政制度的一些规划、设计、意见以及建议。

就第一个方面而言，值得特别注意的是，对于个人道德操守的规范不仅包括官员，也延伸到君主。君主个人应该具备什么样的品行，以及怎样养成这些品行，成为明代廉政思想的一个重要内容。例如朱元璋便曾提出君主要“辨毁誉”，也就是说，君主对于毁谤或赞美别人的话都要仔细分辨，详加分析，被诋毁的未必是庸才，被赞美的也不都是贤能，关键在于说话人的动机、立场和性情，要根据具体的情形予以鉴别。这既是在提醒君主要提高自己的辨别力，也是在指导君主如何成为一个明辨是非的明主。相似的论述在明代的廉政思想中极为常见。这其实也与明代的政体密切相连。由于明代是高度的君主专制，所有的权力都集中在君主手中，因此，君主的言行举止对于整个国家都有着牵一发而动全身的意义。特别是对于廉政来说，君主的勤政廉明不仅是全体官员的榜样，更是所有政治体制在廉政的状态下正常运行的源头。正因为如此，明代的廉政思想中包含了大量对于君主道德操守的规范，体现了在君主高度专制的状况下“君德”的重要。

从第二个方面来看，相关廉政思想涉及的范围十分广泛，包括行政、司法、监察、人事等国家事务的各个领域，这些同时也是前后各朝的廉政思想集中关注的一些方面；而对于其他一些在以往较受忽视的领域，明人也有所涉及，军事方面的廉政思想便是如此。例如景泰年间，林聪曾提出要在军队中“禁私役”，也就是说，军官不得擅自役使普通的士卒，也不得空报士兵的名额而侵吞多出来的军饷。事实上，军队的腐败是明代政治非常重要的一个问题，而明朝的最后覆亡也与此有直接的关联。不仅是明代，其他朝代也是如此，但相对于时人在监察、司法等廉政思想方面的较多建树，军事方面的廉政得到的关注明显不足，因而，林聪的建议便有着纠偏补缺的重要意义。

按照思想提出者身份的不同，明代的廉政思想可以分为以下几类：

首先是明朝帝王的廉政思想，如太祖朱元璋、成祖朱棣、仁宗朱高炽、宣宗朱瞻基等，他们都是明代最有作为的几位君主，其所制定的相关制度保证了明代近三百年的稳固统治。因此，他们所提出的这些思想，便不仅代表他们个人的认知，更为理解明朝的许多相关制度提供了索解的路径。

其次是一些位高权重的大臣，如杨士奇、张居正等，他们都曾任内阁首辅之职。虽然明代废除了宰相制，但这些大臣在当时都被世人视为“宰相”，而其在一些政治事件以及相关制度的制定方面所起的作用也确实如此。这些大臣的思想也成为了解当时朝廷大政以及时代风向的重要补充。

再次是一些普通的朝廷大臣，如海瑞、丘橓、詹仰庇等人。这些大臣多长期担任司法机构或是监察机构的官员，对于司法、监察等方面存在的弊端有比较明晰的了解。同时，这些大臣又多以敢于直言进谏著称，大都因为进言受过免职、廷杖之类的处罚。因此，他们的这些廉政思想的可贵之处便不仅是能切中时弊，更在于其无所隐晦，从思想的内容到表达的形式，都足以成为后世廉政者的典范。

除了以上三类之外，尤其值得提出来的是许多明代著名思想家的廉政言论，如王恕、王守仁、李贽等，他们在明代的思想史上都占有重要的地位，而凭借思想家的深刻与独到，其对于廉政都有许多特殊的理解和看法，也就具备了异常重要的价值。如李贽便提出了“贪官之害小，而清官之害大”的命题，表面上看来这样的观念有些惊世骇俗，并且难以让人接受，但其实却蕴含了一定的哲理和现实意义。问题的焦点，并不在于个人的道德品行，而在于对于国家事务的实际效果。若仅以清官自居，却一意孤行，给国家利益带来极大的损害，这样的清官是没有任何意义的。因此，李贽绝不是在鼓励官员去做贪官，而是提醒那些清官，清廉的道德操守固然是必要的，但在一意固守自己的道德操守时，不能养成刚愎自用、固执任性的性格缺陷，更不能把这样的性格缺陷带到实际的政治事务中去。可以说，这是对于清官的更高要求。这种看似偏激实则义理深刻的思想，尤为值得重视。

总之，明代有关廉政的思想呈现出丰富与多样的特点：从事关国计民生的大政方针，到具体部门的细致事宜；上至君主执政所应遵循的行为规范，下至普通官员安身立命的道德操守；无论是政治层面的详尽阐发，还是思想领域的深切分析，明代的思想家从各个层次、各个角度进入，提供了异彩纷呈的诸多精辟见解，使得明代廉政思想因其谈之不尽、用之不竭的特性而在中国历代的廉政思想中占有重要的一席之地。

第一节　明太祖朱元璋

【人物简介】

明太祖朱元璋（1328—1398），明代的开国皇帝。原名重八，后改兴宗，改元璋，字国瑞。濠州钟离（今安徽凤阳东北）人。少时为僧，1352 年参加红巾军。后自立一军，不断壮大军力。1368 年称帝。在位共三十一年，在军事、政治、经济、思想等方面大力加强君主专制的中央集权统治，使得明代成为有史以来君权最为集中的朝代。在统治期间，基本上实现了与民休养生息的政策，发展生产，安定民生，社会生产力得到了很大的恢复。

同时，朱元璋也实行了一系列措施，包括制定了以《大明律》为代表的一系列严格的典章制度来约束官员，并整肃吏治，严惩贪官，使得洪武年间成为明代官员最为清廉的一个时期。朱元璋的廉政思想体现在执政、司法、行政、监察诸多方面，可以说，明代各项廉政制度的发达与朱元璋有着密不可分的联系。

辨毁誉

【原文】

毁誉之言，不可不辨也。人固有卓然自立不同于俗而得毁者，亦有谄媚狎昵同乎污俗而得誉者。夫毁者未必真不贤，而誉之者未必真贤也，第所遇有幸有不幸耳。人君能知其毁者果然为贤，则诬谤之言可息，而人亦不至于受抑矣；知其誉者果然不肖，则偏陂之私可绝，而人亦不至于幸进矣。问君子于小人，小人未必能知，君子鲜有不为所毁；问小人于小人，其朋党阿私，则所誉者必多矣。惟君子则处心公正，然后能得毁誉之正。故取人为难，而知言为尤难也。[1]

【译文】

（君主对于）毁谤人的话或是赞美人的话，都不能不加以辨别。在众人当中，肯定有自己卓越地立足于人世，与凡俗有所不同，因此被人诋毁的，也有因为奉承讨好别人，并与旁人戏谑狎

〔1〕《典故纪闻》卷五，中华书局1981年版（下同），第90页。

玩而与污浊的凡俗相合，以至于被人称赞的。被诋毁的人未必真的不是贤能的人，而被称赞的人也未必真是贤才，只不过是他们的境遇有幸运或是不幸运的区别罢了。君主如果能够知道被诋毁的人果然是贤才，那么诬陷诽谤他的话就会平息，这样贤才也就不会被打压了；如果君主知道那些被赞扬的人果然不正派，那么那些狭隘偏颇的自私言行也会消失，并且人们也不会因此而以不正当的手段向上爬了。向小人询问君子的事情，小人未必会知道，君子很少能不被小人诋毁的；向小人询问小人的事情，他们是同类之人，互相包庇，那么赞誉的话一定会很多。只有君子的心地十分公正，因此才能够正确处理毁谤和赞美。因此，选拔人才是很难的事情，而辨别旁人说的话更为困难。

【评述】

明代是一个高度君主专制的国家，而肇其端者便是朱元璋。朱元璋在极端强化君主手中权力的同时，却也没有忽略君主对于手中权力的妥善使用，而“辨毁誉”就是他提出的对于君主如何选择官员、如何听取意见的一个非常重要的思想。对于君主来说，他必然会经常听到对于一些人的赞扬或是批评。但朱元璋清醒地指出，有人赞扬并不意味着这个人就一定好，被人毁谤也不代表此人就肯定不是贤才。事实恰恰相反，被人称赞得过多的，可能是一个不正派的人，而受到毁谤最多的，倒很可能就是贤才。

朱元璋这一具体意见不一定完全正确，但他提出的“辨毁誉”这一思想却很有意义。这首先牵涉到领导者如何辨别对于下属的反映，不偏听偏信，而是根据具体的情形作仔细的分析。这显然是做好领导者的一个关键。其次，官员的选择是廉政的源头，而在选择官员的时候，不因言废人，也不因言捧人，而是对正反两方面的反馈意见作充分的调查研究，无疑会使得对官员的选用有了更多的理性保证。

励直言

【原文】

清明之朝，耳目外通；昏暗之世，聪明内蔽。外通则下无壅遏，内蔽则上如聋瞽。国家治否，实关乎此。朕常患下情不能上达，得失无由以知，故广言路以求直言。其有言者，朕皆虚心以纳之。尚虞微贱之人敢言而不得言，疏远之士欲言而恐不信，如此则所知有限，所闻不广。其令天下臣民，凡言事者，实封直达朕前。[1]

【译文】

政治有法度、有条理的朝代，眼睛和耳朵与外界是相通的；而统治昏庸、黑暗的时代，眼睛和耳朵都被蔽塞在宫廷内部。与外界相通，和臣民交流就没有堵塞和遮蔽；蔽塞在内部，那么君主就会像聋子和瞎子一样。能不能治理好国家，实在和这件事关系很大。我常常担心臣民的情形不能反映到我这里，政治上成功或是失误的地方也没有途径可以知道，所以要开拓反映意见的渠道以用来征求真话。那些说真话的人，我都会虚心地去接待他们。即便是这样，我还是担心地位卑微的人虽然敢于说话但得不到说话的机会，和我关系疏远的那些士人想和我说话却担心得不到信

〔1〕《典故纪闻》卷三，第57页。

任。这样的话，我所知道的事情便会非常有限，所听到的事情的范围也不会广泛。我命令天下所有的臣民，凡是要谈有关政事的，都可以把奏言密封好，直接送到我的面前。

【评述】

对统治者来说，了解普通臣民的真实意见无疑非常重要，这不仅有助于他调整和修正自己的执政措施，同时，民情的直接上达天听，对于各级官吏也是一种无形的震慑，有利于吏治的整肃。正是在此思想的指引下，朱元璋设立了“通政司”这一机构，用来接纳大臣以及普通百姓的上书，也就是说，通政司几乎成为下情上达的重要的也是唯一合法的途径。从廉政的角度来看，理论上讲，民间的疾苦、冤屈等现实状况也都可以借由通政司上达给朝廷，这使得通政司成为表达民意的一个渠道，有助于政治的清明，但需要注意的是，了解下情仅凭君主的个人热情或是设置了类似“通政司”这样的机构还是远远不够的，更为切实的方法应该是建立一整套的制度，允许甚至是鼓励臣民向上传达真实的情形和意见。然而当时不仅是没有这样的制度保证，而且受制于信息传播的方式，即使君主有了解民间疾苦的愿望，在资讯有欠发达的古代社会，这种愿望也难以成为现实。

驭胥吏

【原文】

自古天下之治乱，在于君臣能驭不能驭耳。若君能驭臣以礼法，臣能驭吏以体上，故治由此始；若君不能以驭臣，臣无以驭吏，则乱亦由此始。或云胥吏小人，何预治乱？是大不然。吏诈则蠹政，政既隳矣，民何由安？朕所以命著为令者，正欲使上官驭吏，动必以礼，而严之以法，若吏卒背理违法，绳以死无论。此令行久矣，柰何贪官动为下人所持，任其纵横，莫敢谁何！所以政无施而民受枉。朕尝谓若为官临政无驭吏之威，则诸事无成，驭得其法，则威立令行，事无不举。[1]

【译文】

自古以来国家有秩序或是无秩序，都在于君主以及大臣能不能管理好自己的属下。如果君主能依照礼法管理大臣，大臣又能按照制度管理好小吏，那么国家就会从这里开始有秩序；如果君主不能管理大臣，大臣也管理不了手下的小吏，那么国家的混乱也会从这里开始。有人说小吏都是地位很低的人，和国家的有秩序无秩序有什么关系？这种说法非常不对。小吏使用奸诈的手段就会损害国家的政治，政治毁坏了，百姓怎么能安定呢？我之所以颁布这样的命令，就是要让上级官员必须按照制度管理好小吏，并且用法律严格地约束他们。如果小吏有违法乱纪的事情发生，直接处死他们而不用担心会受到追究。这个命令颁发下去已经很久了，但实在没办法的是，贪官被下面的小吏所要挟，只能任由他们横行不法，没有人敢去处罚他们。因此行政方面的事情都没有做好，百姓也受到了冤屈。我曾经说过，如果官员在行政时没有管理小吏的威严，那么所有的事情都不可能取得成功，如果管理小吏很有办法，那么威信就会树立起来，命令会得到执行，事

〔1〕《明实录》第三册，台湾“中央研究院”历史研究所1962年版（下同），第1806—1807页。

情也都会办得很好。

【评述】

在这段话里，朱元璋主要谈到两个层次的问题，其一是君主要管理好大臣，其二是大臣要管好属下的胥吏，而在这两者中，又以后者最为重要。从表面上看，胥吏的地位要在大臣之下，不过是政府机构中普通的办事人员而已，但由于与普通民众直接接触的是胥吏，国家的各项政策、制度也要通过胥吏的具体操作才能得到实施，因此，胥吏管理的程度如何，直接关系到国家的政治清明与否。事实上，元代的很快灭亡，就与对于胥吏的管理不善具有很大的关系。朱元璋敏锐地意识到这一点，明朝建立以后，对于胥吏的社会地位、权限等都作了很多限制和约束，并在此段话中着意提出大臣要对胥吏“动必以礼，而严之以法”。平心而论，朱元璋在这段话中主张对于胥吏采取较为严酷的手段，有些矫枉过正的意思，但要一洗前代的弊政，争取较为稳定的政治秩序，这些措施还是有其必要性的。

第二节 明成祖朱棣

【人物简介】

明成祖朱棣（1360—1424），明太祖朱元璋第四子。初封燕王，朱元璋去世后，朱棣发动“靖难之役”，并从建文帝手中夺取政权，改元永乐。即位后，朱棣在军事、政治、文化等一系列事情上都很有作为：北征蒙古，迁都并营建北京紫禁城，编撰《永乐大典》，派遣郑和七下西洋，等等。

而在政治统治方面，朱棣又在朱元璋的基础上继续强化君主专制政体，重新恢复了锦衣卫，并设立东厂，以厂卫制度加强对于大臣的控制，打击异己力量，巩固自己的统治。而在廉政制度的建设方面，朱棣重视对于官员的监察，设立分遣御史巡行天下的制度，同时又鼓励官吏互相告讦。这些都使得朱棣成为明代廉政制度方面值得重点关注的人物。

慎刑罚

【原文】

三百余人，未必人人皆实，有一不实，则死者衔冤。尔等更从容审之，一日不尽则二日三日，便十日亦何害？必使其无冤。大抵人之实情难得，有言语便捷辄驾虚词掩实情者，有讷于言虽怀情实而口不能发者，须详悉以听，亦不可以刑迫之。近有僧帖匿名榜，言县官贪污。法司推问，疑一吏与之有隙，遂极榜掠，吏不胜即引服。僧之从者，悯吏无辜，赴官首其事，逮僧鞫之，果得实。向使僧之从者不言，岂不枉杀此吏？法司以刑迫人，往往有此弊。今三百余人，宁无一二冤抑？尔等其详审之。[1]

【译文】

（被判罚死刑就要被执行的）三百多个人，未必每个人都是罪有应得，有一个人罪名和所判刑罚不符的话，那么这个被处死的人就会含着冤屈。你们这些官员应该再一次慢慢地仔细审问这些

〔1〕《典故纪闻》卷七，第126页。

罪犯。一天审不完就审两天三天，即便审上十天又有什么坏处？一定要使得这些人没有冤屈。一般来说，人们的实际情形是很难知道的，有很会说话的人，会用一些虚假的言语来掩盖真实情况，也有不善于说话的人，虽然心里有真实的情形要说但说不出口，必须详尽地去询问，不能用酷刑去逼迫他们。最近有一个和尚贴了一张匿名的榜文，说县官贪污。司法部门审问这件事情，怀疑一个小吏和县官有冤仇，于是就对那个小吏施加十分酷烈的刑法，小吏忍受不住就屈招了罪行。但那个和尚的随从，怜悯那个小吏是无辜的，就到官府告发了这件事，将和尚抓住后一审问，果然审出了其中的实情。如果之前那个和尚的随从不说话，岂不是就冤杀了这个小吏？司法部门用酷刑逼迫人，往往会有这样的弊端。现在有三百多个罪犯，难道就没有一两个是冤屈的吗？希望你们详细地审问这些犯人。

【评述】

朱棣首先谈到要谨慎地对待案犯，对他们的案情进行详尽的覆审。事实上，覆审制度是有效减少司法腐败、维护司法公正的手段之一。从这个角度看，朱棣的这个建议具有积极的意义。不仅是朱棣偶一提之的这段话，在明代，有朝审、大审、在外恤刑会审等一系列较为规范、成熟的制度，这几项制度都可以看做对于司法审判的覆核审理；而以朱棣为代表的明代君主“慎刑罚”的思想也在其中体现无遗。其次，朱棣还提到了不应该用酷刑逼供的方式来审判案件。酷刑逼供本身是司法审判中的一个重大弊端，它会导致其他的弊端，如冤狱的产生。因此，取消酷刑逼供，也是减少司法腐败的有效手段。

禁诬民

【原文】

国家号令，使小人畏而不犯可矣。虽其为恶之心未必革，然为上者用法当以宽，不以猛，待人当以诚，不以伪。猛则民不堪，伪则民不信。去岁命御史给事中①往各处抚安军民，禁止奸慝②，导其为善。临遣之际，谆谆告戒，务要安民。昨日给事中丁琰等奏云，至四川见无犯法者，乃阴遣亲信，用银诱之交易，已而果有犯之，是其心终不戒也，遂执之。琰不肖刻薄如此！假令民畏法，反执阴诱者送官，何以处之？古人治天下，无非公平正大之道。昔唐太宗以物示人，待其受之则加之罪，赖魏徵谏而止。朕尝戒此事，思得魏徵其人，置于左右。今此辈小人，但图邀功，不顾枉陷良善，甚孤朕任使。其令都察院③遣人驰往，释所诬民，而执琰等赴京罪之。[1]

【注释】

①给事中：官名。明制分设吏、户、礼、兵、刑、工六科给事中，掌侍从规谏，稽察六部的弊误，有驳正制敕违失的权力。

②慝（tè）：邪恶。

③都察院：官署名。明洪武年间设置。监察弹劾官吏，参与审理重大案件。

---

〔1〕《典故纪闻》卷六，第108页。

【译文】

国家的法律和命令，使得百姓有所畏惧不敢触犯就可以了。虽然这些人为非作歹的心思还没有全部消除，但为官之人执行法律应当宽厚，而不应该严厉，应该以诚信对待百姓，而不应该以欺诈的手段来对待他们。严厉的话，百姓就不能忍受；欺诈的话，百姓就会不信任官府。去年我曾经命令御史、给事中到各个地方去安抚军队和百姓，禁止奸诈邪恶的事情发生，引导他们多做好事。在派他们走的时候，我诚恳地告诫他们，一定要使得百姓安定下来。昨天给事中丁琰等人上奏说，到了四川看到没有犯法的人，就暗地里派遣手下的亲信，用银钱诱使一些人和他们做买卖，然后就果然有人犯法了，那是他们终究没有消除为非的心思，于是就把这些人抓了起来。丁琰竟然这般的不像话和冷酷无情！如果那些百姓畏惧法律，反而把他偷偷派出去的那些引诱他们犯罪的人送到官府，他又怎么来处置这件事呢？古人治理天下，遵循的无非是公正而不偏袒以及光明正大的方法。以前唐太宗把东西拿给别人看，等他接受的时候就要判他的罪，幸亏魏徵进谏，阻止了这件事情。我曾经警惕这种事情，希望能得到魏徵这样的大臣，安置在我的旁边。现在（丁琰）这种小人，只管着邀功，也不管是否冤枉陷害了善良的好人，很是辜负了我对他们的信任和差遣。这就命令都察院派人赶到四川，释放被诬陷的百姓，而将丁琰等人抓回京城来治罪。

【评述】

在明代，为了加强对于地方政治的控制以及地方官员的管理，常常派都察院或是六科的一些官员到地方上巡视。这些官员的权力极大，但凡行政、司法、军事、教育、经济、民政等方面的事务都在他们的管辖范围之内。这对于地方政治事务的发展和地方官员的廉政都有一定的益处。但这些派到地方的中央官员有时也会因为权限过大而产生一些干预、影响地方政务的现象；更有甚者，会利用手中的权力胡作非为或是谋取私利。而这道谕旨中所说的丁琰等人便是如此。除此之外，更值得重视的是朱棣所提到的，禁止设置圈套来诱使百姓犯法。在百姓安定守法的状况下，这些官员为了邀功请赏，竟然通过引诱的方式来创造政绩。朱棣明言要禁止并严惩此类事情，不仅是希望保持百姓的安定，更是防止由此而出现更大规模的虚报政绩、颠倒黑白等腐败事情。事实上，朱棣的担心也并非全然没有道理。到了明末，明朝的军队无力对抗农民起义军，多以残杀良民冒充军功，这就加速了明代军纪的败坏和最后的覆亡。而此处的丁琰等人诬陷良民，正可以看做此类事情的滥觞。

革贪欲

【原文】

朕承天命，统绍鸿业，夙夜孜孜，图惟安民，于今十有六年，而天下未安，民生未遂，究惟厥咎，皆谓有司不得其人。夫民者，天民，天付人君安养之。人君不能独治，则必建官分职以共治。今尔等坐视民穷，恬不留意，小大蒙蔽，悉不以闻，独不畏天地鬼神乎？继今能改过自新，革贪为廉，革暴为仁，上体吾心，下抚百姓，使百姓皆得其所，则可以永享爵禄，保富贵矣。如复不悛而违命厉民，罪必不恕。盖譬如使人牧牛羊，不能蕃息，又多饿死，则牧者必受谴责，况受牧民之寄者乎？福善祸淫，天有恒道，赏功刑罪，国有常典。其懋勉之，无怠无忽。[1]

【译文】

我承担天命登上皇帝的位置，日夜勤勉，不敢懈怠，只想着让百姓过上安定的日子，到现在已经有十六年之久了，但国家还是没有安定下来，民众生活富足的任务也没有完成，追究其中的缺失和过错，都说是因为任命的官员不称职。所谓民，是上天的民众，即上天交付给人间的君主去安定养护他们。君主不可能独自去治理百姓，那么就必须设置官员建立官职来共同治理。现在你们这些人眼睁睁地看着百姓穷困，却满不在乎，一点儿也不在意，小官员和大官员互相包庇，都不把这些状况上报给朝廷，难道你们独独不怕天地鬼神吗？从今天开始，你们如果能改正错误重新做人，革除贪欲做廉洁的事情，革除暴虐做仁善的事情，上面体悟我的用心，下面安抚百姓，使得百姓都安于本业，就可以永远享有爵位和俸禄，保住你们的荣华富贵。如果还是不知道悔改，而是违抗我的命令虐害欺压百姓，那么你们的罪行就一定不会被饶恕。这就像派遣别人去放牛放羊一样，不能让牛羊繁衍生长，又让它们大多饿死了，则放牛放羊的人势必会受到谴责，何况是那些领受了管理百姓的职责的人呢？给做善事的人赐福，给做坏事的人降祸，这些事情上天自然会有恒常不变的规律；有功者受赏，有罪者受罚，这些事情国家也有通行的制度。希望你们努力勉励自己，不要松懈也不要疏忽。

---

〔1〕《明实录》（第八册），第 2053—2054 页。

【评述】

永乐十六年（1418 年），所有的布政司、按察司以及各府、州、县衙门的地方官员来到京城朝见天子，六科给事中查出其中有一些人不勤政爱民，因此弹劾这些官员，并请求司法部门依法处罚这些人。而当朱棣知道这些事情后，竟然下令不追究这些官员的罪责，并写了一道诏书劝诫他们。这道诏书便是上面所引的这段原文。

朱棣一向以对待官员严厉著称，但在这件事上却显得颇为宽容。事实上，不仅要靠严格的制度和处罚措施去督促官员廉洁公正，在适当的情形下，给一些犯了错误的官员以改过的机会，也不失为一个可行的办法。当然，对于犯有过错的官员一味纵容，也有可能造成姑息养奸的后果。这种宽纵只能偶一为之，不能成为常例。在这段话中，朱棣还提到“夫民者，天民”这句话，也就是认为百姓是上天赐予的，应该由君主和官员好好安养，虽然其根本的立场还是为了维护自己的统治，但这种从民生的角度出发，提倡廉洁奉公的思想还是颇为值得重视的。

第三节　杨士奇

【人物简介】

杨士奇（1365—1444），名寓，以字行，号东里，江西泰和人。历事建文、成祖、仁宗、宣宗四帝，曾任左谕德、礼部侍郎、兵部尚书、华盖殿大学士等职，晚年与同样任职内阁的杨荣、杨溥并称“三杨”。在任期间，安定边防，整顿吏治，发展经济，使明朝的国力继续沿着鼎盛的轨道发展，因此被后世视为一代名臣。先后担任

《明太宗实录》、《明仁宗实录》、《明宣宗实录》总裁。著有《三朝圣谕录》、《奏对录》、《历代名臣奏议》、《东里全集》等。

禁欺弊

【原文】

尧汤之世，不免水旱，而尧汤之民不致甚病者，有备故也。我太祖皇帝笃意养民，备荒皆有定制。天下郡县悉出官钞籴谷，各于四乡置仓贮之，时敛散。又相其地宜，开浚陂塘，修筑圩岸，以备水患。天下之民各安其业，此万世之利。历岁既久，奸弊日滋，豪猾侵渔，谷仓尽毁。凡诸水利亦湮废，或被占夺。稍遇旱灾，民无所赖，事虽若缓，关系甚切。请令户部择京官廉干者，往督理粮课，丰稔州县各出库物平籴，储以备荒。陂塘闸堰①皆令修复，具实奏闻。若有灾之处，则候稔岁而后行。郡县官考满②，以此为殿最③。风宪官④各务稽考，遇有欺弊怠废者，具奏罪之。[1]

【注释】

①堰（jù）：堤塘。

②考满：指官吏的考绩期限已满。一考或数考为一任，故考满亦常为任满。

③殿最：古代考核政绩和军功，下等称为“殿”，上等称为“最”。也泛指等级的高低上下。

〔1〕焦竑：《玉堂丛语》卷之二《筹策》，中华书局1985年版（下同），第56页。

④风宪官：指监察执行法纪的官吏，主要指都察院御史。

【译文】

尧帝和商汤的时代，国家也不免会有水旱灾害，但尧帝和商汤所统治的百姓却未因此受到很多的苦难，其原因在于有防备的措施。我朝太祖皇帝十分在意养护百姓，防备灾荒都有一定的制度。国内的郡县都由官府出钱买一些粮食，并在四处的乡野放置米仓用来贮藏这些粮食，不时地收集或是分发。又观察土地所适宜的用途，开掘疏浚湖泊、水塘，修筑堤岸，用来防备洪灾。国家所有的百姓都各自安于本业，这对于万世都有好处。过了很多年以后，奸谋和弊端就渐渐滋生了，地方上的土豪和奸狡之人侵占掠夺，谷仓都被毁坏了。诸多的水利设施也被填塞、废除，或是被人抢占夺走。稍微遇见一点儿旱灾，百姓没有可以依赖的，事情虽然看上去好像并不急迫，但关系十分紧要。请朝廷下旨，让户部选择京官中廉洁能干的人，到地方去监督管理粮食生产以及征收赋税。如果遇见丰年的时候，州县就用官库里的钱物用平价买米，储备起来用以防备荒年。湖泊、水塘、水闸、堤坝等也都要命令地方上修复，并依据实情详奏朝廷。如果是刚刚遭灾的地方，就等到丰年再实行这些措施。郡县等地方官考满的时候，就以这些措施的实施情况作为评定他们政绩的标准。监察官员也要各自行使稽查、考核方面的职能，如果遇到欺骗、舞弊、怠慢或是荒废政事的官员，都要详细地上奏来治这些官员的罪。

【评述】

水旱灾害作为天灾，是不可避免的，但却可以通过一定的方式减轻灾害造成的损失，如在丰收时节建立米仓以备灾荒时使用，以及大力建设一些水利设施等。明初的时候，在这些方面确实做得很好。但随着时间的推移，一些腐败现象开始出现，不仅是地方官不重视这些事情，地方上的一些豪强势力也强取豪夺，因此这些防灾的设施都废除殆尽。

杨士奇意识到这些事情废弛给国家带来的威胁，也看到了症结所在，即要从官员的“廉”和“干”抓起。为此，杨士奇除了提醒大家要提高防灾意识之外，更为重要的是建议朝廷采取一系列的措施：首先是派遣廉洁并且干练的京官去地方督察工作，其次是命令地方官切实地做好防灾方面的工作，再次是让监察官员稽查、考核相关京官、地方官在这些事务上的表现。从中可以看出，杨士奇的这些建议有层次、有系统，体现了一个政治家的眼光和才能。杨士奇的建议不仅在防灾之类的地方事务中发挥作用，对于其他与廉政相关的国政也会有所裨益。

第四节 明仁宗朱高炽

【人物简介】

明仁宗朱高炽（1378—1425），明成祖朱棣的长子，永乐二十二年（1424 年）八月成祖病逝后继位，是明朝第四位皇帝，但在位仅仅十个月就病死了。在不长的执政时间内，他发展生产，与民休息，实行比较宽松仁和的统治，纠正了永乐年间一些过分的做法，并为仁宣之治的繁荣铺平了道路。在思想方面，朱高炽崇尚儒学，褒奖忠孝。在他统治期间，传统的儒家思想得到充分的发展。

崇宽恕

【原文】

朕恭承大统，为天下生民之主，惟我皇祖皇考爱民之仁，祇率不怠，旦夕思念，人命甚重，哀矜庶狱，惓惓在怀。夫刑以禁暴止邪，道民于善，岂专务诛杀哉？故律令之制，善善长而恶恶短，罚之轻重，咸适厥中。顾执法之吏，不能皆平，有虚饰其情，傅致死罪，而比附谬妄，尤甚枉人，朕深悯之。夫五刑之条，莫甚大辟，大辟之施，身首异处，斯已极矣。自今有犯死罪律该凌迟者，依律科决，其余死罪止于斩绞，法司并勿傅会昧情失实以致冤滥。若朕一时过于嫉恶，律外用籍没及凌迟之刑者，法司再三执奏，三奏不允，至于五奏，五奏不允，同三公及大臣执奏，必允乃已，永为定制。文武诸司，自今亦不许恣肆暴酷，于法外用鞭背等刑，以伤人命，尤不许加人宫刑，绝人嗣续，有自宫者，以不孝论。人之为非，固有父子不相为谋者，肆虞舜为君，罚弗及嗣，文王之世，罪人不孥。自今惟犯谋反大逆者，依律连坐，其余有犯，止坐本身，毋一概处以连坐之法。古之盛时，恒采民言，用资戒警；今凶险之徒，往往摭拾，诬为诽谤，法吏刻深，锻炼成狱。刑之失中，民则无措，今后但有告诽谤者，一切勿治。尔中外文武群臣，宜端乃志，悉乃心，畏天爱人，务崇宽恕，庶有以佐朕父母斯民之治。有或违者，必罚不贷。[1]

---

〔1〕《典故纪闻》卷八，第146—147页。

【译文】

我恭顺地继承皇帝的位置，担任天下百姓的主人，一想到我的祖父、父亲爱护百姓的仁德，敬慎遵行一点儿也不懈怠，我就每天每夜都思念不已。人命十分重要，哀叹怜悯普通人触犯刑法，我在心中深切思念不会忘怀。刑法是用来禁止暴虐、铲除邪恶，引导百姓去做好事的，怎么能一味用诛杀的方法呢？所以法律制度的制定，如果能让好的行为得到发扬就会长久存在下去，如果用以暴易暴的方式对待罪行就不能得到保持，刑罚的轻重缓急，都要适中才好。但是执行法律的官吏，不能够这样持平地执行，有人会用虚假的情形遮盖实情，以至于将人判罚死罪，并且比照的条律也很荒谬，尤其会冤枉人，我深深地怜悯这种状况。五种刑罚的条例，没有比死刑更重的了。实施死刑，会让身子和头颅分在两处，这已经是最厉害的刑罚了。从今往后，如果有犯了死罪依照法律应该凌迟的罪犯，依照刑律斩首就可以了，其他的死罪最高也只是斩刑或是绞刑，司法机关不要胡乱附会蒙蔽实情以至于让很多人蒙受冤屈。如果我一时之间过于生气，嫉恨厌恶某个人，不依照法律用了没收家产或是凌迟的刑罚，司法机关一定要两次三次地上奏阻止，三次上奏不允许，就要上奏五次，五次上奏还不允许，就连同三公以及诸位大臣一起上奏，一定要等我应允了才能够停止上奏，并且这要成为一种固定的制度。文职武职各个机构，从今以后也不能够肆意采用暴烈残酷的手段，在法律之外使用鞭打脊背等刑罚，以至于伤害百姓的性命，尤其不能够使用宫刑，断绝别人的子孙延续，如果有自宫的人，以不孝的罪名论处。那些人犯法，一定有父子之间不合谋的，因此虞舜担任君主的时候，罪罚不涉及罪犯的后代，文王统治的时代，判一个人的罪也不会连累到他的子孙。从今往后，只有触犯谋反这样大逆不道罪行的人，才依照律例连带处罚其家属，其余的犯人，只追究他本身的刑事责任，不要一概都用连带处罚其家属的法律。古代昌盛的时候，常常采用百姓的言论，用来作为执政的警戒。现在那些凶险的人，却常常打听一些百姓的言论，诬陷他们为诽谤，司法机关的官吏又苛刻严酷，罗织罪名，陷人于罪。如果刑法的执行没有一定的标准，百姓就不知道如何去做。今后但凡有人告状诽谤的，这样的案子都不要去审问。你们这些中央和地方的文武官员，应该端正你们的态度，了解百姓的想法，敬畏上天，爱护百姓，一定要尊崇宽恕的原则，这样才能辅佐我像父母那样去治理百姓。如果有人违抗这道诏书，我一定会处罚他，绝不宽恕。

【评述】

朱高炽的这段话主要说了两点，其一是要以宽松的刑罚对待百姓，其二是掌管司法的官吏在对待百姓的时候要采用宽恕的原则，而不能罗织罪名，陷人于罪。其实，无论是第一点还是第二点，其中最为关键的都是官员。官员如何执法，如何对待百姓，是朱高炽的这些建议能否得到实施的最关键之处。

从这段话中也可以看出，朱高炽主张用比较宽松的方法来治理百姓，并在使用刑罚的时候多采用恕道：如不用或少用比较酷烈的刑罚，以及尽量避免使用连坐之法等。这些都可以最大限度地减少司法事务中各种弊端的产生。而其中最为重要的一点是，朱高炽认为官府不应再受理诽谤的案子，因为被告诽谤的人多是普通百姓，倘或都被告以诽谤的罪名，那便没有人敢说真话，那对于朝政的改进、吏治的澄清，都是没有益处的。

朱高炽一方面要以“宽松”的治理来对待百姓，一方面又告诉官员，如果违抗这道诏书，他会“必罚不贷”。这一松一紧，形成了鲜明的对比，而其根本仍然是为了与民休息，恢复并发展生产，而这也是朱高炽的庙号为“仁宗”的原因所在了。

第五节 明宣宗朱瞻基

【人物简介】

明宣宗朱瞻基（1398—1435），明仁宗的长子，洪熙元年（1425 年）六月十二日即皇帝位。次年改元宣德。宣宗在治国方面颇有成就。他继承了前代与民休息的政策，曾多次下诏开仓赈济受灾的百姓，减免受灾地区的田赋。在用人上，亲贤臣，远佞人，重用仁宗朝的蹇义、夏元吉以及杨士奇等老臣；对不称职的官员，不论关系亲疏，一概斥而不用。因此，宣德年间，政治较为清明，国力较为强盛，后人把仁、宣两朝的统治合称为“仁宣之治”。

广言路

【原文】

致理之道，莫先于广言路。盖天下之大，吏治得失，民生休戚[①]，人不言，朝廷何由悉知？古人谓明主视天下犹一堂，满堂饮酒，一人对隅而泣，则一座为之不乐。若令天下有匹夫匹妇不得其所，实为君德之累。凡有建言民瘼②者，卿等勿讳，言或激切，亦其心发于忠，若以其言激切而弃之，孰肯进言？卿等宜悉此意。凡言之善者，即以闻，庶几有补于治。[1]

【注释】

①休戚：喜乐和忧虑。亦泛指有利的和不利的遭遇。

②瘼（mò）：病痛。泛指困苦、疾苦。

【译文】

使国家在政治上安定清平的办法，没有什么比拓宽百姓表达意见的渠道更紧要的了。国土是这样的广阔，官吏的作风和治绩有哪些可取、哪些不可取，人民的生活又有哪些喜乐和忧虑，如果百姓不说，朝廷又从什么地方详细地知道这些事情呢？古人说圣明的君主看待他的国家就像一个厅堂一样，满厅堂的人都在喝酒，只有一个人在角落里哭泣，那么其他人也都为因此而不高兴。如果国家有男子或是女子没有得到适当的安顿，那实在是对于君主德行的伤害。但凡有对国事有所建议与陈述民间疾苦的人，众位大臣不要隐瞒，即便这些人说的话有些激烈直率，也是出自于他们的忠心。如果因为这些人说的话激烈直率就不予听取，那么谁还敢再提建议呢？众位大臣都应该明白这个道理。凡是百姓说的话是有利于政治上的安定清平的，就应该立刻来告诉我，这样做也许会对国家的治理有所帮助。

〔1〕《典故纪闻》卷九，第161页。

【评述】

这是明宣宗对诸位大臣所说的一段话，其中主要是说要重视百姓的意见，要提供便利让他们陈述民间的疾苦，提出治理国家的建议。在中国古代，治理国家是士大夫的事情，而普通的百姓只是服从政府的管理而已。但在这段话中，明宣宗提出了一个非常重要的思想，也就是让普通的百姓也加入到使得国家在政治上安定清平的努力中来。因此，虽然只是简单的“广言路”，但明宣宗所提出的这个思想却已超越了一般的鼓励臣子进谏的范围，他看到的是更为广泛的天下百姓的利益，所着手解决的，也是如何让天下的百姓拥有属于自己的发言权的问题。

在这段话中，明宣宗也委婉地表达了自己的担心，因为只要是百姓提出的意见和建议，就必然会有激烈直率的话在里面，而那些大臣很可能会因为这一原因，对这些意见和建议不予听取，不上奏朝廷。明宣宗认为，听这些意见、建议，不应当听他是如何说的，而是应该体会这些百姓的用心，即便言辞再激烈，只要这些百姓是以国家的安定清平为目的，也应该倾听并采纳。

事实上，对于廉政来说，制度的制定和执行永远只是问题的一个方面，舆论的反映和监督也同样重要。真正关心广大百姓的建议，听取他们的想法，认同他们的利益，同样非常重要。

第六节　林聪

【人物简介】

林聪（1415—1482），字季聪，号见庵，福建宁德人。正统四年（1439 年）进士，历任都给事中、都御史等职，官至刑部尚书加太子少保。在哲学、文学等方面都有一定的建树。在政治思想方面，林聪担任的多是科道官员以及司法部门的官员，因此在官员监察以及司法制度方面对于朝政都有很多切实而有价值的建议，并被称为持大体、秉公论的大臣。

慎审案

【原文】

迩来法司惟务深刻，或任好恶，或避嫌疑，或执原词，或拘成案，不审情犯虚实，但知希旨迎合。如圣旨批法司辨理者，则与之辨理，罪虽怙终而必宥；批法司知道者，多立案不行，情虽可矜而莫伸。又如当行勘者，不与之行勘，当提对者，不与之提对，狱囚经年淹禁，文案屡岁不清似此。抱负不平，陈情恳诉，少者不下十有余次，多者不下二十余次，罪终莫逃，积愤含冤，甚伤和气。乞敕法司，今后在监罪囚，务在推情鞫问，详审重轻，不许任意徇情锻炼成狱。如是则刑罚得中，人无冤抑。[1]

【译文】

近来司法部门做事都非常严峻苛刻，或是任凭自己的喜欢或是不喜欢，或是躲避嫌疑，或是依据原来的供词，或是局限在已经判定的案件上，也不审问罪犯的案情是不是合乎实情，只知道迎合朝廷的旨意。如果圣旨上批示司法部门对案情加以分辨整理，

---

〔1〕《典故纪闻》卷十二，第 224—225 页。

就会对这些案情加以分辨，即便罪行不可动摇而最终还是会予以宽待；而如果圣旨上批示“法司知道”的案件，大多立案却不好好地审问，虽然这些案件有值得同情的地方，而最终还是不能有所改正。又有一些应当仔细勘察的案件，却不进行勘察，应当提审对质的，也不进行提审对质。有的囚犯很多年都不判定刑罚，只关在监狱里，那些有关案情的卷宗也是很多年没有清理过。心中不平的囚犯上述自己的情况，恳切地希望得到伸冤的机会，少的不下十几次，多的不下二十多次，但罪名还是不能消除，怀着愤怒，含着冤屈，十分伤害和谐的气氛。请求下敕给司法部门，以后对在押的罪犯，一定要审问案情，详细讯问案情的轻重，不许随意按照自己的私心罗织罪名陷人于罪，从而造成冤狱。如果能这样做的话，就会使得司法事务合乎规范，百姓都不会冤屈压抑。

【评述】

林聪这段话针对的是明代司法中存在的一些黑暗面，主要是指要审慎地审理案件并且不要迎合朝廷的旨意。前者指的是一些司法部门审案时很不仔细，该审的不审，该问的不问，草率断案，以致造成了不少冤案。后者则是指司法部门还会根据朝廷的旨意而不是案情本身的轻重来断案，宽待了一些罪行严重的犯人，而一些原本应该减轻罪名的犯人却得不到公平对待的机会。

综合来看，林聪的意思是要求司法部门对于案情要仔细审问，并要保持独立的地位，不受朝廷旨意的左右，而是根据实际审问的结果作出公平的评判。这样便可以减少冤案的发生。实际上，这些建议都颇有意义，但司法部门的审慎态度与独立精神却并不能仅仅靠司法部门的自律就可以实现，更有效的手段应该来自于对于司法部门的监督以及建立严格缜密的覆审制度。

禁私役

【原文】

禁私役以振军旅。祖宗定制，一军不许私役，一卒不许放闲，律有常宪。皇上中兴以来，虑各官私役数多，故自总兵①以下给以从兵几人，各有定数，然亦未尝使之放闲而不行操练也。今各营总兵等官，将给与从兵放使，办纳月钱，却令在营操练者朝夕随从，又有占用卖放至七八十人者甚至二三百人者。比闻差官点闸，率皆顾倩顶替，不惟军士被其剥削，抑且朝廷虚费粮饷。夫朝廷养育军士，所以防外患，将帅训练军士，所以精武艺，今既私役不赴操练，则军士怠惰，武艺不精，卒有警急，率之使战，岂能得其用哉！乞敕总兵以下等官，如有私役军士者，悉皆退出，原给随从者亦以时操练，则军士无剥削之害，而有勇敢之气矣。〔1〕

【注释】

①总兵：官名。明代遣将出征，别设总兵官、副总兵官以统领军务。其后总兵官镇守一方，渐成常驻武官，简称总兵。

【译文】

禁止私自役使士兵从而振兴军队的风气。之前的君主曾经定

〔1〕《典故纪闻》卷十二，第224页。

下制度，一个官军也不许私自役使，一个士卒也不能闲置，这是典章制度方面通行的一项法令。皇上登基以来，由于担心各个军官私自役使的士兵人数太多，因此自总兵以下都给予几名随从的兵士，每个官员都有一定的数量，但也从来没有让这些士兵闲置而不去参加军队里的操练。现在各个部队里的总兵等军官，把分配给他们的随从士兵都遣散回去，然后将这些士兵的月钱都收入私囊，却命令原来要在部队里操练的那些士兵每天随从，又有占用或是受贿私自放走的士兵达到七八十人甚至二三百人之多的。等到听说上面派来的官员要来查点的时候，一概都临时雇人前来顶替空缺的士兵，不仅士兵被这些军官剥削，而且朝廷还要白白地浪费很多的粮食和钱饷。朝廷培养军队，是用来防止外来侵略，军官训练士兵，是为了要让他们精通武艺。现在既然士兵都被私自役使，不去操练，那么士兵就会怠慢懒惰，武艺不精通，到了突然有敌警的危急时，率领这些士兵去出战，怎么能指望他们顶用呢！希望朝廷下敕给总兵及其以下的军官，如果有私自役使士兵的，全都要退回去，原来分配给军官的随从士兵也要时常操练，这样的话，士兵就不会受到军官剥削的苦处，并且有勇敢的气概。

【评述】

这是林聪在景泰年间给朝廷上书中的一段话，主要说的是军队里的一些腐败现象。当时的军官会不用按规定分配给他们的随从士兵，而是私自将普通士兵作为自己的奴仆驱使，不让他们参加军队的训练。并且军队里的士兵也常常不满数额，军官用这样的办法来侵吞空额士兵的军饷。这些事情都极大地影响到军队的战斗力。

林聪建议朝廷严肃军营的纪律，禁止军官私自役使士兵，并让所有的士兵都参加训练。事实上，与司法、行政、监察等部门一样，军事领域内的廉政建设同样值得重视，并且军队的纪律直接关系到国家的命运。明朝后期，面对严重的内忧外患，军队却无能为力，这不能不说是历朝累积的腐败所造成的后果。而倘或明朝在景泰年间就能接受林聪的建议，并认真地整肃军队的纪律，从军官抓起，杜绝一系列不合法规的事情，则情形或许会有所改变。

第七节　王恕

【人物简介】

王恕（1416—1508），字宗贯，号介庵，晚号石渠，明陕西三原人。英宗正统十三年（1448 年）进士，选庶吉士。历任大理寺左评事、南京刑部右侍郎、云南巡抚、南京兵部尚书、吏部尚书等职。居官五十余年，刚正清严，所引荐均为一时名臣，是一位有名望的政治家。晚年著书立言，同其子王承裕创办三原宏道书院，成为“三原学派”创始人。其学重在自得，不尚空谈，并注重气节。而在官员铨选方面，王恕也有一些值得重视的思想。

禁纳粟

【原文】

永乐、宣德、正统年间，天下亦有灾伤，各边亦有军马，当时未尝举行纳粮草、纳银两为监生、吏典[①]等项事例，粮草不闻不足，军民不闻困弊。近年以来，各边并腹里少有灾伤，所在守土等官辄便奏开生员、吏典人等纳粮草、纳银两等项事例，遂为长策②。是以在学无志生员及未入学富家子弟捏作生员名色，不分贤否，有无学识，一概入监以图出身，将来入仕岂不误事殃民？一切小民不分能书与不能书，不分市民与农民，一概听缺充吏……及其三考③役满，又免考验，一概照依资格出身，所以多不称职。先年监生只由科贡，吏典亦循年资，别无杂进之人，是以听选之人不多，选法不至雍④滞，任用亦多得人。自有此例，杂进者多以致正途，监生、吏典雍滞不得出身。才得选用，年已向衰，谁肯用心干事不谋归计？甚至听选年老，例不入选，只与冠带闲住。况此等杂途所进，中间多有负债破家、顽钝无耻之辈，今日既知以财进，他日岂肯以廉律己欲，不贪财害民？天下治安何由可得？欲将纳银、纳粮草等项事例限本年四月以里通行停止，今后遇有灾伤及边方粮草不足，不许再行奏开前项事例，贻患将来。[1]

【注释】

①吏典：元、明、清府县的吏员。

②长（cháng）策：犹良计。

③三考：古代官吏考绩之制，指经三次考核决定升降赏罚。

④雍：通“壅”。

【译文】

永乐、宣德、正统年间，国内也曾发生过一些灾害，各处边

〔1〕 徐学聚：《国朝典汇》，北京大学出版社 1993 年版，第 4485—4487 页。

境也有军队和马匹，当时没有实行过交纳粮草、银两以成为监生、胥吏等项制度，也没有听说粮草有过短缺，军队和百姓有什么疲困苦难。近些年来，各处边境以及内陆地区很少发生灾害，但地方官动不动就上奏要实行用交纳粮草、银两的方式换取生员、胥吏资格的制度，于是竟成为一种惯例。因此学校里没有什么志向的学生以及没有进入学校的富家子冒充生员的名号，也不论是否贤能、有没有学问，一律进入国子监想争取做官的资格，将来这些人真的做了官，难道不是会延误国家的大事并祸害百姓吗？一切百姓不论会不会写字，也不论是城市的居民还是乡野的农民，一律补上缺职的岗位成为胥吏……等到三考服役期满后，又免除了考验的手续，一律依照胥吏选官的资格去出任官员，所以大部分都不称职。以前监生只从举人或是贡生中选出，胥吏也要遵循年限和资格的限制，没有杂乱进入的人，所以参加选官的人不多，官员铨选的渠道不至于有所阻塞，任用的官员也大多比较称职。自从有纳粮草、纳银两的例子以后，用这些杂乱的方式进入的人大都成了正式的官员，而普通的监生和胥吏反而无法获得选官的资格。这些人刚刚得到任官的资格，年纪就已经很大了，谁肯去用心做事情而不为自己退休后的事情多做打算？甚至由于选官时年纪太大，按照惯例不能参加选官，只能给予一定的名义让其退休回家。况且像这样用纳粟等不正常的手段进入官场的人，中间有很多是欠钱以致败家、顽固愚钝寡廉鲜耻的人，现在既然知道用钱财来换取官位，以后又怎么可能用廉洁来约束自己的欲望，不去贪污钱财残害百姓呢？国家的长治久安又怎么可能实现？打算把纳银、纳粮草等项制度限制在今年四月以内一起停止实行，今后如果有灾害以及边境粮草不足的事情，也不允许再上奏实行这样的制度，以防止对将来的国政有所损害。

【评述】

这是弘治五年（1492 年）十一月的时候，身为吏部尚书的王恕在奏疏中的一段话，主要谈的是纳粟而为监生以及胥吏的事情。所谓纳粟，就是指普通的百姓交纳一定的粮草或是银两，就可以成为监生或是胥吏。在明代，监生和胥吏都是官员的后备人选，在满足了一定的条件如年限和资格以后，就可以参加选官，成为官员。这也就是说，虽然从表面上看，这些百姓用钱财换取的只是监生或是胥吏的身份，但实际上这些人买到的却是任官的资格。因此，这与前代的卖官鬻爵并没有本质上的区别。

在这段话里，王恕对纳粟制度表示强烈的反对，认为这不仅阻塞了其他普通监生或是胥吏的出路，更会败坏整个国家的吏治。而事实上也正是如此，大量纳粟监生、胥吏出身的官员对国家政治造成了极大的伤害，成为被朝野上下所广泛抨击的弊政。明代为了解决这样的问题，也采取了一定的办法，如规定纳粟监生或是胥吏在选官时，只能出任一些边远地区的不太重要的小官，但这毕竟不能从根本上解决问题，而王恕提出的无论国家的财用是否充足，都不要实行纳粟制度的建议或许才更为彻底。

第八节 王鉴之

【人物简介】

王鉴之（？—1519），字明仲，浙江山阴人。成化戊戌（1478

年）进士。曾在宪宗、孝宗、武宗三朝为官，历任元氏县知县、监察御史、大理寺丞、大理寺少卿、佥都御史、刑部尚书等职。王鉴之长期担任监察以及司法方面的官员，在这些方面都有不少有益的建议。此外，王鉴之还曾以监察御史之职掌管应天府的学政，其在教育特别是科举制度方面的一些看法尤为值得关注。

革舞弊

【原文】

惟南京应试士人，除百二十三处学校外，又有国子监生[①]及诸司历事、听选官吏、儒士辈，进途既广，弊端易生。而贡院[②]规模窄狭，四面皆居民，楼房围绕，登高窥觇[③]，乘暗投掷，巡绰[④]难于关防，怀挟易于进入。况受卷弥封等所俱在至公堂上，内帘[⑤]上隔一板壁，声息相闻，举动便觉。积年以来，富贵子弟多方营图，有买求编号，将有学生员置在左右代作文字者，有请托执事官吏截人文字以己名者，有二更者不出，潜入别号求人改作者，有先藏旧文在内而临时取出誊写者，巡绰官军多徇情不举。近人〔又〕增府官一员进入内帘，科场一应公事俱属此辈，岂不传递消息！名曰革弊，其实生奸，故榜未揭而物色先定，榜既揭，而榜〔谤〕议交腾。凡此弊端，臣恐不特南畿为然。乞敕礼部着详行南京都察院，凡差监试御史，务求刚正老成之人，其应天府提调并一应执事官，亦必慎择公廉端洁之士，痛革宿弊。贡院墙垣并受卷等所，宜增高、加棘、充广、迁移以杜弊源。仍移各布政司[⑥]一体禁革，则真才可得而谤议自消矣。[1]

【注释】

①国子监（jiàn）：明代的教育管理机关和最高学府。

②贡院：科举时代考试士子的场所。

③觇（chān）：窥视；察看。

④巡绰：巡察警戒。

⑤内帘：科举考官分为外帘与内帘。外帘考官负责巡绰、收卷、弥封等事宜，内帘考官负责批阅试卷、决定考生的取中与否及名次等。

⑥布政司：即承宣布政使司，简称布政司。为明代省一级的地方行政机构，三司之一，长官为布政使，掌管一省的民政、田赋、户籍等事务。

【译文】

南京参加乡试的读书人，除了一百二十三所学校里的学生之外，还有国子监的监生以及在各部门实习、参加选官的吏员以及儒士等人，上进的渠道十分广泛，因此一些舞弊的事情也容易发生。而考试的贡院范围十分窄小偏狭，四面都是百姓居住的地方，楼房围绕在周围，登到高处就可以窥视到考场，暗地里投掷一些作弊的东西，即便是巡视考场的人也难以防备，带着一些作弊用具的人也容易进来。更何况收卷、弥封等机构都在至公堂上，与内只隔着一层木板做的墙壁，声音彼此都可以听得到，稍有动静便容易发觉。

[1]《明实录》(第二十九册)，第1071—1073页。

这么多年以来，有钱有势家的子弟有多种方法钻营、图谋：有买编号，让在校学生坐在自己的身边代写考试文章的；有请托负责考场事务的官员将别人的试卷截取下来，换成自己名字的；有二更不离开考场，偷偷跑到别人考试的位置上请求别人替自己改作试卷的；有把以前写的文章藏在身上，考试时拿出来抄写的。对这些事情，负责考场巡逻的官员和兵士多屈从私情而不加以检举。近来又增加一名府官到内帘参加批阅试卷，这样的话所有和考场有关的事情都需要这些地方官的参与，怎么可能不向外传递消息呢！名义上叫做革除弊端，实际上是产生了很多奸邪的事情，所以还没有发榜而考生的去取及排名已经事先确定了。发榜后，就会出现很多的批评和争议。这些弊端，我担心不只是应天府是这样，请求朝廷下旨礼部命南京监察院切实执行，凡是派遣监察考试的御史，务必要刚正不阿、老实稳重的人，应天府派出的与考场事务有关的官员，也必须谨慎地选择公正、廉明、端方、高洁的人，狠狠地革除这些积来已久的弊端。贡院的围墙以及收卷等场所，也应该增高或是加上棘刺，或是扩展范围，或是迁移到其他地方，用这些方法来杜绝舞弊的源头。还要通知各省的布政司一起禁止、革除这些弊端，只有这样才能够通过科举考试选拔到真正有才学的人，而那些批评和争议也就自然消失了。

【评述】

明代的科举制度是在前代的基础上发展而来，但在制度的完整和严密程度上都远远超过了前代，成为中国科举史发展中的一个顶峰。而在杜绝科举舞弊事件，维护科举选士的公平和公正这一点上，也同样如此。例如，在明代的科举考试中，有一系列的程序包括搜检、巡绰、受卷、弥封、誊录、对读等，以这些程序来避免科场舞弊的产生。

但从王鉴之的这段话中我们可以知道，尽管明代科举考试的制度至为严密，但一些富贵人家的子弟还是能寻找到缝隙来作弊，如请别人替自己写考卷、换取别人的试卷、夹带抄袭等。不仅是考生，一些地方上的考官出于各种原因，也会为考生的作弊提供便利，情况严重到甚至还没有发榜而考生取中与否、名次如何等都已事先确定。正因为如此，王鉴之表达了担心，并提出革除这些弊端的方法。其主要提到的办法是让中央政府下命令给南京监察院，用比较切实的手段整肃考场秩序，同时对考场中容易滋生弊端的一些地方进行补救，如加高围墙、增加考场的范围等等。这些措施可以从一定程度上缓解考场舞弊事情的发生，当然，前提是当时的朝廷能够采纳王鉴之的建议，并以一定的力度加以实施。

第九节　何淡

【人物简介】

何淡，生卒年不详，主要仕于英宗、宪宗两朝，曾任山东滨州知州、工部员外郎、贵州布政司右参政等职。成化二十三年(1487 年)，何淡致仕回乡养亲。从官职看，何淡的品秩并不高，故较少有生平资料留存下来。但他曾写了一篇《李充嗣墓志铭》，其中既有对于世人贪财的感叹，更有对于廉洁之风气的呼唤，颇为值得重视。

居官廉

【原文】

嗟乎，贪夫徇财，烈士徇名。余尝悼夫世之徇财者之众，而徇名者何少也？前数十载，吾广士大夫多以富为讳，争自洒濯，以免公议。及余接世务以来，闻人仕，众必问曰：“好衙门否？”闻人退，众必问曰：“有收拾否？”且耀金珠广田宅以骄里闾者，世不以为过也。夫势大则用奢，父骄则子汰，卒之颠覆，而后知财为祸梯，亦已晚矣。充嗣之名，乃今知之，为其廉也。居官廉，故莅事公；莅事公，故民爱敬；民爱敬，故功业昭；功业昭，故修名立；修名立，然后仁。孔子曰：“君子去仁，恶乎成名！”信哉。〔1〕

【译文】

嗨呀，贪财的人舍身求财，有节气有壮志的人舍身求名。我曾经哀叹人世间舍身求财的人为什么这么多，而舍身求名的人为什么这么少呢？之前的数十年，我们广东的士大夫大多以富有为忌讳，争相远离追名逐利之事，以免得被世人议论。等到我进入社会以来，听到有人要去做官了，众人一定会问他道：“你是不是要去一个好衙门呢？”听到有人退休回家了，众人必定会问他道：“有没有什么收获呢？”并且炫耀金银珠宝，增加宅院田产，在家乡显得很骄傲的样子，世人也不觉得他有什么不对。权势大的时候就生活奢侈，父辈骄纵那么子辈就会被淘汰，终究会颠坠覆亡，然后才知道

〔1〕《玉堂丛语》，第167页。

钱财是导致祸害的原因，但也已经晚了。我如今才知道李充嗣的名字，是因为他的廉洁。当官廉洁，所以治理政事的时候能够大公无私；治理政事的时候大公无私，所以百姓会爱戴敬重他；百姓爱戴敬重他，因此功勋事业才会显著；功勋事业显著，好的名声才能建立起来；好的名声建立起来，然后才称得上有仁德。孔子说：“君子离开了仁，怎么可能成名呢!”这句话说得真对呀。

【评述】

这段话来自何淡为李充嗣所做墓志铭的赞语。何淡赞扬了李充嗣的廉洁奉公，而更为重要的意义在于其提到了两种人，一种人求名，因此可以为了好的名声而牺牲自己的生命，另一种人则是求财，因而为了钱财连性命也不顾。而当这两种人为官的时候，就会有截然不同的表现：前者会廉洁处事，公正无私，并且会得到百姓的爱戴，建立起显著的功业和好的名声；而后者在任上则会贪污腐化，但这些贪来的钱财却会最终使得他的子孙后代颠覆灭亡。何淡比较了这两种人，认为前一种廉洁奉公的人应该成为官员的榜样。

事实上，就现在的眼光来看，对于官员来说，廉洁的动力并不只是求名，仅以“求名”作为目标来敦促官员不贪，显然并不全面。但在何淡的时代，“求名”却足以激励士节，并与代表了世俗贪欲的“求财”相抗衡。除此之外，何淡所谈到的“财为祸梯”，对于以“求财”为目标的官员来说也有特殊的警醒价值，从谈及“名”之可贵，直至说到“财”之可怖，这种双管齐下的励廉方式应当比一般的泛泛之论更具效力。

第十节　王守仁

【人物简介】

王守仁（1472—1529），字伯安，浙江余姚人。曾筑室故乡阳明洞中，世称阳明先生、王阳明。曾平定宁王朱宸濠的叛乱，功勋卓著，封新建伯，官至南京兵部尚书。谥文成，颁铁券。在思想上，王守仁以反传统姿态出现，提出“致良知”说，使理学中的心学一派取得完整的形态，盛行一世，并打破了程朱理学独尊的局面。王守仁是明代著名的哲学家、思想家、政治家和军事家，在诸多方面对于中国历史有着深远的影响。

宥言官

【原文】

臣闻君仁则臣直。大舜之所以圣，以能隐恶而扬善也。臣迩者窃见陛下以南京户科给事中戴铣[①]等上言时事，特敕锦衣卫[②]差官校拿解赴京。臣不知所言之当理与否，意其间必有触冒忌讳，上干雷霆之怒者。但以铣等职居谏司，以言为责。其言而善，自宜嘉纳施行；如其未善，亦宜包容隐覆，以开忠谠之路。乃今赫然下令，远事拘囚。在陛下之心，不过少示惩创，使其后日不敢轻率妄有论列，非果有意怒绝之也。下民无知，妄生疑惧，臣切惜之。

今在廷之臣，莫不以此举为非宜，然而莫敢为陛下言者，岂其无忧国爱君之心哉？惧陛下复以罪铣等者罪之，则非惟无补于国事，而徒足以增陛下之过举耳。然则自是而后，虽有上关宗社危疑不测之事，陛下孰从而闻之？陛下聪明超绝，苟念及此，宁不寒心！

况今天时冻冱③，万一差去官校督束过严，铣等在道，或致失所，遂填沟壑，使陛下有杀谏臣之名，兴群臣纷纷之议，其时陛下必将追咎左右莫有言者，则既晚矣。

伏愿陛下追收前旨，使铣等仍旧供职，扩太公无我之仁，明改过不吝之勇。圣德昭布远迩，人民胥悦，岂不休哉！臣又惟君者，元首也；臣者，耳目手足也。陛下思耳目之不可使壅塞，手足之不可使痿痹，必将恻然而有所不忍。臣承乏下僚，僭言实罪。伏睹陛下明旨，有“政事得失，许诸人直言无隐”之条，故敢昧死为陛下一言。伏惟俯垂宥察，不胜干冒战栗之至！〔1〕

【注释】

①戴铣（1464—1507）：字宝之，婺源桂岩人。弘治九年（1496年）进士，选翰林院庶吉士。在任兵科给事中、户科给事中时提出了很多建议。正德元年（1506年），因为联名弹劾宦官刘瑾等，被下旨捉拿到京中，杖于阙下，并被免除官职，因为伤重而去世。

②锦衣卫：即锦衣亲军都指挥使司。明洪武十五年（1382年）始设。原为管理护卫皇宫的禁卫军和掌管皇帝出入仪仗的官署，后逐渐演变为皇帝心腹，特令兼管刑狱，给予巡察缉捕权力。

〔1〕王守仁：《阳明先生集要》，中华书局2008年版（下同），第339—340页。

后与东西厂并列，成为厂卫并称的特务组织。

③沍（hù）：冻。

【译文】

我听说君主仁慈，臣子就会直言不讳。大舜之所以成为圣君，就是因为他能够隐瞒人的过恶、宣扬人的好处。我近来看到陛下因为南京户科给事中戴铣等人上疏谈论时事，特意下旨命令锦衣卫派官校将戴铣等人逮捕押赴京城。我不知道戴铣等人说的话是不是合乎情理，但想来他们的话中一定有触犯忌讳的地方，因此使得皇上极为发怒。但是戴铣等人在科道等负责进谏的部门任职，上疏直言就是他们的职责。如果他们的话说得对，皇上就应该褒奖他们并采纳这些建议加以实行；如果他们的建议不对，也应该多加包容和忍让，好让更多的人来忠心耿耿地进谏。现在竟然盛怒地颁布命令，让人到很远的地方去逮捕他们。陛下的想法不过是稍微表示一下责怪惩罚的意思罢了，使他们以后不敢轻率错误地发表议论，并不是有意要很生气地去处置他们；可那些百姓不懂得这些，错误地产生了疑惑和恐惧，我非常惋惜这件事情。

现在朝廷上的大臣，都认为这件事是不合适的，却没有人敢对陛下说，难道是因为他们没有为国忧愁、爱护君主之心吗？是他们害怕陛下再次以逮捕戴铣等人的罪名处罚自己，这样的话非但对于国家的政治大事没有任何好处，并且还会白白地增加陛下错误的举动。那么从今往后，即便有关系到国家命运生死存亡无法预测的大事，陛下又向谁去咨询呢？陛下绝顶聪明，如果想到这一层，难道不会寒心吗？

何况现在天寒地冻，万一派去逮捕这些人的官校督责约束过于严苛，戴铣等人在路上可能会没有存身之地，以至于死在路上。这会使得陛下得到杀害敢于直谏之臣的名声，引发群臣对此事的诸多议论。到那时候，陛下一定会追究怪罪左右侍奉的官员没有敢直言的人，但到那时就已经晚了。

我希望陛下能追回前面所颁布的圣旨，让戴铣等人仍然像以前一样任职，扩充太公大公无私的仁德，表示皇上有不怕改正错误的勇气。圣上的德行昭示散布在或远或近的地方，百姓都很高兴，岂不是很好吗！我又认为，君主是一个人的头脑，臣子是一个人的耳目和手足。陛下要想不让耳目堵塞，不让手足麻痹萎缩，就必然会因为怜惜而不忍心做一些事情。我处在很低的官职上，越职进言实在是有罪。希望能看到陛下明明白白地颁下旨意来，其中有“政治事务的得失利弊，允许众人直言不要有所隐瞒”这一条款，所以我敢冒着死罪为陛下说这一段话。盼望陛下体察下情并加以宽恕，我冒犯了您的圣听，真是战栗惶恐之极！

【评述】

明武宗登上皇位后，宠信刘瑾等宦官危害国政。戴铣等二十多位官员上书直言，却被武宗下令拘捕。当时担任兵部主事的王守仁不顾自己位卑职低，毅然上了这道奏章，因此触怒了刘瑾，被廷杖四十，贬职为贵州龙场驿丞。

从这道奏疏看，王守仁的主要目的是营救戴铣等进谏直言的官员，因此反复阐述君主应该容忍甚至鼓励臣下直言的道理。明代有较为完备而严密的科道制度，科道官员不仅承担着监督、弹纠其余官员的职责，还负有进谏君主之责，这都是使得明代能在一个较为清明的政治环境中平稳发展的重要机制。而明武宗因为言官进言就将他们拘捕并要加以治罪，是违背了既有的制度。

事实上，想要治戴铣等人之罪的是当时擅权的刘瑾等宦官，因此，原本被君主用来对付不法官员的锦衣卫、廷杖等措施，都成了宦官排除异己、打击士风的帮凶。而从这一角度也可以看到，虽然明代所有的制度都异常完备而严密，但这些制度都是为了维护高度专制的君主统治，而不是基于国家的利益。因此，当君主放松自己手中权力的时候，这些制度或是因此而废弛，或是走向其反面，成为保护腐败行为的工具。

议廪俸

【原文】

照得近来所属各州、县、卫、所、仓、场等衙门，大小官吏，以赃问革者相望，而冒犯接踵。究询其繇，皆云家口众多，日给不足。俸资所限，本已凉薄，而近例减削，又复日甚。加有上下接应之费，出入供送之繁，穷窘困迫，计出无聊。中间亦有甘贫食苦、刻励自守者，往往狼狈褴褛，至于任满职革，债负缠结，不得去归其乡。夫贪墨不才，法律诚所难贷，而其情亦可矜悯。

夫忠信重禄，所以劝士。在昔任人，既富方谷，庶民在官，禄足代耕，此古今之通义也。朝廷赋禄，百司厚薄既有等级，要皆使得裕其资养，免其内顾，然后可望以尽心职业，责以廉耻节义。今定治所限，既不可得而擅增，至于例所应得，又从而裁削之，使之仰事俯育且不能，遂是陷之于必贪之地，而责之以必廉之守。中人之资，将有不能，而况其下者之众乎？

所据前项事理，非独人情有所未堪，其于政体亦有所损。合行会议查处，参酌事理轻重，及查在外官员，自二品至九品，并杂职、吏胥等俸米，除本色外，其折色原例每石作银若干，于何年月日裁减，作银若干，应否复旧，或量行加增，务要议处停当，呈来定夺施行。[1]

【译文】

查察而得近来本省下属的各个州、县、卫、所、仓、场等衙门，大小官员和胥吏，因为贪赃而被革除职务加以问罪的人非常多，并且紧随其后犯罪的人连续不断。查究探寻其中的原因，都说家里面人口众多，每天的开销不够。由于俸禄资格的限制，本来收入就非常少，而近来根据规定削减了很多，并且一天比一天厉害；再加上招待上官下属的相关费用，出来进去供给送别等应酬又很频繁，以至于穷困窘迫，想不出什么办法来。其中也有甘心贫穷能够吃苦，坚持以刻苦激励自己的人，常常艰难窘迫连穿的衣服都很破旧，到了任职期满离开职位的时候，背负了很多的债务，连家乡也没有钱回去。这些因为贪赃而丧失名誉的人，从法律上来说固然难以免除他们的罪行，但从情理上看，却也有值得同情可怜的地方。

忠诚、信用以及厚重的俸禄，都是用来鼓励士人的。在以前任命官员，都要选用有一定家产的人，而普通平民进入官府任职，他们的俸禄都足以用来取代耕田的收入，这是古往今来通用的道

[1]《阳明先生集要》，第616—617页。

理。朝廷的俸禄，各个部门由于重要程度有所不同而有一定的等级，都是要使这些官员能够充裕地生活以及负担日常支出，免除他们的后顾之忧，然后就可以期望他们尽心尽力地为朝廷效力，并用廉耻节义之类的道德准则去要求他们。现在由于制度的限制，既不能擅自增加俸禄，至于按照规矩所应得的收入，又被裁处削减了很多，让这些官吏不能正常地侍奉父母养育子女，这是逼迫他们不得不去贪污，同时又要用必须廉洁的操守去对他们进行责难，即便是材质平常的人，也不能这样支撑下去，何况是材质更差数量更多的那些人呢？

上面所说的这件事情，非但从人情的角度来看不能忍受，对于政治体制也非常有妨碍。应该聚会议论勘察处置这些事情，参照斟酌事情以及情理的轻重，并且探查在地方上的官员，从二品一直到九品，以及杂职官员、胥吏等人的俸米，除了应该支取的米粮之外，其余折换成银子的，根据原来规定每石米应该折算多少银子，在哪年哪月被裁减了，应不应该恢复原来的标准，还是应当适当增加，务必要议论办理妥当，然后呈报上来批准并加以实行。

【评述】

王守仁在这里谈的主要是官员的俸禄问题。俸禄是官员合法收入的最主要来源，俸禄制度合适与否，对于主要依靠俸禄才能维持基本生活的中下层官员的稳定，具有非常重要的意义。

在明代，官员的俸禄主要是以禄米的形式发放，并且每一级官员都有相应的标准。但后人却认为“自古官俸之薄，未有若此者"[1]。这主要是因为官员拿到的俸禄并不总是米粮，有时也会以银钱或是布钞之类加以折换，可由于物价的变化，通常折换过后官员拿到手中的实际俸禄都会少很多，再加上王守仁在这段话中所说的还会有克扣俸禄的现象，则明代官员尤其是身处地方的中小官员实际拿到的俸禄其实是很有限的。而俸禄不足以养家糊口，也就成为许多官员贪污受贿的原因之一。

在这里，王守仁提出了一个非常有意义的观点，即"朝廷赋禄，百司厚薄既有等级，要皆使各裕其资养，免其内顾，然后可望以尽心职业，责以廉耻节义"，也就是说，用廉洁奉公等道德准则去要求官员自然是非常应该的，但前提是他们基本的生计问题必须得到解决。在这些官员合法所得无法维持日用的前提下，廉洁奉公也只能成为一种奢谈。从这一意义上说，将合理而有效的俸禄制度视为廉政的基础，其实并不为过。

第十一节 沈汉

【人物简介】

沈汉，生卒年不详，字宗海，吴江人。正德十六年（1521年）进士。授刑科给事中。曾上书抵制朝廷不合适的用人命令，并在任上提出建议，认为司法实务应该交给专门的司法部门处理，而不应由东厂等机构进行干涉。后因上书言事而获罪，被免职回家，二十多年后逝去。

---

[1] 《明史》，第2003页。

守官制

【原文】

善图治者，法有未敝，守之可也，更之适足以召乱而已。我太祖立国之初，法制未备，故凡有才者，兼收并用，不问其类，此创业之道也。自是以来，则人才出矣，官制定矣，选法立矣。取人于科第，所以塞杂进之路；用人以资格，所以抑奔竞之风。百余年来，治成政理，用此道也。迩者霍韬①乃一旦欲变之，上自内阁卿佐、翰林，下而部属科道，皆必出而补外，外自监司、守令及教官、举人、岁贡出身者，皆必擢而补内，天下有是法乎？且谓吏部为权要似矣，夫其有权而不敢肆者，以有资格在也。如韬之言欲尽废之，使吏部而得人焉则可，苟非其人，则高下任情，假夤缘而有显陟，问之，则曰："此学问优长者也"，"政绩卓异者也"，"非常格可拘也"。人孰得而议之？此乱之道也。臣闻守成之要，在守法而弗失。愿陛下无惑于霍韬之言，则天下幸甚。[1]

【注释】

①霍韬（1487—1540）：字渭先，号兀崖，谥文敏。正德八年（1513 年）中举，九年联捷会元。嘉靖十五年（1536 年）官至礼部尚书、太子少保。

〔1〕《明实录》（第三十九册），第 1490—1491 页。

【译文】

善于治理国家的人，如果制度没有弊病的话，遵守它就可以了，改变制度只会招来不安定。我朝太祖皇帝在建立国家之初，法律制度还不完备，所以凡是有才能的人，都一起招收过来并使用他们，而不去询问他们的品类，这是创立基业时候的办法。从那以后，人才都涌现出来，任官的制度确定下来了，铨选官员的方法也确立了。用科举的方法选取官员，是为了阻塞想通过不正当的方式进入仕途者的道路；凭借资格来用人，是为了抑制在名利方面奔走竞争的风气。一百多年来，国家治理得好，政治也很清明，都是因为用的是这样的方法。最近霍韬竟然想在一天之间就改变这样的制度，上至内阁、翰林这样的高官，下至部属、科道这样的官员都必须出去担任地方官，地方官从监司、守令，乃至教官、举人、岁贡出身的人，也都一定要提升他们的职位并且到中央来任职，天底下有这样的制度吗？并且吏部的权力是很大的，他们之所以有很大的权力却不敢肆无忌惮地滥用，就是因为在选官的时候有资格的限制。如果像霍韬所说，把资格等方面的限制都废除掉，那么吏部掌管选官的事务，如果是正派能干的人还行，如果不是正派能干的人，对官员的安排就会任凭他们的好恶来决定其职位的高低，同时也会发生托关系来寻求越级提拔得到高官之类的事情。如有人问，吏部就会说“这个人是非常有学识的人”，或是“这个人是政绩方面非常优秀的人”，或是“不是寻常的资格可以限制他的升职的”，旁人怎么能对此有所议论呢？这是会招致动乱的行为呀！我听说维护安定良好的局面，关键就是在维持原来的制度而不要丢失。希望皇上不要被霍韬所说的话迷惑，那就是国家的幸运了。

【评述】

这是嘉靖五年（1526年）的时候，担任刑科给事中的沈汉上的一道奏疏。撇开其具体谈到的人物和事情不论，在这段话中，有一处颇为值得深究。

沈汉认为在行之有效并且维护了国家安定、政治清明的前提下，应该遵循原有的制度，而不应轻易作出改变。事实上，制定制度就是为了遵守，使得相应的事务有法可依、有法可行，这是一个国家长治久安的基本保证。而轻易地变动制度，多会造成不必要的混乱，并给那些企图通过不正当的手段谋取好处的人以机会。从这个角度说，沈汉的建议值得肯定，并且其建议的范围也不应只局限在他所说的官员铨选方面，而是在其他的政治领域也同样适合。

但从另一个角度看，制度永远需要随着时代的发展而作出调整和改变，一成不变的制度对于国政并没有绝对的好处。因此，适当地根据实际情况改变制度，有时也是必需的。

综合说来，其中还存在一个分寸的问题，在什么样的状况下需要守成，在何等情势下要作出改变，则是需要掌握好分寸才能加以解决的。但无论是守成也好，改变也罢，权力都需要受到相应制度的制约。就如同沈汉所说，吏部的权力原本就很大，倘或没有制度的约束，则滥用权力的事情势必不可避免。不仅是吏部，对于所有掌握权力的职权部门来说，莫不如此。

第十二节 海瑞

【人物简介】

海瑞（1514—1587），明代著名政治家。广东琼山（今属海南）人，字汝贤，自号刚峰。嘉靖二十八年（1550 年）中举。初任福建南平教谕，后升浙江淳安和江西兴国知县，推行清丈、均徭，并屡平冤假错案，打击贪官污吏，深得民心。嘉靖四十五年任户部主事，上书批评世宗迷信道教，不理朝政等事，因而激怒世宗，诏命下狱论死。直至同年十二月世宗驾崩，穆宗即位，才得释出狱。隆庆三年（1569 年）调升应天巡抚，他一如既往，惩治贪官，打击豪强，疏浚河道，修筑水利工程，并推行一条鞭法，强令贪官污吏退田还民，遂有“海青天”之誉。后被排挤，革职闲居十六年。万历十三年（1585 年），重被起用，先后任南京吏部右侍郎、南京右佥都御史，力主严惩贪官污吏，禁止徇私受贿，在廉政方面始终不遗余力，后病逝于任上。可以说，海瑞是中国历史上最为知名的廉洁奉公的官员。

励勤政

【原文】

臣闻君者，天下臣民万物之主也，其任至重。欲称其任，亦惟以责寄臣工，使尽言而已。臣请披沥肝胆，为陛下陈之。

昔汉文帝贤主也，贾谊犹痛哭流涕而言。非苛责也，以文帝性仁而近柔，虽有及民之美，将不免于怠废，此谊所大虑也。陛下天资英断，过汉文远甚。然文帝能充其仁恕之性，节用爱人，使天下贯朽粟陈，几致刑措。陛下则锐精未久，妄念牵之而去，反刚明之质而误用之。至谓遐举可得，一意修真，竭民脂膏，滥兴土木，二十余年不视朝，法纪弛矣。数年推广事例，名器滥矣。二王不相见，人以为薄于父子。以猜疑诽谤戮辱臣下，人以为薄于君臣。乐西苑而不返，人以为薄于夫妇。吏贪官横，民不聊生，水旱无时，盗贼滋炽。陛下试思今日天下，为何如乎?

迩者严嵩[①]罢相，世蕃[②]极刑，一时差快人意。然嵩罢之后犹嵩未相之前而已，世非甚清明也，不及汉文帝远甚。盖天下之人不直陛下久矣。古者人君有过，赖臣工匡弼。今乃修斋建醮，相率进香，仙桃天药，同辞表贺。建宫筑室，则将作[③]竭力经营；购香市宝，则度支[④]差求四出。陛下误举之，而诸臣误顺之，无一人肯为陛下正言者，谀之甚也。然愧心馁气，退有后言，欺君之罪何如!

夫天下者，陛下之家。人未有不顾其家者，内外臣工皆所以奠陛下之家而磐石之者也。一意修真，是陛下之心惑。过于苛断，是陛下之情偏。而谓陛下不顾其家，人情乎? 诸臣徇私废公，得一官多以欺败，多以不事事败，实有不足当陛下意者。其不然者，君心臣心偶不相值也，而遂谓陛下厌薄臣工，是以拒谏。执一二之不当，疑千百之皆然，陷陛下于过举，而恬不知怪，诸臣之罪大矣。记曰“上人疑则百姓惑，下难知则君长劳”，此之谓也。

且陛下之误多矣，其大端在于斋醮。斋醮所以求长生也。自古圣贤垂训，修身立命曰“顺受其正”矣，未闻有所谓长生之说。尧、舜、禹、汤、文、武圣之盛也，未能久世，下之亦未见方外士自汉、唐、宋至今存者。陛下受术于陶仲文[⑤]，以师称之。仲文则既死矣，彼不长生，而陛下何独求之？至于仙桃天药，怪妄尤甚。昔宋真宗得天书于乾祐山，孙奭曰“天何言哉？岂有书也”。桃必采而后得，药必制而后成。今无故获此二物，是有足而行耶？曰“天赐者”，有手执而付之耶？此左右奸人造为妄诞以欺陛下，而陛下误信之，以为实然，过矣。

陛下又将谓悬刑赏以督责臣下，则分理有人，天下无不可治，而修真为无害已乎？太甲曰：“有言逆于汝心，必求诸道；有言逊于汝志，必求诸非道。”用人而必欲其唯言莫违，此陛下之计左也。既观严嵩，有一不顺陛下者乎？昔为同心，今为戮首矣。梁材⑥守道守官，陛下以为逆者也，历任有声，官户部者至今首称之。然诸臣宁为嵩之顺，不为材之逆，得非有以窥陛下之微，而潜为趋避乎？即陛下亦何利于是。

陛下诚知斋醮无益，一旦翻然悔悟，日御正朝，与宰相、侍从、言官讲求天下利害，洗数十年之积误，置身于尧、舜、禹、汤、文、武之间，使诸臣亦得自洗数十年阿君之耻，置其身于皋、夔、伊、傅之列，天下何忧不治，万事何忧不理！此在陛下一振作间而已。释此不为，而切切于轻举度世，敝精劳神，以求之于系风捕影、茫然不可知之域，臣见劳苦终身，而终于无所成也。今大臣持禄而好谀，小臣畏罪而结舌，臣不胜愤恨。是以冒死，愿尽区区，惟陛下垂听焉。[1]

【注释】

①严嵩（1480—1567）：字惟中，一字介溪，明江西分宜人。

---

〔1〕《明史》，第5928—5930页。

弘治进士。历任南京礼部尚书、吏部尚书、武英殿大学士、内阁首辅。前后专国政二十余年，以子世蕃和赵文华等为爪牙，操纵国柄，戕害他人以成己私，并大力排除异己。他还吞没军饷，废弛边防，招权纳贿，肆行贪污，从而激化了当时的社会矛盾。晚年，以事激怒世宗，为世宗所疏远，抄家去职，两年而殁。

②世蕃（1513—1565）：严嵩的儿子，别号东楼。依仗父势，官至工部左侍郎。严嵩年老，他掌握朝政，卖官鬻爵，贪赃枉法。嘉靖四十四年三月，因罪被斩。

③将（jiāng）作：古代掌管宫室、宗庙、陵寝及其他土木营建的官员。秦代始置，称将作少府，汉朝称将作大匠，明初曾设将作司卿，不久废，其职并入工部。

④度（duó）支：掌管财政收支的官员。

⑤陶仲文（1475—1560）：原名典真，湖北黄冈人。受到世宗宠信，领道教事，得宠二十年，位极人臣。

⑥梁材（1470—1540）：字大用，南京人。弘治十二年（1499年）进士。任户部尚书时，因触怒嘉靖皇帝而被解职。梁材去职后，嘉靖朝的边储、国用都甚为窘迫。

【译文】

我听说君主是天下臣子、百姓以及万物的主人，他的责任最为重大。想要做一个称职的君主，也唯有将责任托付给臣子，让他们有什么话就说什么话罢了。我请求以真诚相见，极尽忠诚，向陛下您陈述一些事情。

当年汉文帝是位贤能的君主，贾谊却还是要痛哭流涕地对他进谏。不是因为要过于苛刻地对他求全责备，而是因为汉文帝的性格过于仁慈并且近乎柔弱，虽然有给予百姓很多好处的美德，但政事却不免会有所懈怠和荒废，这是贾谊最为担心的事情。陛下天资英明决断，远远超过了汉文帝。但汉文帝能够充分使用他仁慈宽恕的性格，节省开支，爱护百姓，使得国家积蓄了很多铜钱，以致连串铜钱的绳索都腐烂了，米仓里也储存了很多粟米，以致粟米都变得陈腐了，几乎达到了置刑法而不用的地步。陛下您则是还没有怎么长久地励精图治，就被妄念所迷惑，违背了刚健英明的特质而把它用在了错误的地方。以至于认为可以得道成仙，一味地修习道术，耗尽了民间的钱财，没有节制地建造了很多工程，二十多年不上朝，法律和纪律都很松弛了。这些年来实行一些不合制度的授官方法，使得官员泛滥。您和两位王子也不相见，大家都认为您轻视父子之间的情分。您仅仅凭借猜忌、疑虑、诽谤就杀戮、侮辱臣子，大家都觉得您轻视君臣之间的情分。您在西苑享乐而不返回宫内，大家都觉得您轻视夫妇之间的情分。胥吏贪污，官员横行，百姓都无法生存下去，水灾、旱灾也经常发生，盗贼越来越嚣张。陛下您试想一下，今天的国家，究竟成什么样子了？

近来严嵩被罢黜了相位，严世蕃被处以极刑，一时之间百姓都觉得很快意。但严嵩被罢相之后国家的情形和严嵩没有担任首相之前一样罢了，世间的情形并没有十分清明，远远比不上汉文帝的时候。天下的百姓觉得陛下做得不对已经很久了。古代的时候，如果君主有过错的话，会依赖臣子去匡正和辅佐。现在皇上却修斋建醮，臣子都跟着进香，因为仙桃天药的事情，臣子又一起上表庆贺。修建宫室，相关的官员就会竭力去建造；购香买珠宝，就会派人去民间到处搜刮。陛下错误地迷信斋醮，而诸多臣子就错误地投皇上所好，没有一个人愿意向皇上直言，这正是阿谀奉迎到极点了。但是这些臣子都非常惭愧又很气馁，回到家后才会说出怨言，他们的欺君之罪就是这样！

天下就是陛下您的家，人没有不顾及他的家的。中央和地方的各级大臣都是为陛下的家奠基的磐石。一心一意修习道术，是陛下的心被迷惑住了。过于苛刻决断，是陛下的性情褊狭。而说陛下不顾您的家，这也符合人情吗？臣子们徇私舞弊，损害公家的利益，得到一个官职大多因为欺诈而覆败，或者因为不作为而覆败，实在是他们不符合皇帝的心意。那些不像这样的人，也是君臣之心偶然有些不一致，就说陛下对臣子厌弃刻薄，因此拒绝纳谏。固执地干一两件不当的事，就怀疑所有的人都是这样，使陛下做出过分的行为，却安然不知其错，这实在是臣子们的大罪。《礼记》上说过："上面的人不明白，那么百姓就困惑；下面的人不知道一些该知道的情况，那么君主就要长期辛苦。"说的就是这个道理。

并且陛下犯的错误太多了，最大的错误就是斋醮，斋醮是用来求得长生不老的。自古以来圣贤所传下来的训导，对于修身立命的事情都说"顺应天下万物自身的规律"，从来没有听说有所谓"长生"的说法。尧、舜、禹、商汤、周文王、周武王都是圣人中最好的，也没有长久地活在世上，这以后也没有见到方外之士能从汉、唐、宋一直活到如今的。陛下是跟从陶仲文学习道术的，并以师父来尊称他。陶仲文已经死了，他没有长生不老，而陛下又怎么能独自去追求长生不老呢？至于那些所谓的仙桃天药，尤其是特别怪诞虚妄的东西。当年宋真宗在乾祐山求得天书，孙奭说："天怎么能说话呢？更不会有所谓的书了。"仙桃必须采摘才能得到，丹药必须炼制才能生成。现在无缘无故求得这两种东西，是它们有脚会走路吗？说“上天赐予的”，难道上天有手而将它们交给人们吗？这是您左右的奸诈之人制造虚妄怪诞的事情来欺骗陛下，而陛下竟然错误地相信这些事，以为这是事实，实在是错误的。

陛下又要说，我以严刑重赏来督促百官，这样就可以让人人明白职责所在，达到治理天下的目的，这样一来，我去修行道术就没有害处了吧？太甲说：“有违背你心意的话，一定要考虑它的合理性；有投合你心意的话，一定要考虑它的不合情理之处。”任用官员而一定要他听从自己的话不要违抗，这是陛下考虑错了。看看以前的严嵩，他有一件事情不顺从陛下吗？当初和陛下同心同意，现在已经被杀了。梁材尽职尽责地恪守为官之道，陛下认为他是忤逆您，但他在官场上有很好的名声，户部的官员至今还点头称赞他。但是众多的大臣宁愿像严嵩那样顺从陛下，也不像梁材那样忤逆陛下，难道不是他们看到了陛下的心事，因此暗地里趋利避害吗？那么陛下又能从中得到什么好处呢？

陛下如果真的明白了斋醮是没有好处的，有一天会忽然后悔醒悟过来，每天上朝理事，与宰相、侍从、谏官等官员讨论并征求有利于国家的意见，改正这几十年来积累下来的错误，将自己置身于尧、舜、禹、汤、文、武等圣明君主的行列，使得众多大臣也可以自己改正数十年来阿谀皇上的羞耻，将自己置身于皋陶、夔、伊尹、傅说等贤臣的行列，那又何必担心国家得不到治理，又何必担心所有的政事不被处理得很好呢？这只不过是在于陛下稍稍振作一下罢了。如果放下这些事情不去做，却一心要去修炼道术想得道成仙，竭尽精神去追寻一些捕风捉影、模糊不清、不能确切知道的领域，我认为这是劳苦终身却不会有什么结果的事情。现在地位高的官员贪念俸禄，因此喜欢阿谀奉承，地位低的官员又因为害怕获罪而不敢说话，我对这样的情形非常愤恨，因此冒着被处死的危险，愿意来把心里的话都说给您听，只希望陛下能够接受这些建议。

【评述】

这篇引文节选自嘉靖四十五年（1566年），时任户部云南清吏司主事的海瑞给明世宗的奏疏。海瑞上书后，料到难逃一死，因此自备棺木，待罪于朝。嘉靖皇帝看到这篇奏言后，确实异常震怒，将海瑞关入狱中。所幸没过多久，嘉靖皇帝驾崩，海瑞这才被放出来。

明代是一个高度君主专制的朝代，所有的权力都集中在皇帝的手中，这就意味着国家的治乱与皇帝个人的性格和执政能力有着直接的关联。在君主较为圣明并且勤政爱民的情况下，国家就能在一个较为安宁的环境中平稳发展，例如明朝前期的明太祖、明成祖、明仁宗、明宣宗等都是这样。而一旦君主个人的性格有缺陷，又荒废朝政，则势必给国家的治理带来严重的危险，明代中后期的明武宗、明世宗、明神宗、明熹宗等都是如此。其中尤以明世宗、明神宗两任皇帝问题最为突出，他们在位时间都较长，一个是四十五年，一个是四十八年，长时间地不理朝政给整个国家造成无可挽回的损失，也直接造成明代由鼎盛走向最后的覆亡。

事实上，在封建社会中，官员的腐败只是问题的一个侧面，最为根本之处往往在于作为最高统治者的君主没有充分意识到自身责任的重大，并切实担负起治理天下的职责。倘或君主不作为，所有的制度和规定都会成为一纸空文，整个官员体系的弊窦丛生、摇摇欲坠也是自然而然的事情。所谓的“乱自上作”也正是这个意思。因此，海瑞在这封奏疏里建议明世宗放弃对于长生不老的追求，将精力放到国家政事上来，对于当时的廉政来说，就有正本清源的重要意义。

第十三节　张居正

【人物简介】

张居正（1525—1582），字叔大，号太岳，谥文忠，湖广江陵（今湖北荆州）人。明代著名的政治家、改革家。嘉靖二十六年（1547 年）进士。历任翰林编修、吏部尚书、武英殿大学士等职。在万历初年成为内阁首辅，权倾朝野，执政约十年之久。其间实行了一系列改革措施，如执行考成法，提高行政效率，推行一条鞭法等，裁减冗员，减少开支，改善了明朝的经济状况等，是中国历史上的一代名臣。死后被弹劾，尽夺官阶。有《张文忠公全集》。

赏廉吏

【原文】

太祖时，每遇外官来京奏事，常召见赐食，访民间疾苦。虽县丞、典史[①]，有廉能爱民者，亦特差行人[②]赍敕奖励，或封内醪[③]、金币以赉之。迨宣、成、弘、顺[④]之间，亦间举宴赏之典，兴致太平实繇于此。恭遇皇上天纵圣明，励精图治，兹当考察之初，特蒙天语，谕臣等引见廉能官员，破格奖赏。[1]

【注释】

①县丞、典史：都是基层的官名。县丞是辅佐知县的官员，典史也是知县之下负责缉捕、监狱等事务的官员。

②行人：官名。掌管朝觐聘问。

③醪（láo）：汁渣混合的酒，又称浊酒，也称醪糟。也是酒的总称。

④宣、成、弘、顺：指的是宣宗宣德（1426—1435）、宪宗成化（1465—1487）、孝宗弘治（1488—1505）、英宗天顺（1457—1464）四个年号。

【译文】

明太祖朱元璋每次碰到各地的官员到京城启奏事情的时候，常常召见他们，赐给他们食物，并向他们咨询普通百姓生活的困苦。即便是县丞、典史之类的小官，如果有廉洁奉公并且爱护百姓的人，明太祖也会特意派遣官员送去敕书和奖赏，或是赏赐他们皇宫大内的好酒和金银财物。直到宣德、成化、弘治、天顺年间，也会不时举行类似的宴会、赏赐的仪式，当时之所以能够天下太平，正是由于这一原因。现在皇上您有上天赐予的圣明，又振奋精神，试图治理好国家，正应当考察明朝建国之初的这些事情，并且颁下诏令来，让我们这些大臣接见廉洁、贤能的官员，给予他们突破常规的奖赏。

---

〔1〕《明实录》（第五十一册），第560—561页。

【评述】

这是明神宗万历二年（1574 年）正月，张居正向万历皇帝上书中所说的一段话。明代在洪武、宣德、成化、弘治、天顺等朝，政治上比较清明，这也就是张居正所说的“太平”之世了。而在这段话中，张居正将天下太平的原因，归结为明太祖等君主能够亲自接见、宴请那些廉洁贤能的下层官员，并且给予他们额外的赏赐。这一措施是否导致太平景象的重要原因，当然还可以再行讨论，但至少在这里，张居正提出了一个非常重要的廉政观念，那便是“奖赏”。

虽说是赏罚分明，但历来对于廉政的认识，多停留在“罚”的层面，似乎只有处罚那些不廉洁奉公的官员，才是制止腐败、倡导廉洁的唯一手段，而对于那些廉正的官员来说，“廉”只是他们的分内之事，用不着多加奖励。但事实上，奖赏廉洁的官员与处罚腐败的官员同样重要。只有“赏”，才能在自我的道德满足之外，给予廉洁的官员更多的世俗和心理的优势，这不仅能够鼓励他们继续廉政下去，也能够对其他在“廉”与“腐”之间摇摆不定的官员予以正面的激励。

此外，由最高统治者的皇帝来宴请、赏赐最下层的廉洁官员，这种非同一般的待遇所形成的激励效果，也绝非一般的奖赏措施可以比拟。

但需要注意的是，张居正上言时是万历二年，也便是公元 1574 年，而他所举到的宣、成、弘、顺四朝中，最近的也只是弘治（1488—1505），可见由皇帝亲自宴请、赏赐下层官员的措施已经有七十年左右未曾实施。而从“宴赏之典”中也可以看出，即便是成、弘等朝曾经实行过，也多半已流于一种形式，与明初时太祖亲问民间疾苦、赉敕奖励的勤政姿态已不可同日而语。而张居正在奏言中又退了一步，不是让明神宗去做这些事情，却是希望明神宗下令让他们这些大臣去接见、奖励廉政的官员，这正说明了如明太祖一般，能够切实做到“奖赏”廉洁并非那样容易。

严惩恶

【原文】

皇上奉若天道，乃天虽好生，然春夏与秋冬并运，雨露与霜雪互施。古人云：“赦①者，小人之幸，君子之不幸。”今看审录揭帖，各囚所犯，皆情罪深重，概加怜悯，则被其杀害者独何辜而不为偿抵乎？……佛氏虽慈悲为教，然其徒常言地狱有刀山、剑树、碓舂、炮烙等刑，比之王法，万分惨刻，安在其为不杀乎？……嘉靖初年，法司奏应决死囚不过七八十人，盖因有决不待时者，犯该秋后处决者乃系狱待决。至中年后，世宗奉玄，又好祥瑞，每遇有吉祥事，即停止刑，故今审录重囚至四百余人，盖积岁免刑之故也。彼之所犯，万无生理，淹禁牢狱，徒费关防；纵释有罪，无以惩恶。臣窃以为宜如祖宗旧制，每岁一行为便。[1]

【注释】

①赦：旧时君主发布的减免罪刑或赋役的命令，这里主要指免除罪行。

〔1〕《明实录》（第五十二册），第725—726页。

【译文】

皇上信奉天道，上天虽然爱好生灵，但也春季夏季和秋季冬季一起运行，雨露和霜雪互相施加。古人曾经说过："免除罪行的命令是小人的幸运，却是君子的不幸。"现在看到审问录囚的公文，各个囚犯所犯的罪行，都是案情非常重大，如果一概加以同情和怜悯，那么被他们杀死的人难道不是那么无辜，并且没有人为杀死他们抵罪吗？佛教虽然以慈悲来教导别人，但是他们的徒众也常常说地狱中有刀山、剑树、碓舂、炮烙等酷刑，与朝廷的法律比起来，要惨烈苛刻上万倍，这怎么能说他们不杀生呢？嘉靖初年的时候，司法部门上奏应该处以死刑的囚犯不过七八十人而已，大概是因为有立即执行而不等待秋天到来的缘故，而那些判处秋后执行死刑的人才会被关押在监狱中等待处决。到了中年以后，世宗皇帝信奉道术，又喜好祥瑞之类的事情，因此每当遇见有吉祥事情的时候，就立刻下令停止行刑，所以现在审问并且记录在案的重囚犯达到四百多人，都是前面这么多年没有实行死刑的缘故。那些犯人所犯的罪行从法律的角度来看都没有饶恕他们性命的理由，监禁在牢狱里还要浪费很多关押方面的费用和精力。这样做是宽恕了有罪的人，并且不能惩罚罪恶。我认为应该执行祖宗所制定的制度，每年执行一次处决的刑罚较为合适。

【评述】

万历二年（1574 年）的时候，刚刚即位没有多久的万历皇帝遵从其母亲的意思，在司法部门递交上来录囚名单时，准备暂停实行处决的刑罚，而上面这段原文就是张居正针对这件事情与万历皇帝的一番对话。

在这段话中，张居正认为一定要按时实施处决的刑罚，而不能对犯了大罪的罪犯有所宽恕。从维护法律公平与公正的角度来看，张居正的建议无疑是正确的。法外用情不仅损害了法律的严正，也使得为非作歹之人多了侥幸之心，对于治理国家显然没有益处。相同的道理也可以从司法公正推衍到国家政治的其他领域，制度与法规不设立则已，设立之后，就应该好好遵从，违反制度与法规的人就一定要受到处罚，而不能因为个人的怜悯与同情加以姑息。

在明代的司法制度中，“慎刑罚”是一个非常重要的思想，大审、朝审、热审等制度都从这一思想而来，明太祖、明成祖等君主也反复强调减轻刑罚的重要性。但从明代的实际状况来看，前期的减轻刑罚是为了与民休息，让百姓从元代的苛政中恢复过来，因此“慎刑罚”就有相当的积极意义。而到了明代中后期，由于政务废弛，包括司法制度在内，诸多制度缺乏有效的实行，再提“慎刑罚”不免会造成姑息养奸的后果。而在嘉靖朝长期不正常处理朝政之后，这样的问题更为突出。因此，张居正适时地提出“严惩恶”，对于当时的风气就有着拯弊起衰的重要作用。

第十四节　李贽

【人物简介】

李贽（1527—1602），号卓吾，福建泉州人，明代著名思想家、文学家。曾任共城教谕、国子监博士、南京刑部员外郎、云南姚安知府等职。后辞官归隐，主要从事讲学和著述，著有《初潭集》、《焚书》、《藏书》、《续焚书》、《续藏书》等。由于书中的一些言论，李贽受到耿定向等朝廷官员的迫害，以“敢倡乱道，惑世诬民”的罪名被捕下狱，并在狱中自杀。在思想上，李贽以孔孟传统儒学的“异端”自居，对封建道德以及社会腐败、贪官污吏等现象都大加痛斥批判，因此一直受到后世学者的重视。

论清官

【原文】

“安石误国之罪，本不容诛；而安石无误国之心，天地可鉴。主意于误国而误国者，残贼之小人也，不待诛也；主意利国而误国者，执拗之君子也，尚可怜也。”卓吾曰：公但知小人之能误国，不知君子之尤能误国也。小人误国犹可解救，若君子而误国，则末之何矣。何也？彼盖自以为君子而本心无愧也。故其胆益壮而志益决，孰能止之？如朱夫子亦犹是矣。故余每云贪官之害小，而清官之害大；贪官之害但及于百姓，清官之害并及于儿孙。余每每细查之，百不失一也。[1]

【译文】

“王安石贻误败坏国家大事的罪责，即便将他处死也不过分；但王安石本来没有贻误败坏国家大事的意思，这是天地都可以照见的。心中就想贻误败坏国家大事而又果真造成这种后果的人，是凶残暴虐的小人，一定要及时地处死；心中只想着要让国

[1] 李贽：《焚书》卷五《读史 · 党籍碑》，中华书局1975年版，第217页。

家变得更兴盛却适得其反贻误败坏了国家的大事，则是固执己见、偏执任性的君子，还可以去怜悯。”李贽说：你只知道小人能贻误败坏国家，却不知道君子尤其能贻误败坏国家。小人贻误败坏国家还可以进行解救，倘若是君子贻误败坏国家，就一点儿办法也没有了。这是什么原因呢？他们大概自以为是君子而问心无愧，因此他们的胆量愈发大并且意志也更加坚决，谁能阻止他们呢？像朱熹那样的大儒都免不了这样。因此我常说贪官的危害小，而清官的危害大；贪官仅仅危害到百姓，清官却能够危害到子孙后代。我常常仔细地考察这件事，一百件里没有一件不是如此的。

【评述】

针对有人认为王安石虽然误国，但属于君子误国，可以原谅的观点，李贽认为君子误国的后果更为严重，并鲜明地提出“贪官之害小，而清官之害大”的观点。

从表面上看，李贽的这一观点有些惊世骇俗，并与一般人通常的认识有悖，但其实这句话中却有着很深的哲理和现实意义。问题的焦点，并不在于“贪官”之“贪”与“清官”之“清”的对立，也就是说，李贽并不是赞同贪官的贪婪，也并不反对清官的清廉，而是从性格层面，对二者的心理状态作深入的分析。

对于贪官来说，由于所做的是非法的事情，因此做事时不免战战兢兢，底气不足，而清官就没有这样的顾虑，由于以清廉自守，问心无愧，因此这种道德上的优越感也会被其带到具体的事务中去，产生只要清廉则做任何事情都是对的这样的错觉。这样一意孤行，势必给政事带来极大的损害，并且可能造成更为严重的后果。

事实上，仅以清官自居，却对于国计民生没有任何帮助，甚至还有极大的损害，这样的清官是没有任何意义的。

因此，李贽决不是在鼓励官员去做贪官，而是提醒那些清官，清廉的道德操守固然是必要的，但在一意坚持自己的道德操守时，不能固执己见、偏执任性，更不能把这样的性格缺陷带到实际的政治事务中去。可以说，这是对清官的更高要求。

论刑罚

【原文】

赃官死且不怕，况怕杖乎？清官宁可受死，肯受辱乎？然则决杖赎死，正所以优待赃官而导之赃污也。虽曰士人，实同徒隶，但论有赃否耳。徒隶之人岂无羞耻本心高出士人之上哉![1]

【译文】

赃官连死都不怕，哪里怕被杖责呢？清官宁愿去死，怎么肯受杖责这样的侮辱？但是用钱财去赎买抵消处死或是杖责这样的规定，却正是对于赃官的优待，并且会引导他们去贪污腐化。虽然名义上还是士人，但其实却等同于刑徒奴隶、服劳役的犯人，只不过区别在于有没有赃款。在服劳役的犯人中难道就没有羞耻之心还高于那些所谓士人的人吗！

〔1〕李贽：《续焚书》卷三《读史汇·附：阅古事》，中华书局1975年版，第90页。

【评述】

在这段话里，李贽主要谈的是刑罚是否合适的问题。一般说来，刑罚都是大致相同的，并不因为赃官和清官在道德操守上的不同而有所区别。

但同样的刑罚对于赃官和清官来说，却有截然不同的意义。例如杖责，对于要钱不要命的赃官来说，其处罚力度就差了很多，效力几乎可以忽略不计；而同样是杖责，在清官那里就会被视为莫大的折辱，其处罚的力量甚至比处决他们还要厉害得多。

又例如用钱财去赎买抵消相应的刑罚，对于贪官来说，钱财根本不是问题，这种处罚也没有什么实际的意义；并且刑罚也可以用钱财来赎买，无疑是在突出强调钱财的实际作用，这对于本就视钱财为万能的贪官来说，更是多了一条贪污腐化的理由，对于吏治的澄清不会有任何的帮助。而对于清官来说，由于资财有限，用钱赎买势必力不能行，即便赎买了，也往往要承受极大的经济负担。这样的处罚，名义上是优待，但从清官的角度看，实则是更为严苛的惩处。

从这里也可以看到，刑罚的制定应该根据事实以及各种罪行的不同而有所区别，这不是对于相关法律的扭曲，而是为了更为细致、更为切实地执行法律制度，并让法律制度发挥更大的效果。

第十五节　丘橓

【人物简介】

丘橓，生卒年不详，字茂实，诸城人。嘉靖二十九年（1550

年）进士。历任行人、刑科给事中、兵科都给事中、大理少卿、左副都御史、刑部左侍郎等职。以不畏强权、勇于弹劾、敢于进谏著称，其建议多切中时弊，颇具价值。为官清廉，他曾被免职，而回乡时所有的财物竟然只是一小箱子旧衣裳，颇为时人称许。

吏治积弊

【原文】

臣去国十余年，士风渐靡，吏治转污，远近萧条，日甚一日。此非世运适然，由风纪不振故也。如京官考满，河南道例书称职。外吏给由，抚按官概与保留。以朝廷甄别之典，为人臣交市之资。敢徇私而不敢尽法，恶无所惩，贤亦安劝。此考绩之积弊，一也。

御史巡方，未离国门，而密属之姓名，已盈私牍。甫临所部，而请事之竿牍，又满行台。以豸冠[①]持斧[②]之威，束手俯眉，听人颐指。此请托之积弊，二也。

抚按定监司考语，必托之有司。有司则不顾是非，侈加善考，监司德且畏之。彼此结纳，上下之分荡然。其考守令也，亦如是。此访察之积弊，三也。

贪墨成风，生民涂炭，而所劾罢者大都单寒软弱之流。苟百足之虫，傅翼之虎，即赃秽狼籍，还登荐剡。严小吏而宽大吏，详去任而略见任。此举劾之积弊，四也。

惩贪之法在提问。乃豺狼见遗，狐狸是问，徒有其名。或阴纵之使去，或累逮而不行，或批驳以相延，或朦胧以幸免。即或终竟其事，亦必博长厚之名，而以尽法自嫌。苞苴[③]或累万金，而赃止坐之铢黍。草菅或数十命，而罚不伤其毫厘。此提问之积弊，五也。

荐举纠劾，所以劝儆有司也。今荐则先进士而举监，非有凭借者不与焉。劾则先举监而进士，纵有訾议者罕及焉。晋接④差委，专计出身之途。于是同一官也，不敢接席而坐，比肩而行。诸人自分低昂，吏民观瞻顿异。助成骄纵之风，大丧贤豪之气。此资格之积弊，六也。

州县佐贰虽卑，亦临民官也，必待以礼，然后可责以法。今也役使谴诃，无殊舆隶。独任其污黩害民，不屑禁治。礼与法，两失之矣。学校之职，贤才所关。今不问职业，而一听其所为。及至考课，则曰“此寒官也”，概与上考。若辈知上官不我重也，则因而自弃；知上官必我怜也，又从而日偷。此处佐贰教职之积弊，七也。

科场取士，故有门生、座主之称。若巡按，举劾其职也。乃劾者不任其怨，举者独冒为恩。尊之为举主，而以门生自居，筐篚问遗，终身不废。假明扬之典，开贿赂之门，无惑乎清白之吏不概见于天下也。方今国与民俱贫，而官独富。既以官而得富，还以富而市官。此馈遗之积弊，八也。

要此八者，败坏之源不在于外，从而转移亦不在于下也。昔齐威王烹一阿大夫，封一即墨大夫，而齐国大治。陛下诚大奋乾刚，痛惩吏弊，则风行草偃，天下可立治矣。[1]

【注释】

①豸（zhì）冠：即獬豸冠，借指纠察、执法的官员。

---

〔1〕《明史》，第5934—5936页。

②持斧：指皇帝派出的御史等执法之官。

③苞苴（jū）：指馈赠的礼物。引申指贿赂。

④晋接：敬称被他人接见。这里指交接、接触。

【译文】

我离开国都十多年了，士人间的风气渐渐变坏，吏治也转向污浊，无论远近，政治气氛都显得十分衰微不景气，而且一天比一天厉害。这不是由于时代盛衰治乱的气运偶然造成的现象，而是由风教纲纪不振作所造成的。例如中央官员考满的时候，按照惯例，河南道就要写“称职”。地方上的官吏提交个人背景资历材料，巡抚巡按等官员一概替他们保留下来。把朝廷考核官员甄别贤能与否的制度，变成了臣子之间互相做买卖的资本。敢于曲从私情却不敢完全依法办理，对于邪恶的官员没有什么惩处的措施，贤能的官员也被安抚勉励。这是考核官员中积久的弊端，就是其一。

御史到地方上去巡察，还没有离开京城，原本应该保密的御史的姓名，就已经充斥在私人的信件中，而那些以私事相嘱托的书信，又投满了御史的衙门。以御史的威势，却捆绑双手低着眉毛，听从别人的指挥。这是以私事相嘱托，走门路、通关节积久的弊端，就是其二。

巡抚、巡按确定负有监察之责官吏的评语，必然委托给属下官员去做。那些官员则不顾对错，一味加上很多好的评语，负有监察之责的官吏既感激他们同时又畏惧他们，因此互相结交来往，上级和下级之间的界限荡然无存。巡按、巡抚对于太守、县令等地方官的考核，也和这种方式一样。这是寻访纠察中积久的弊端，就是其三。

贪污成为一种风气，百姓遭受到很大的损害，而被弹劾、罢官的人大都是一些没有后台、没有家世、比较软弱的官员。如果是那种如同百足之虫一般出身世家、势位富厚的人，或是如同插了翅膀的老虎一般有能耐有后台的人，即便贪污腐化声名狼藉，还会名列被推荐的文书上。对于那些小官很严苛，而对于大官却很宽厚，详细追究已经离任的官员，而忽略当下正在任上的官员。这是举荐弹劾中积久的弊端，就是其四。

惩治贪官的方法在于提审讯问。但往往放过那些像豺狼一样凶狠的官员，只讯问像狐狸一般凶狠程度要逊色很多的官员，因此所谓提审讯问也只是徒有虚名罢了。或者是暗地里把人放了让他离去，或是捉捕了很多次都捉不到，或是在公文批驳上来拖延时间，或是糊涂地提审讯问希望能够幸运地免除处罚。即使终究要做完提审讯问的事，也一定会宽松处理以博得恭谨宽厚的名声，却对于完全依法办理心有顾忌。收受的贿赂等有时累计起来达到万两银子，但追回的赃款仅仅像一铢一黍那样微小。害死的百姓有时达到数十人之多，但受到的处罚却连毫厘的伤害也达不到。这是提审讯问中积久的弊端，就是其五。

推荐、举用、纠察、弹劾，这些都是用来劝诫官员的方法。现在推荐则优先考虑进士出身的官员，然后再考虑举人、监生等出身的官员，不是有后台有背景的人就不会被推荐。弹劾则是先考虑举人、监生出身的官员，然后才是进士出身的官员，纵使是那些被非议很多的官员也很少被弹劾。交接、差遣、委派，专门考虑这些官员是什么出身。因此，即便是同样的官员，由于出身不同，也不敢坐在一起、并排走路。这些官员自己区分出高下，低下的胥吏与百姓对于官员的看法也就顿时有了差异。这就助长了那些进士官员骄傲放纵的风气，而很大地打击了举人、监生官员贤能、豪俊的气概。这是官员资历出身中积久的弊端，就是其六。

州县中那些副职的官员虽然官位较低，但也是管理百姓的官员，应当用礼仪来对待他们，然后才用法律法规去要求他们。现在则是对于这些官员随意驱使支配或是谴责呵叱，与职位低贱的吏卒没有什么区别。但独独又放任这些官员贪污腐化残害百姓，认为不值得去禁止惩罚他们。无论是礼仪还是法律，两者都失去了。学校教官的职位，与培养贤能的人才密切相关。现在也不管其到底做了什么，只是一味地听凭这些官员的所作所为。等到考核的时候，就会说“这是冷清卑微的官职”，一概都给予很好的评价。这些官员知道上级不重视他们自己，就因此而自暴自弃；又因为知道上级必然会怜悯自己，因此又每天都苟且怠惰。这是那些担任副职以及教职官员中积久的弊端，就是其七。

科举场上考取士人，因此有门生、座主之类的称呼。像巡按，举荐、弹劾是他们的职责。但被弹劾的人不去怨恨巡按，被举荐的人独独觉得受到了恩惠，尊称巡按为“座主”，并且愿意把自己当成门生，送给礼物慰劳馈赠，一生都不会停止。利用举用、选拔的制度，来开启收受贿赂的门路，难怪天下很少能见到品行纯洁而没有污点的官员了。现在国家与百姓都很贫穷，但只有官员却很富裕。既然因为当官而得到钱财，回过头来又凭借钱财去买官。这是馈赠礼物中积久的弊端，就是其八。

这八条积久的弊端，败坏的源头不在于地方，想从这里转变，关键也不在于下面这些官员。从前齐威王烹了阿地收受贿赂的一个大夫，又分封了即墨勤政爱民的一个大夫，而齐国因此得到非常好的治理。陛下如果能够诚心诚意地大力推行您的刚健决断，狠下决心惩治吏治中的弊端，那么就像风吹过去草都倒下一样，庶民会被德教感化而顺从君上，天下也就可以立刻得到治理。

【评述】

万历十一年（1583 年），此前被免职的丘橓被重新起用为左副都御史。丘橓乘着一辆柴车到京城上任，而一到任，就向朝廷上了一道奏疏，条陈有关吏治积弊的八件事情。选文就是这篇奏疏。

从内容看，丘橓所举的吏治积弊涉及了以下几个方面。

首先是考课制度。在对于官员的考察中存在着种种不严谨的现象，这项制度成为可以敷衍了事的空洞条文，甚至成为官员利益交换的资本。而由于官员的出身不同，在考课中所受到的待遇也不尽相同，举人与监生出身的官员往往受到歧视。

其次是巡按制度。巡按在出巡之前原本应该保密，但这些机密的事情却已经为人所周知，并且那些请托、走后门的书信也已经纷纷递到。而御史在巡察的过程中也没有很好地履行自己的职责，如将对于监察官员的考评等重要的工作交给其他官员去做，就是比较严重的渎职行为。

再次是举荐、弹劾、提问等监察部门具体工作中出现的问题。在做这些工作的时候，官员往往针对不同的官员有不同的处置措施，往往不敢追究那些有后台、有背景的官员，并在举荐的时候优先考虑他们，而对于那些缺乏家世背景的官员则有截然不同的对待方式。至于那些被举荐的人，竟然视推荐他们的人为座主，并且借此名义赠送钱财，使得举荐制度成为收受贿赂的利益场。

最后是官员之间的不平等。这既包括进士官员与举人、监生官员由于资格不同而在待遇上有极大的不平等，也包括一些佐贰官以及教官等冷门卑微的官职在任官时遭受的不平等。这种不论实际才能如何，只看出身或是官职的做法，无疑会伤害被歧视官员的自尊心和工作热情。

总的说来，由于丘橓被任命为都察院的左副都御史，因此其讨论的事情除了一些官场积习以外，多与监察部门有关。这些积弊都依附于某些特定的制度之下，从大的制度层面来看，或许没有任何问题，但参之以丘橓的这些议论，就可以看到，即便是看似完善而严谨的制度，在实施的过程中也会由于执行方面的偏差而出现种种积弊。这样看来，相对于制度的制定来说，各种制度的切实执行应该更为重要。

第十六节 詹仰庇

【人物简介】

詹仰庇（1534—1604），字汝钦、尔钦，号咫亭，又号巢云居士，泉州安溪人。嘉靖四十三年（1564 年）中举，翌年登进士第，由南海知县征授御史。嗣后，他频繁上书直言，终因指责内宫太监的不法之事而激怒明穆宗，被廷杖一百后免职回家。明神宗即位后，起用先朝直臣，詹仰庇任广东参议。后因病回乡休养，至万历十三年（1585 年）才调任江西参议，旋改任山东按察使司副使、南京太仆少卿，又任左佥都御史、左副都御史等职。

詹仰庇以直节敢言著称，也因此在仕途上屡受挫折。为官后期，由于要保全禄位，颇有依附权贵的形迹，受到了清议的指摘。但作为一位廉洁精敏、多有政声的名臣，其言论特别是一些直言不讳的奏疏，在廉政方面还是很具探讨价值的。

严出巡

【原文】

曰倚重监司[①]。谓御史不得属视监司，凡守令[②]之不肖者，令得便宜纠劾，以共成宪体。曰分道巡历。谓责成御史，令守巡二道每岁巡历该管地方二次，则吏治可睹。曰审取官评。谓考语宜责司、道、守、巡、府、州、县正官开报，不必专任推官。曰委任府佐。谓同知、通判皆可择贤而用，一切查盘差委，不必专属推官[③]。曰督责县令。谓举刺奖戒，毋宽甲科而刻举贡。曰整饬纪纲。谓如留茶留饭，宜有等差，不得于常礼有加。曰详慎审录。谓案临会审，必从容细阅，使罪人尽言执辩，不得拘审日完事，以致疏略。曰亲审词状。谓放告日期，务进赴告之人当堂亲审，不必令推官先审，应否准行任其去留。曰拿问官员。谓遇贪酷官员，除司道、知府另行参提外，其余先行勘实定拟，然后请发落。曰严禁访察。谓御史亲受词讼，虚心谘访，则奸恶毕见。或拿问执问，自足行法，无待访察，且令省窝访[④]之弊。曰躬行节俭。谓庆贺宴会，遇宾交际，宜加意节省。曰爱民实政。谓御史宜悉心体访，不分甲科举贡，果无爱民实政，一例严行惩究。曰致虔典祀。谓坛宇仪物，宜督有司虔举，以安神福民。曰申明职掌。谓巡抚[⑤]应行事，宜止具文巡按[⑥]知会，傥有不公不法，听其纠劾而

已。今则互相和同，事多兼管，有司两行申请，致批详不一，遂至停阁。宜遵会典檄示所司，毋得混累。〔1〕

【注释】

①监司：负有监察之责的官吏。

②守令：太守、县令等，指地方官。

③推官：明朝为各府的佐贰官，属顺天府、应天府的推官为从六品，其他府的推官为正七品，掌理刑名、赞计典。

④窝访：是地方无赖集团的一种为非作歹的手段，主要指借散布谣言为害地方。

⑤巡抚：明代原为中央派到地方巡察安抚的官员，后渐渐成为省一级的固定官名。至清代则完全成为省级地方政府长官，总揽全省军事、吏治、刑狱、民政等，职权甚重。

⑥巡按：明代有巡按御史，为监察御史赴各地巡视者。其职权颇重，负责考核吏治，审理大案，知府以下均奉其命。简称"巡按"。

【译文】

第一条是要倚靠重用负有监察之责的官吏。说的是御史不能把负有监察之责的官吏视为自己的下属。凡是地方官不称职的，命令他们可以斟酌事宜，不拘陈规，自行决断处理，用以共同维护监察官员的职责。第二条是按照道的区域划分去巡视。说的是要指令御史专门负责这件事情，命令守、巡二道的官员每年巡视

〔1〕《明实录》（第五十五册），第3550—3551页。

他们管辖的地方两次，这样的话吏治必定大有可观。第三条是审慎地获取对于官员的评语。说的是对于官员的评语应该责成司、道、守、巡、府、州、县等各级官府的正职官员开写上报，不必专门委任给推官去做。第四条是监督、督促县令。说的是在推荐、贬斥、奖励、责罚这些事情上，不要宽纵进士出身的人，而对举人以及贡士出身的官员太过苛刻。第五条是整治纪律。说的是如果巡视到某一地方要留下来饮茶吃饭，应该有一定的规格，不可以超过平常的标准。第六条是详细、谨慎地审理案件。说的是在地方上会审案件的时候，必须不慌不忙地仔细阅读案卷，并使得罪犯把想说的都说出来充分地为他们自己辩护，不能限制当天就把案子草草审完，以至于有所疏忽和遗漏。第七条是亲自审问供词和状书。说的是在允许百姓前来告状的日期里，一定要让告状的人到堂上来亲自审理，没有必要先让推官审理，而由他们来决定是否准状立案。第八条是捉拿审问不法的官员。说的是遇到贪赃或是残酷的官员，除了司道或是知府这样的官员需要另外弹劾、审问他们之外，其余的官员都先将罪行勘定清楚并拟定罪名，然后请示朝廷如何处置。第九条是严格禁止私下里访问探查。说的是御史亲自受理状词和案件，虚心咨询探访，就一定会使得奸诈邪恶的事情都充分暴露出来，或是捉拿审问，自然可以顺畅地去行使法律，而不用再去私下里访问探查，并且可以避免无赖集团借此散布谣言的弊端。第十条是从自己做起，遵循节俭的风气。说的是庆贺宴会以及欢迎宾客，和朋友交际的时候，应该特别注意节省。第十一条是爱护百姓，落实朝廷的政策。说的是御史应该全心全意地体察探访，不论是进士出身还是举人、贡士出身的官员，果真没有做到爱护百姓、落实朝廷政策的，一律严厉地加以惩罚和追究。第十二条是虔诚地对待典礼和祭祀之类的事情。说的是祭祀用的坛宇器物等设施，应该监督相关的负责部门诚心地加以办理，以使得神灵得到安宁，百姓得到福气。第十三条是明确所负责的事情。说的是巡抚所做的事情，应该详细地提交相关文件给巡按，让他了解，如果有不公平或是违背法律的地方，不过是听任他的纠察和弹劾罢了。现在巡按和巡抚的职权互相混合在一起，所掌管的事情也多有重合，相关的机构要重复向巡按和巡抚申请，以至于得到的批示也不一致，政事因此都耽搁下来。应该遵照会典上所明确规定的职司范围，巡按和巡抚之间的职责不得出现混合、重复的状况。

【评述】

明代设立行省统辖各府州县，全国除南北直隶之外，共有十三个行省。每个行省都有承宣布政使司、提刑按察使司和都指挥使司，合称“三司”，分管每一省的行政、司法和军事。在三司之上，又有巡抚。“巡抚”之名始于懿文太子巡抚陕西，此后屡屡有朝廷的大臣被派到地方上行使巡抚之责，事情完毕之后回朝复命，其巡抚的职责也就告以结束，直到“明中后期巡抚逐渐演化成不常置地方大员”[1]。除了巡抚，明代还有巡按，指的是朝廷派遣都察院的御史到地方去监督一些事情的执行。巡按制度和巡抚制度有相似之处，都是中央派官员到地方上巡查，可以视为明朝对于地方政治采取监督的有效方式。

上面这段引文是万历十五年（1587 年）詹仰庇所奏“御史出

〔1〕 张步天：《明代地方行政区制度》，《益阳师专学报》，1996 年第 3 期，第 86 页。

巡事宜”，共有十三条。这些建议可以分为以下几个方面：其一是出巡的御史与地方官员的合作。既要充分相信地方官员，放手让他们去做一些事务，如官员的评语可以交给各级正职官员去做等，又要分清主次，御史本身的职责一定要担负起来，不能旁落到地方官的手中，如亲自审问供词和状书等。其二是对于御史言行的一些规范，如要遵循节俭的原则，不得享用超过标准的招待等。其三是如何对待地方官员，不仅是要弹劾、纠察他们的不法行为，更要对他们一视同仁，不能因为进士或是举人出身的不同就区别对待。此外，詹仰庇所提到的巡抚与巡按之间的职责不能混同也非常重要，从这里可以看到，不仅是后世的学者不易分清巡按与巡抚之间的区别，便是在当时，彼此之间也不太容易分辨得很明白。

这些建议都颇为细致，从中可以看到当时御史出巡的诸多方面。倘若某位御史真的能将这些建议都切实执行，则势必能达到出巡的预期效果。但这只是有识之士的建议，并不是朝廷载有明文的制度，出巡御史的权力往往过大——从这些建议横跨了司法、行政、监察、祭祀诸多方面也可以看得出来——这些过大的权力只靠建议去约束显然是不够的。而到了明代中后期，出巡御史的权力越来越膨胀，有许多负面的影响，也正说明了这一点。

第十七节　刘汉儒

【人物简介】

刘汉儒，生卒年不详，曾任职于崇祯年间，历任吏科给事中、吏科都给事中、刑科左给事中、太常寺少卿、四川巡抚等职。其在任四川巡抚期间，因为张献忠率领的农民起义军进入四川，而被朝廷怪罪，以谪戍之罪论处。由于刘汉儒曾担任有直言进谏之责的给事中，因此对于朝政，包括廉政方面，都有不少颇具见地的建议。

论称职

【原文】

顷奉圣谕，以内升待劳勚[①]，而才品优逊者次第外之。重内亦所以重外也。臣以为，六科给事中固皇上耳目之臣，指奸除佞，以纠驳为职者，于资俸应升之时，吏部当查其历任内所纠驳何事，所参劾何人，何疏而抗盈廷之论，何奏而回天听之高，且不关说人情，不招纳贿赂。若者，为科道之称职，即为科道之劳勚，斯以应内请；非是，则外也。十三道御史[②]固皇上代狩之臣，察吏安民，以禔福为职者，于资俸应升之日，部院当核其差内访拿贪酷几何人，加惠穷民几何事，何术而息盗贼，何法而清狱讼，且不滥问赎锾，能杜绝谢荐。若者，为道臣之称职，即为道臣之劳勚，斯以应内请；非是，则外也。至如吏部，以用人为职，选郎[③]必实历六选，果低昂不爽，其衡黜陟罔淆，其鉴一轮皎月、两袖清风，不招物议、不挂弹章。若者，为选司之称职，即为选司之劳勚，斯以应内请；非是，则外也。如臣所言，称职者谈何容易？天下上智、下愚少，而中人多，非冷面、热肠、精心、细手，未易胜任而愉快，从此应转京堂者，恐亦寥寥其人矣。[1]

【注释】

①勚（yì）：劳苦。

②十三道御史：都察院是明代专门负责监督、纠察官员的部门，其中十三道监察御史一百一十人，正七品，分管各省：浙江、江西、河南、山东各十人，福建、广东、广西、四川、贵州各七人，陕西、湖广、山西各八人，云南十一人。

③选郎：指吏部郎中，主铨选之事。

【译文】

最近奉圣旨，用升职到中央部门的办法来对待那些劳苦功高的官员，而那些才能、人品稍微差一些的官员则按照次序到地方上去任官。重视中央的官员也是重视地方官员的意思。我认为，六科给事中固然是成为皇上耳目的大臣，揭发、去除奸佞之臣，以纠正、封驳皇上的诏书为职责，在他们的职务、俸禄应当提升的时候，吏部应该查验这些官员在任职给事中期间，究竟纠正、封驳了什么事情，所弹劾的又是什么人，写的哪道奏疏敢于和满朝廷都认为是对的言论对抗，哪道奏章又让皇上回心转意，并且还不去做说人情这样的事情，也不收受贿赂。像这样的人，在科道官员中就是称职的，是科道官中劳苦功高的人，就可以升职到中央机构担任官员；不是这样的人，则外放到地方上任职。十三道御史固然是代替皇上到各地去巡查的臣子，负责监察官吏安定

〔1〕《明实录》（第九十四册），第2352—2353页。

百姓，以百姓的安宁幸福作为自己的职责，在这些官员的资历和俸禄达到要求可以升职的时候，六部和都察院就应当核对他们在御史的任职期间究竟查访、捉拿了多少贪官或是酷吏，对于贫苦百姓又做了多少好事，用了什么办法去平息盗贼，用了什么方法使得司法诉讼的事情非常清明，并且不多收犯人用来赎罪的钱财，能够杜绝一些人情请托推荐等。像这样的官员，才是御史中称职的人，才是御史中劳苦功高之人，就可以升职到中央机构担任官员；不是这样的人，则应该外放到地方上任职。至于吏部，以选用人才为职责，吏部郎中必须亲身经历六次官员铨选，果真所任命的官员其职位或高或低都没有差错，他们对于官员的评价、升迁、降职等事务都没有讹误，他们对于官员的品鉴像一轮皎月那样清澈明白，并且两袖清风，不收受贿赂，不引发别人的议论，不被其他的官员弹劾。像这样的人，就是吏部中称职的官员，就是吏部中劳苦功高的人，就可以升职到中央机构担任官员；不是这样的人，则应该外放到地方上任职。像我所说的这样去评价，想做一个称职的官员怎么会很容易呢？天下非常聪明或者是异常愚钝的人很少，而资质平平的人却很多，不具备冷面孔、热心肠、精心、细手等资质，想要胜任这些职位并且任官愉快实在是件不容易的事情，从此以后，因为称职而可以升到中央机构来做官的人，恐怕也就非常少了。

【评述】

这段引文是崇祯三年（1630 年）十月担任吏科都给事中的刘汉儒奏疏中的一段话，其中主要讲述的是如何对给事中、御史以及吏部的郎中进行有效考核的问题。

在明代，有比较系统的官员考课制度。考课制度简单说来就是官员定期接受考察，并根据其表现决定其升黜。明代的考课又分为考满和考察两种，彼此之间有所区别，同时也相互合作，成为对于官员在任时行使职权的有效制约。但刘汉儒在这里主要说的是对科道官以及负责铨选的官员的考核。由于这三类官员职责特殊，因此刘汉儒觉得，他们在考核时也应当有一些特殊的地方。

大致说来，他认为这些官员得到的评价如何，应该完全根据他们对于自身职责履行的程度怎样来决定，并且还要加入是否关涉人情、贿赂、请托等不正之风。就前者而言，由于要牵涉官员在任职期内的具体政绩，并且都有奏疏等实物可以勘察，因此，考核的过程便会显得非常具体并有实效。而就后者来说，由于这些官员本身就肩负监督或是评价其他官员的职责，从根本上关系到整个官员体系的风气，因此廉政与否，对于科道官以及吏部官就更为重要。刘汉儒的这些建议都可以成为官员考核制度特别是科道、吏部等特殊部门官员考核制度的重要补充。

此外，还可以看到，在崇祯年间，廉洁奉公的官员可以升做京官，而才能稍逊者则要去做地方官，其中有明显的重中央而轻地方的意味。从当时的历史状况来看，明朝正处于严重的内忧外患之中，其统治濒临崩溃，这般以中央为重的方式是为了巩固根本，可能是出自迫不得已。但从全局的角度来看，这样的方法不仅会严重打击地方官的士气，而且会在实际上损害地方的治理，似乎有些得不偿失，并不能对于挽救明朝的统治起到多大的作用。

参考文献：

《明实录》，台湾“中央研究院”历史研究所1962年版。

张廷玉：《明史》，中华书局1974年版。

徐学聚：《国朝典汇》，北京大学出版社1993年版。

王世贞：《弇山堂别集》，中华书局1985年版。

王圻：《续文献通考》，文海出版社1979年版。

邓士龙辑：《国朝典故》，北京大学出版社1993年版。

沈德符：《万历野获编》，中华书局1959年版。

余继登：《典故纪闻》，中华书局1981年版。

焦竑：《玉堂丛语》，中华书局1985年版。

何良俊：《四友斋丛说》，中华书局1959年版。

李清：《三垣笔记》，中华书局1982年版。

于慎行：《谷山笔麈》，中华书局1987年版。

陈洪漠：《治世余闻》，中华书局1985年版。

陆容：《菽园杂记》，中华书局1985年版。

叶盛：《水东日记》，中华书局1980年版。

张瀚：《松窗梦语》，中华书局1985年版。

顾炎武：《日知录集释》，上海古籍出版社2006年版。

赵翼：《陔余丛考》，河北人民出版社1990年版。

梁章钜：《制义丛话·试律丛话》，上海书店2001年版。

许树安：《古代选举及科举制度概述》，天津人民出版社1985年版。

商衍鎏：《清代科举考试述录及有关著作》，百花文艺出版社2004年版。

郭培贵：《明史选举志考论》，中华书局2006年版。

郭培贵：《明史选举志笺正》，内蒙古大学出版社1997年版。

钱茂伟：《国家、科举与社会——以明代为中心的考察》，北京图书馆出版社2004年版。

何怀宏：《选举社会及其终结——秦汉至晚清历史的一种社会学阐释》，三联书店1998年版。

潘星辉：《明代文官铨选制度研究》，北京大学出版社2005年版。

本章执笔：叶楚炎

第十一章　清代廉政思想

概述

清代是中国最后一个封建王朝，在典章制度方面发展到了封建社会的顶峰，但是由于专制主义的钳制以及满族统治阶级相对落后的文化对汉族先进文化的影响，在思想文化方面却并没有出现先秦或者汉唐的繁荣局面。然而可贵的是，明亡清兴的历史大变革刺激了政治家和思想家们的思想观念，激发了他们对国家治乱兴衰的深刻思考。本着总结历史经验教训、资政参考的基本愿望，在廉政思想方面，他们作出了可贵的探索。而且，由于清代前期的几位有为之君的努力，开创了中国历史上的著名盛世——康乾盛世，成功的政治实践也提升了当时政治家和思想家们对廉政问题思考的层次，为后世留下不少宝贵的思想财富。

清代在廉政思想方面有所建树的人主要有三类：第一类是思想家，如明末清初的顾炎武、王夫之、黄宗羲三大学者；第二类是清代帝王，尤其是清前期开创康乾盛世的顺、康、雍、乾四位帝王，在肃贪倡廉、治国治吏方面有大量有价值的言论；第三类是清代的名臣，尤其是当时的理学名臣、著名廉吏，他们的一些文章、奏章等阐发了深刻的廉政思想。这些人的廉政思想主要表现为：以道德修养促进廉政、以严刑峻法惩治贪酷，以制度机制保持廉洁、以丰厚俸禄养廉、精简官员以促廉、批判奢侈、倡导俭以养廉、舆论监督以促廉、扶植清官榜样以培养廉洁风气、正风俗以养官德，等等。这些廉政思想中许多可能在清代之前已经被提出过，在创新性上可能稍逊一筹。但是，鉴于明末惊人的腐败和清初成功的政治实践所创造的历史巨变在实践和理论两方面提供了激发政治思想的历史情境，清代的许多廉政思想在实践性、深刻性、综合性等方面颇有可观之处。可以说，清代廉政思想集历代廉政思想之大成，在理论的系统性、深刻性方面颇有建树。而且，清代工商业发展造就了不同于以往社会的新的政治和社会问题，由此产生了一些具有新特点的腐败形式。与近代以来工商业发展所带来的社会变革和思想新潮流相适应的清代廉政思想，往往具有鲜明的现实针对性，在廉政建设的思路方面经常能够发人深省。

第一节　顾炎武

【人物简介】

顾炎武（1613—1682），明末清初著名学者和杰出思想家。初名绛，字宁人，明亡后改名炎武，号亭林，昆山（今属江苏）人。少年时参加“复社”反对宦官擅权的斗争。清兵南下，他又参加抗清武装起义。失败后，仍纠合同道，不忘兴复。清廷曾多次逼迫他参加纂修《明史》，均遭严词拒绝。一生律己严格，操行卓越，身处逆境而终无颓唐之想，表现出坚定的民族气节和不屈精神。在学术方面，顾炎武注重实学，凡天文、地理、水土、兵农、历代典章，无不熟究。在经学、音韵学、史学、文学诸方面有很深造诣。研究经学审核名实，开清代朴学风气；主张“文不苟作”，“须有益于天下”，治学强调“经世致用”，反对空谈。其主要著作有《亭林诗文集》、《日知录》、《音学五书》、《韵补正》、《天下郡国利病书》等。代表作《日知录》较为系统阐述了他在哲学、政治、经济学等方面的观点，对遏制贪污腐败，营造良好世风，提出了深邃细致的见解。

廉耻

【原文】

《五代史·冯道传论》曰：“礼义廉耻，国之四维。四维不张，国乃灭亡。”善乎，管生之能言也！礼义，治人之大法；廉耻，立人之大节。盖不廉则无所不取，不耻则无所不为。人而如此，则祸败乱亡亦无所不至。况为大臣，而无所不取，无所不为，则天下其有不乱，国家其有不亡者乎！”然而四者之中，耻尤为要。故夫子之论士，曰：“行己有耻①。”孟子曰：“人不可以无耻。无耻之耻，无耻矣。”又曰：“耻之于人大矣，为机变之巧者，无所用耻焉。”所以然者，人之不廉而至于悖礼犯义，其原皆生于无耻也。故士大夫之无耻，是谓国耻。

吾观三代以下，世衰道微，弃礼义，捐廉耻，非一朝一夕之故。然而松柏后凋于岁寒②，鸡鸣不已于风雨③，彼昏之日，固未尝无独醒之人也。顷读《颜氏家训》有云："齐朝一士夫尝谓吾曰：'我有一儿，年已十七，颇晓书疏。教其鲜卑语及弹琵琶，稍欲通解，以此伏事公卿，无不宠爱。'吾时俯而不答。异哉，此人之教子也！若由此业自致卿相，亦不愿汝曹为之。"嗟乎！之推不得已而仕于乱世，犹为此言，尚有《小宛》④诗人之意，彼阉然媚于世者，能无愧哉！

罗仲素曰："教化者，朝廷之先务；廉耻者，士人之美节；风俗者，天下之大事。朝廷有教化，则士人有廉耻；士人有廉耻，则天下有风俗。"〔1〕

【注释】

①行己有耻：语出《论语·子路》。子贡问何谓"士"，孔子曰："行己有耻；使于四方，不辱君命。"

②松柏后凋于岁寒：语出《论语·子罕》："岁寒，然后知松柏之后凋也。"

③鸡鸣不已于风雨：语出《诗·郑风·风雨》："风雨如晦，鸡鸣不已。"

④《小宛》：指《诗·小雅·小宛》。该诗的作者自叹生于乱世为生活奔波，自勉并勉励兄弟保持操守，以无愧于先人。

〔1〕顾炎武著、黄汝成集释，栾保群、吕宗力校点：《日知录集释》卷十三《廉耻》，上海古籍出版社2006年12月第1版（下同），第772—773页。

【译文】

《五代史·冯道传论》说道：“‘礼义廉耻，国之四维，四维不张，国乃灭亡。’说得好啊，管子善于立论哪！礼义是治理人民的大法；廉耻，是为人立身的大节。大凡不廉便什么都去拿；不知耻便什么都去做。人到了这种地步，那便灾祸、失败、逆乱、死亡，也就都随之而来了。何况身为大臣，什么都拿，什么都做，那么天下哪有不乱、国家哪有不亡的呢？”然而在这四者之间，知耻尤其重要。因此孔子论及怎么才可以称之为士时说道：“个人处世必须有羞耻之心。”孟子说：“人不能没有羞耻心，对可耻的事不感到羞耻，便是无耻了。”又说：“知耻对于人关系大极了，那些搞阴谋诡计耍花样的人，是根本谈不上知耻的。”其所以如此，是因为一个人的不廉洁，乃至于违犯礼义，都是由于没有羞耻之心哪。因此士大夫的无耻，可以叫做国耻。

我考察自夏商周三代以下，社会道德日益衰微，礼义被抛弃，廉耻被捐弃，不是一朝一夕的事了。但是凛冽的寒冬中有不凋的松柏，风雨如晦中有警世的鸡鸣，那些昏暗的日子中，实在未尝没有独具卓识的清醒者啊！最近读到《颜氏家训》，上面有一段话说：“齐朝一个士大夫曾对我说：‘我有一个儿子，已经十七岁了，颇能写点儿文件书牍什么的。教他讲鲜卑话，也学弹琵琶，让他稍为通晓一点儿，用这些技能侍候公卿大人，到处受到宠爱。’我当时低头不答。奇怪呀，这个人竟是这样教育儿子的！倘若通过这些本领能使自己做到卿相的地位，我也不愿意你们这样干。”哎！颜之推不得已而于乱世为官，尚且能说这样的话，还有《小宛》诗人坚持操守的精神，那些卑劣地献媚于世俗的人，能不感到惭愧吗？

罗仲素说：“教化是朝廷首要的事务，廉耻是士人美好的节操，风俗是天下的大事。朝廷有教化，士人便有廉耻；士人有廉耻，天下才有良风美俗。”

【评述】

顾炎武生于明清改朝换代之际，亲见了诸多民族立场不坚定、丧失廉耻的读书人背离士人信念的种种行径。他的廉耻思想秉承德治传统，而又源于其亲身所见所闻。其《廉耻》一文突出“知耻”的重大意义，既是强调为人的信念节操，又击中了历代以来反腐倡廉文化建设的要害。“风俗者，天下之大事。朝廷有教化，则士人有廉耻；士人有廉耻，则天下有风俗”。顾炎武通过引述这一段话，明确提出了通过宣传教育，移风易俗，塑造廉洁的社会风尚的主张。强调标本兼治，加大治本力度，从源头上和制度上加强党风廉政建设是必要的。大量事实表明，光有制度还不够，还必须有廉洁文化的支撑，必须依靠廉洁的社会风尚遏制腐败思想，并为廉政制度的落实提供意识形态支撑。而加强廉政文化建设，必须紧紧围绕领导干部的廉耻教育这个核心。“朝廷有教化，则士人有廉耻。”顾炎武所讲的正是要通过国家的教育使士大夫具有廉耻观念，然后通过士大夫的示范作用塑造廉洁的社会风尚。廉政文化建设，最终的目标是通过道德观、价值观、廉耻观教育，形成以廉为荣、以贪为耻的社会风尚和舆论氛围。

除贪

【原文】

盖自永乐时，赃吏谪令戍边，宣德中改为运转纳米赎罪，寖至于宽，而不复究前朝之法也。呜呼，法不立，诛不必，而欲为吏者之毋贪，不可得也。

……今之贪纵者，大抵皆才吏也，苟使之惕于法而以正用其才，未必非治世之能臣也。

《后汉书》称袁安"为河南尹，政号严明，然未尝以赃罪鞫人"。此近日为宽厚之论者所持以为口实。乃余所见，数十年来姑息之政，至于纲解纽弛，皆此言贻之弊矣。

……宋包拯戒子孙："有犯赃者，不得归本家，死不得葬大茔。"此今日士大夫教子孙者之法也。[1]

【译文】

大概从永乐年间开始，犯贪赃罪的官吏被罚流放边地戍边，到宣德中期改为缴纳粮米即可赎罪。就这样，惩贪的力度逐渐放宽，进而不再深究前朝的严法。哎，不建立严厉的法律，该诛杀的贪官不诛杀，这样却想让当官的人不贪污，是做不到的。

……今天的贪污放纵的官员，多数是有才能的官吏。如果能够使他们警惕于法律并且积极地使用他们的才能，这些人未必不是治世的能臣哪。

〔1〕《日知录集释》卷十三《除贪》，第786—787、789、790页。

《后汉书》称袁安“主政河南时，政令严明，但是没有以贪赃的罪名审讯官员”。这是近来持宽厚论者所依据的口实。就我看来，数十年宽厚姑息的政治导致国家纲常法令都废弛了，这都是宽厚论遗留的弊病啊。

……宋代包拯告诫子孙：“我们家犯了贪赃罪的人，不许归为本家，死了也不许葬在祖坟地里。”这正是今天的士大夫们教育子孙时应当使用的方法呀。

贵廉

【原文】

汉元帝时，贡禹上言：“……武帝始临天下，尊贤用士，辟地广境数千里，自见功大威行，遂从①耆②欲。用度不足，乃行一切之变，使犯法者赎罪，入谷者补吏，是以天下奢侈，官乱民贫，盗贼并起，亡命者众。……今欲兴至治，致太平，宜除赎罪之法。相守选举不以实及有赃者，辄行其诛，亡③但免官。则争尽力为善，贵孝悌，贱贾人，进真贤，举实廉，而天下治矣。”〔1〕

【注释】

①从：同“纵”，放纵。

②耆：同“嗜”，嗜好。

③亡：通“无”，没有，不。

〔1〕《日知录集释》卷十三《贵廉》，第790、791页。

【译文】

汉元帝时，贡禹上书说道："……汉武帝开始君临天下时，尊重贤良，重用士人，开辟国土，扩张边境达数千里，他觉得自己功劳大了，权威重了，于是就放纵了自己的嗜好和欲望。用度不够了，于是把一切法规都变了：让犯法的人用钱赎罪，让缴纳粮米的人补了官缺，由此导致天下风俗变得奢侈起来，官场乱了，百姓穷苦了，强盗和贼人都起来了，亡命之徒多了起来。……今天要建立清明的政治，达到社会太平，应当去除以钱赎罪的制度。宰相和太守中选拔官吏不以实际政绩为依据的，还有贪污受贿的官员，不但要革职罢官，还要施以诛杀重刑。这样，官员们就会争着尽力做好事情，以孝悌之人为贵，以商贾之人为贱，为朝廷推荐真正的贤良，选拔确实廉洁的人，这样就可以天下大治了。"

【评述】

比起廉耻思想来，顾炎武在《除贪》和《贵廉》两篇短文中表述的关于除贪贵廉的思想和廉政建设的关联更为直接。顾炎武的主张大概可以总结为：要严明法纪以惩贪，对贪官要严厉打击惩处，廉洁教育要严格，应当杜绝以钱赎罪的规定，举荐贤良廉洁的人，在贪官犯法之前注重预防教育。今天我们的社会已经没有了以钱赎罪的制度，但贪赃枉法的情况仍然存在，所以顾氏所总结的历史教训仍然值得我们反思。加大惩处腐败的力度是廉政建设的有力保证，严厉打击贪官是古今中外治国的重要手段。顾氏关于严格的廉洁教育、爱护和合理使用"才吏"的思想尤其值得我们深思。不教而诛历来是执政者不愿接受的指责，但实际情况是，许多贪官正是由于没有受到严格的廉洁教育而违法犯罪的。这种廉洁教育既应当来自正式渠道的宣教，也应当包含像包拯那样严格的家庭教育。“今之贪纵者，大抵皆才吏也，苟使之惕于法而以正用其才，未必非治世之能臣也。”这一句话对今天的借鉴价值尤其大。许多治世之能臣往往是因为对法律不够警惕和敬畏，在腐败文化的影响下不自觉地走上了犯罪之路。如果加强对官员的教育、保护和合理使用，不少违法犯罪是可以避免的。

清议

【原文】

乡举里选，必先考其生平，一玷清议，终身不齿。

……天下风俗最坏之地，清议尚存，犹足以维持一二。至于清议亡而干戈至矣。

……命刑部录内外诸司官之犯法罪状明著者，书之申明亭①。此前代乡议之遗意也。后之人视为文具，风纪之官但以刑名②为事，而于弼教新民之意若不相关，无惑乎江河之日下已。[1]

【注释】

①申明亭：明太祖朱元璋于洪武五年（1372 年）创建的读法明理、彰善抑恶、剖决争讼小事、辅弼刑治之所。设申明亭处，也必设旌善亭，亭上书写善人善事、恶人恶事，以示惩劝。城乡

〔1〕《日知录集释》卷十三《清议》，第 764、766 页。

各坊里厢，都例置二亭。申明亭是治理乡村和解决纠纷的一种制度形式，是宣讲明王朝法制与政令，调处民间纠纷的场所。每里推选年高有德之人掌其事，曰老人，里长襄助。老人的任务是行教化，理词讼，宣讲圣旨或谕旨。老人定期向里中百姓宣读讲解《大诰》、《大明律》、《教民榜》等法律或者教化文件。凡遇婚姻、田产、地基、斗殴等纠纷，须先在申明亭调解，调解无效者才移送官府。

②刑名：刑罚，法律。

【译文】

乡里选举贤良人士，一定会先考察其生平，一个人一旦被清议所批评，则终身为人所不齿。

……即使是天下风俗最坏的地方，只要清议还有存在的空间，则其社会政治仍然可以维持一二。如果一个社会连清议也没有了，这个社会就要发生动乱了。

……命令刑部将内外官员中罪迹昭彰者的名字书写于申明亭中。这种做法体现了前代乡里清议的遗意。但是后代的人将申明亭这样的东西视为文饰摆设，掌管风俗纲纪的官员仅仅以刑罚之事作为自己的工作，认为辅助教化百姓之类和自己并不相关，这就难怪世道江河日下了。

直言

【原文】

救民以事，此达而在上位者之责也。救民以言，此亦穷而在下位者之责也。

“天下有道，则庶人不议。”①然则政教、风俗苟非尽善，即许庶人之议矣。[1]

【注释】

①天下有道，则庶人不议：天下太平，老百姓对政治就没有什么好议论、批评的了。源自《论语·季氏》：“天下有道，则政不在大夫。天下有道，则庶人不议。”

【译文】

以实际的事功来救助黎民百姓，是位居高位的官员的责任；以著书立说仗义执言来救助黎民百姓，是不显贵的在野士子的责任。

“如果社会政治的发展合乎规律，尽善尽美，天下太平，那老百姓当然就没什么好批评议论的了。”但是如果政治教化风俗不是尽善尽美，就应当允许庶民议论批评。

【评述】

在《日知录·清议》中，顾炎武考证了“清议”的来源：清议是早期皇帝作为乡民推荐当地名流做官的一种方法而形成的，最初清议并不是表达不同意见的一种权利，但是在后来的发展中，清议确实发展出了一种社会舆论的功能。因为清议最初所指的是对谋求地方官职者的颂扬和批评，这种褒贬评价机制最终发展为

〔1〕《日知录集释》卷十九《直言》，第1084—1085页。

一种影响力非常大的习俗和舆论力量，一种和严厉的法律惩罚机制类似的制约丑恶势力和行为的机制。所以顾炎武力主开展清议，提倡士人直言议政，议论批评“政教风俗”之弊。允许庶人议政乃是中华民族历代开明政治家的优秀传统。顾炎武所谓“穷而在下位”所指的即是类似于他本人一样的普通读书人，他所争取的是这类人发表其政见的权利，对政教风俗予以批评的权利。从廉政的意义上看，清议和直言形成的习俗和舆论可以造就一种社会压力，使贪官污吏不敢肆无忌惮。但是顾炎武所谓的清议和直言，在原始民主社会和当代民主社会才可能发挥较大的作用，在清代极端专制的封建社会中，清议和直言这样的舆论监督是很难有生存空间的。从今天的角度来看，舆论的兴废确是风俗转移的关键；而是否容忍、鼓励和接受批评意见也是考验执政能力的关键。

低俸禄难以养廉

【原文】

今日贪取之风，所以胶固于人心而不可去者，以俸给之薄而无以赡其家也。昔者……汉宣帝神爵三年诏曰：“吏不廉平则治道衰。今小吏皆勤事而俸禄薄，欲其毋侵渔百姓，难矣。”……玄宗天宝十四载制曰：“衣食既足，廉耻乃知。至如资用靡充，或贪求不已，败名冒法，实此之繇。”……今之制，禄不过唐人什二三，彼无以自赡，焉得而不取诸民乎？

……前代官吏皆有职田，故其禄重。禄重则吏多勉而为廉。[1]

【译文】

现在官吏的贪腐之风之所以盘踞人心、除之不去，其原因在于官吏的俸禄太少，难以赡养家室。原先……汉宣帝在神爵三年（前59年）曾经下诏说："官吏如果不够清廉公正，那么就表明这个政府的政治之道正在衰微。今天的小官吏都勤于职守，但俸禄很少，想让他们不去向百姓搜刮，确实很难哪。"……唐玄宗在天宝十四载（755年）也曾降旨说："人们衣食富足了，就知道顾及做人的廉耻了。至于那些钱粮资用不够充实，有的人就会贪求不止，败坏名声，侵犯法律，都是因为如此。"……按今天国家的制度，官员的俸禄不过唐代的十分之二三，无法赡养家室，他们哪能不搜刮百姓呢？……前朝的官吏都有专门的职田，所以他们的俸禄比较丰厚。俸禄丰厚，官吏们自然努力廉洁为政。

【评述】

顾炎武对清以前的职官俸禄与廉洁的关系作了一番考察，在旁征博引的厚重史料罗列中，一针见血地指出了低俸禄和贪污腐败的直接联系。这样的思想是务实的，也是锐利的。即使是在今天，高薪养廉也仍然是国家廉政建设的一种选择。实际上，他的同代人已经提出了省官厚禄的路径选择。但是，顾炎武能够看到中国历代贪污腐败与俸禄之间的关系，眼光比较独特。

---

〔1〕《日知录集释》卷十二《俸禄》，第707、708、709页。

封驳

【原文】

人主之所患，莫大乎“唯言而莫予违”①。……唐制：凡诏敕皆经门下省，事有不便，得以封还。而给事中有驳正违失之掌，著于《六典》。如袁高、崔植、韦弘景、狄兼謩、郑肃、韩佽、韦温、郑公舆之辈，并以封还敕书，垂名史传。……宣宗“以右金吾大将军李燧为岭南节度使，已命中使赐之节，给事中萧仿封还制书。上方奏乐，不暇别召中使，使优人追之，节及燧门而返”。人臣执法之正，人主听言之明，可以并见。……本朝虽罢门下省长官，而独存六科给事中，以掌封驳之任。旨必下科，其有不便，给事中驳正到部，谓之科参。六部之官无敢抗科参而自行者，故给事中之品卑而权特重。[1]

【注释】

①唯言而莫予违：只是我说什么话都没有人违抗我。语出《论语·子路》：“人之言曰：‘予无乐乎为君，唯其言而莫予违也。’”莫予违，即“莫违予”，没有人敢违抗我（的话）。

【译文】

国君的最大隐患，是他的一切言论都没有人敢违抗。……唐代的制度规定，皇帝的诏令、敕书都要经过门下省而后再颁发，

[1]《日知录集释》卷九《封驳》，第525、526、527页。

如果事情有不便实行的，他们可以封还驳正。《唐六典》记载，给事中有驳正诏、敕错误的职责。像袁高、崔植、韦弘景、狄兼謩、郑肃、韩佽、韦温、郑公舆这些曾经担任过给事中的人，都因为封还驳正敕书而垂名青史。……唐宣宗任命右金吾大将军李燧为岭南节度使，当时已经命令中使赐给李燧节度使的符节，给事中萧仿认为不妥，封还制书。唐宣宗看到封还的制书时，正在奏乐，来不及另外传召中使，马上让身边的宫廷艺人去追还已经发出的符节，在符节到李燧的门口时被追上并返还。臣子执法秉持公正，人主听取臣子意见的开明，都在这件事上得到体现。……本朝虽然撤掉了门下省，而单单保留了六科给事中，以执掌封还驳正的重任。皇上的旨意必定要先下到六科，有不便行事的，给事中驳正到六部，这个过程称作科参。六部的官员没有敢于违抗科参而自行其是的，所以给事中虽然官阶不高，但是权力很重。

【评述】

在君主专制的条件下，如何通过制约绝对的权力来增加决策的科学性和民主性，这是历代封建统治者要达到善治必须解决的问题。顾炎武从历代史书中发现了“封驳”制度，即臣僚可以拒绝实行君主的诏令，或将君主的诏令封还驳回。这样的封驳是制约君主绝对权力的有力机制。顾炎武发现，早在春秋战国就出现了这样的“封驳”。但是在唐朝以前，由于“封驳”并没有制度化，所以大臣能否制约君主过分的权力滥用，只能依赖于大臣的良知和勇气。从唐朝开始，“封驳”被制度化了。唐代实行三省六部制度，门下省给事中担负着“驳正违失”的职责，有权将自认为不便颁行的皇帝诏令驳回。皇帝的诏令不经过门下省的认可，是不得称为“敕”的。由此，门下省成为制约皇帝独断专行的政治屏障。明代比前代更加专制，但是，即使裁撤了丞相，却留下了六科给事中，掌封驳之任。这足以说明封驳制度的重要性。说到底，封驳制度是从机构设置和制度设计上保证下级官员有权对君主的错误言论和决策提出反对意见，以制约君主权力。顾炎武之所以特别赞赏封驳制度，其原因就在于封驳制度能够削弱专制对社会的损害。

第二节 黄宗羲

【人物简介】

黄宗羲（1610—1695），字太冲，号南雷，晚年自称梨洲老人，学者称梨洲先生。浙江余姚人。明末清初史学家、思想家。黄宗羲学问渊博，思想深邃，与顾炎武、王夫之并称明末清初三大思想家，与孙奇逢、李颙并称三大儒。清军入关后，黄宗羲组织“世忠营”参加反清战斗达数年之久。失败后返乡闭门著述，屡拒清廷征召。黄宗羲多才博学，尤其在史学上成就很大，他所开创的“浙东史学”一直影响到近现代。黄宗羲一生著述多达一百二十种，一千三百卷，二千余万字。其中最为重要的有《明儒学案》、《宋元学案》、《明夷待访录》等。其从民本立场抨击君主专制制度的著述影响深远，堪称“中国思想启蒙之父”。他的政治理想主要集中在《明夷待访录》一书中。黄宗羲还是一个充满人格魅力的思想家，他在《宋元学案》中留下了铮铮铁骨之言：“大丈夫行事，论是非不论利害，论顺逆不论成败，论铮万世不论一生。”

天下治乱在万民之忧乐

【原文】

我之出而仕也，为天下，非为君也；为万民，非为一姓也。……天下之治乱，不在一姓之兴亡，而在万民之忧乐。是故桀、纣之亡，乃所以为治也；秦政、蒙古之兴，乃所以为乱也；晋、宋、齐、梁之兴亡，无与于治乱者也。为臣者轻视斯民之水火，即能辅君而兴，从君而亡，其于臣道固未尝不背也。夫治天下犹曳大木然，前者唱邪，后者唱许①。君与臣，共曳木之人也。……出而仕于君也，不以天下为事，则君之仆、妾也；以天下为事，则君之师友也。〔1〕

【注释】

①前者唱邪（yé），后者唱许（hǔ）：即前呼后应之意。邪、许，象声词，劳动时众人一齐用力所发出的呼声。

【译文】

我们出来做官，是为了天下苍生，不是为了君王；是为了万民百姓，不是为了一家一姓。……天下太平还是天下大乱，不在于君王一家一姓的兴亡，而在于万民百姓的忧苦和喜乐。所以像桀、纣那样的暴君灭亡了，是天下安定太平的开始；秦朝、元朝

---

〔1〕 黄宗羲著，李伟译注：《明夷待访录译注·原臣》，岳麓书社 2008 年 5 月第 1 版（下同），第 13、14、15 页。

这样实行暴政的朝代兴起了，是天下大乱的根源；晋、宋、齐、梁等朝代的兴亡，则与天下的太平和动乱没有关系。做臣子的如果轻视百姓的苦难艰辛，就算辅助君王建立新的朝代，或者为君王牺牲，其实对臣道来讲未尝不是一种背离。治理天下犹如拖拽大木头一样，前面的人呼，后面的人应。君王和大臣，就是共同拖拽木头的人。……我们出来做官，如果不以天下苍生为念并造福百姓，那么就与君王的奴仆姬妾无异；如果能以天下苍生为念并造福百姓，那么就能够成为君王的师傅和朋友。

【评述】

黄宗羲以反对君权的民主启蒙思想家著称于世。这一思想集中表现在他的《原君》和《原臣》中。在《原君》中，黄宗羲提出："以天下为主，君为客"，"为天下之大害者，君而已矣！"君权的对立面，也就是黄宗羲立论的逻辑基点是民主和民本。所以这里集中选取了能够代表黄宗羲民本主义思想的文字。本段文字选自《原臣》，文章的思想集中表现在以下三句中："我之出而仕也，为天下，非为君也"；"君与臣，共曳木之人也"；"以天下为事，则君之师友也"。在黄宗羲看来，士人出仕不是服务于君王一人，更不是像奴仆姬妾一样服侍君王，而是为天下大治，为苍生造福。君王与大臣是共同拖拽大木头的人，是共同治理天下的同道，是师友的关系。这才是正确的臣道。所谓《原臣》，就是要讲这样一个道理。这样一个道理看似普通，但在古代，绝大多数臣子是看君王脸色、靠揣测君王心思行事的。在他们看来，这绝对是惊世骇俗之论。黄宗羲之论，既阐明了正确的臣道，也表达了他对一种朦胧的民主政治体制的追求。在今天看来，那种以天下苍生为念、以天下为己任的理想和情怀有一定启示意义。

学校祭酒直言议政

【原文】

东汉太学三万人，危言①深论，不隐豪强，公卿避其贬议。宋诸生伏阙捶鼓，请起李纲②。三代遗风，惟此犹为相近。使当日之在朝廷者，以其所非是为非是，将见盗贼奸邪慑心于正气霜雪之下！君安而国可保也。……

太学祭酒③，推择当世大儒，其重与宰相等，或宰相退处为之。每朔日④，天子临幸太学，宰相、六卿、谏议皆从之。祭酒南面讲学，天子亦就弟子之列。政有缺失，祭酒直言无讳。……

郡县朔望⑤，大会一邑之缙绅士子。学官讲学，郡县官就弟子列，北面再拜。师弟子各以疑义相质难。其以簿书期会，不至者罚之。郡县官政事缺失，小则纠绳，大则伐鼓号于众。其或僻郡下县，学官不能骤得名儒，而郡县官之学行过之者，则朔望之会，郡县官南面讲学可也。若郡县官少年无实学，妄自压老儒而上之者，则士子哗而退之。[1]

【注释】

①危言：直言。

②请起李纲：1126 年，金兵侵宋。兵部侍郎、尚书右丞李纲

[1]《明夷待访录译注·学校》，第 41、43—44 页。

竭力主战。宋钦宗惧怕金兵之势，听信投降言论，罢免李纲之职。几百名太学生至皇宫宣德门外，上书请愿，要求朝廷起用李纲。

③祭酒：学官名。汉代有博士祭酒，为博士之首。西晋改设国子祭酒，隋唐以后称国子监祭酒，为国子监的主管官。

④朔日：夏历月之初一日。

⑤望：即望日。天文学上指月亮圆的那一天。

【译文】

东汉时，太学有学生三万人，他们敢于发表正直深刻的言论，即使对于豪强权势也不掩饰隐讳真实的评论，公卿们都纷纷躲避来自太学的劣评。宋代时，儒生们伏在宫阙门外捶鼓，请求起用李纲。这两个时期的风气和三代时的遗风非常相似。如果当时的朝廷以他们的是非为是非，那还可以看到盗贼奸邪之徒被霜雪一样凛然的正气所慑服，还可以使得君主安泰而国家得以保全。

大学中的祭酒由当世有声望的大儒来担任，其地位与宰相相等，或者由不再担任宰相的官员担任。每月初一，天子率领宰相、六卿、谏议亲临太学。祭酒南面而坐讲学，天子也位居弟子之列。天子的政治如有缺失，祭酒直言不讳。

每逢朔望之日，郡县官要会见县邑之内的缙绅士子。学官讲学之时，郡县官就弟子之列，并且朝北面而拜。于是，老师、弟子各自提出有疑义的问题互相质疑问难。郡县官由于处理文书、政务而不能来的，也要对之有所惩罚。对于郡县官的政治事务缺失，小的就要检举纠正，大的就在民众中大张旗鼓地讨伐。那些偏远地僻的郡县，如果一时间不能请到有名望的儒生，而其郡县官的学问品行较突出的，那么郡县官也可以在朔望之会上南面讲学。如果郡县官年少而无实学，却还妄自欺压资格老的儒生并位居其上，那么士子可以群起而罢黜他。

【评述】

黄宗羲所设想的学校，有评论朝政和舆论监督的作用。黄宗羲主张学校要分析时事时政，要明是非之理，也要对政府行为进行舆论监督。这种学校议政并执行舆论监督的观点来自儒家知识分子的“清议”传统，具有民主的色彩，在当时是非常进步的，甚至影响了清末的社会革命；但实事求是地讲，我们也不可过分夸大黄宗羲的这种民主设想的价值，毕竟在实践中没有民主的封建专制主义时代，再有想象力的思想家也无法超越时代的局限，黄宗羲的思想还只是民主思想的萌芽。

第三节　王夫之

【人物简介】

王夫之（1619—1692），字而农，号姜斋，湖南衡阳人。晚年居衡阳之石船山，学者称船山先生，是明清之际杰出的思想家，与顾炎武、黄宗羲并称为明末清初三大思想家。明崇祯年间，王夫之求学岳麓书院，师从吴道行，继承了其湖湘学统中的济世救民思想。明亡，在衡山举兵抗清，阻击清军南下，战败后隐居深山潜心治学，写出了大量的著作。王夫之学问渊博，对天文、历法、数学、地理学等均有研究，尤精于经学、史学、文学。所著经后人编为《船山遗书》。其著作主要有《周易外传》、《尚书引义》、《张子正蒙注》、《思录内外篇》、《黄书》、《噩梦》、《读通鉴论》和《宋论》等。五十一岁时他自题堂联“六经责我开生面，七尺从天乞活埋”，反映出他的学风和志趣。七十一岁时他自题墓石：“抱刘越石之孤忠”、“希张横渠之正学”，表白他的政治抱负和学风。

严以治吏

【原文】

严者，治吏之经也；宽者，养民之纬也；并行不悖，而非以时为进退者也。……故严以治吏，宽以养民，无择于时而并行焉，庶得之矣。[1]

【译文】

严格，这是吏治的法宝；宽厚，这是养民的法宝；这两者同时施行并不冲突，也不是说要到了某时才有所取舍的。……所以严格治吏，宽厚养民，一直这样同时施行。这样应该说是掌握了治世之道了吧。

【评述】

《读通鉴论》是王夫之对古今治乱经验的思考，其中充满了忧患意识和反思意识。宽猛相济的政治哲学思想来源于孔子和韩非

[1] 王夫之：《读通鉴论》卷八，中华书局1975年7月第1版（下同），第239页。

子。孔子讲："政宽则民慢，慢则纠之以猛；猛则民残，残则施之以宽。宽以济猛，猛以济宽，政是以和。"王夫之发扬了孔子的思想，将针对于被统治者的施政原则改变为针对民众和官吏的管理原则；尤其是明确提出"严以治吏"是行政之"经"，这一点是非常独到的，是韩非子"明主治吏不治民"思想的发展。吏治状况事关国家的命脉、民族的前途。王夫之主张对贪腐的官吏，无论大小，全都不可姑息宽纵，必须严加惩处；同时又主张对民众要宽以养之。这样的思想具有民本和民主的色彩。

严之于上官

【原文】

严下吏之贪，而不问上官，法益峻，贪益甚，政益乱，民益死，国乃以亡。群有司众矣，人望以廉，必不可得者也。中人可以自全，不肖有所惮而不敢，皆视上官而已。上官之虐取也，不即施于百姓，必假手下吏以为之渔猎，下吏因之以雠①其箕敛②，然其所得于上奉之余者亦仅矣。而百姓之怨毒诅咒，乃至叩阍号诉③者，唯知有下吏，而不知贼害之所自生。下吏既与上官为鹰犬，复代上官受缧绁④，法之不均，情之不忍矣。

……故下吏之贪，非人主所得而治也，且非居中秉宪者之所容纠也，唯严之于上官而已矣。严之于上官，而贪息于守令，下逮于簿尉胥吏，皆喙息而不敢逞。[1]

〔1〕《读通鉴论》卷二十八，第1032、1033页。

【注释】

①雠（chóu）：售。

②箕敛：以箕收取。谓苛敛民财。

③叩阍号诉：指官吏、百姓到朝廷诉冤。叩阍，叩击宫门。号诉，哭诉。

④缧绁：拘系犯人的绳索，引申为囚禁。

【译文】

对下级官吏贪赃枉法行为处理严厉，而对上级官吏却不加追究，这样，法律越严，贪赃枉法的现象就越严重，国家的政治也就越混乱，也就越民不聊生，国家就会走向灭亡。官员人数众多，要每个人都成为清廉之官是不可能的。中等水平的官员可以自我保全，不贤良的官吏有所忌惮而不敢贪，都要看上面的高官是否清廉。上级官吏残暴贪取，不会直接针对百姓，一定是利用下面的官吏为他侵占掠夺。下层官吏因此大肆苛敛民财，但是他们所苛敛的民财在供奉上司之外自己得到的并不多。然而百姓中咒骂贪官的，到官府诉冤的，只知道下层官吏苛敛掠夺，不知道祸害的根源在上层高官身上。下吏既是上官的鹰犬，又代替上官受牢狱之苦，这实在是于法不均、于情不忍哪！

所以下级官吏的贪，不是君主能够直接整治了的，也不是居中把持法令的官员所能检举得尽的，只有严厉整治高级官员的贪才能终止下级官吏的贪。严厉整治高级官员，则可以使守令不再贪，一直到簿尉胥吏等小吏都会收敛而不敢放肆。

【评述】

王夫之不但主张“严以治吏”，而且指出要从严整顿吏治，必须抓住要害，“唯严之上官”。若是避重就轻，弃大抓小，不问上官，只严下吏，则“法益峻，贪益甚，政益乱，民益死，国乃以亡”。王夫之从严整治高官的观点确实具有一定启示意义。

省官增俸

【原文】

省官以清吏治，增俸以责官廉，开宝之制，可谓善矣。[1]

【译文】

裁汰冗员，来达到吏治清简的目的；增加俸禄，来求得官员的廉洁。宋太祖开宝年间的制度，可以说是很好的。

【评述】

在一定的生产力水平之下，冗官必然会增加行政成本，降低行政效率，进而必然会增加民众的负担，且导致官员俸禄的降低，最终导致腐败。针对冗官多而事不理这一状况，王夫之肯定了历史上省官以责廉的制度，即“省官以清吏治，增俸以责官廉”。建立厚禄养廉制度，在经济上保障官员生活，可以养成官吏的廉耻之心，是防止腐败的重要条件之一。相反，如果俸禄过薄，官吏们无法自养，手握行政权力的他们必然会通过贪污受贿的方式满

〔1〕 王夫之：《宋论》卷一《太祖》，岳麓书社1992年5月第1版（下同），第38页。

足自己的欲望。实际上，王夫之的这种思想在后来雍正实行的养廉银制度中部分得到了实现。

环相为治

【原文】

故谏官以其犯颜无讳之危言，绳之于早，纠之于微，则木不腐而蠹不生，形不污而影不黯，宰相之可否，入明鉴之中，莫能隐蔽。

宰相之用舍听之天子，谏官之予夺听之宰相，天子之得失则举而听之谏官，环相为治。[1]

【译文】

所以谏官凭借他敢于冒犯、无所忌讳的直言，在事情初期、萌芽阶段就加以纠正，那么木不腐而寄生虫也不会生，形象不污浊，影子自然也不会晦暗。宰相任用的取舍标准，就像进入明镜之中一样，不能有丝毫的隐瞒。

宰相的任用听凭天子，谏官建议的采纳与否听凭宰相，天子的得失则要听凭谏官，这样环环相扣，方为治道。

【评述】

王夫之所提出的“君、相、谏官”三者“环相为治”的主张，是他在总结历代王朝兴亡的经验特别是明王朝灭亡的教训之后，在借鉴唐朝封驳制度的基础上提出的政治高层权力制衡机制。

---

〔1〕《宋论》卷四《仁宗》，第122、123页。

此权力制衡机制可以有效地制约君权和相权，提高政治决策的科学性。对权力的监督是防止权力腐化的必要条件。王夫之所提出的“环相为治”的权力制衡机制，无疑是非常有见地的。

第四节 清太祖爱新觉罗·努尔哈赤

【人物简介】

清太祖爱新觉罗·努尔哈赤（1559—1626），出生在建州左卫苏克素护部赫图阿拉城（今辽宁省新宾县）的一个满族奴隶主家庭。明万历十一年（1583 年），以祖、父遗甲十三副起兵，历时三十多年统一了女真各部。四十四年，在赫图阿拉建元称汗，国号大金（史称后金），建元天命。天命三年（1618 年）起兵反明，十一年（1626 年）在进攻宁远（今辽宁兴城）时，被袁崇焕击败，受伤，于八月去世。清朝建立后，被追尊为太祖。

求谏

【原文】

努尔哈赤谕：“凡贝勒以忠诚事君，奏对之间无有大于尽言规谏者。贝勒既尽言规谏，人君能听而受之，斯善矣。夫事方兴而即谏者，上也。事已完而后谏者，下也。至于知而不谏，非忠直之人也。进谏者，凡应奏之言，有闻即以入告，则治道有不裨益者乎?”[1]

【译文】

努尔哈赤发布指示说:“贝勒以忠诚服务于君主,上奏对答之中,没有比知无不言的上书规谏更能体现这种忠诚的了。贝勒既尽言规谏,人君能听取他的建议,这样很好。当事情还在萌芽阶段时就去规谏的,这是上好;当事情已经发生而去规谏的,这是下好。至于知道而不去规谏的,便不是忠直的人。进谏的人,凡是应当上奏的建议,一旦知道就立刻告诉君主,那么这样对治道不是很有帮助吗?”

【评述】

努尔哈赤统一女真各部之后,于明万历四十四年(1616年)建立“大金国”,建元称汗。开国大典之时,努尔哈赤向臣子求谏。在当时的情况下,所谓大金国还处于初创阶段,清代后来比较系统的政治制度还没有建立。努尔哈赤能够在制度初创的情况下首先重视进谏,足见纳谏对于治国理政的重要性。

第五节 清太宗爱新觉罗·皇太极

【人物简介】

清太宗爱新觉罗·皇太极(1592—1643),努尔哈赤第八子。

---

[1] 《清太祖实录》卷五,转引自彭勃主编《中华监察执纪执法大典》,中国方正出版社2002年1月第1版(下同),第422页。

天命十一年（明天启六年，1626 年）在沈阳继后金汗位。次年改元天聪。他对内大力推行封建化的改革，加强中央集权；对外相继征服了漠南蒙古和朝鲜，并多次带兵攻打明朝，将西部边界扩张至锦州、宁远一线。1636 年，皇太极控制漠南蒙古后改国号为“大清”，正式称帝，改元崇德，是清王朝的实际建立者和开国皇帝。

求直言过失

【原文】

皇太极御书三函求直言过失：一与两大贝勒，二与议政十贝勒，三谕八大臣。在与议政十贝勒书中云：“嗣登君位，六年于兹，未闻尔等一言规朕之过，岂以朕为不可与言者乎？朕思尔等未尝有竭忠尽言以致摈弃者，是朕未尝不乐闻己过也。今闻国人皆有怨言，此岂无所阙失而然。所以然者，总因审理刑狱，以致多怨耳。或有乖国法审断不公与？抑朕躬耽于佚乐与，黩于财货与？朕孑然独处，不自知其非，尔等旁观者明，于上下诸人之过，必皆见之，知而不言，以期为治，难矣！此后，凡有所见，即宜直言，朕与诸贝勒之过愆，以及百姓之疾苦，各据所知，一一指陈，无有所惧而嘿嘿也。尔诸贝勒，有宜公言于朝者，会议以闻，至国家法纪，臣民遵守，务期至当。有宜更改者，作何更改，即各以所见敷奏焉。”〔1〕

〔1〕《清太宗实录》卷八，转引自《中华监察执纪执法大典》，第 423 页。

【译文】

皇太极亲自写了三封函书，一封给两大贝勒，一封给议政十贝勒，一封给八大臣，要求他们直言他的过失。在与议政十贝勒的信中写道："我承先祖登上帝位，到今年已经六年，没听到过你们为劝谏我的过失进过一言，难道你们是觉得我不能说吗？我想诸位从来没有因为进尽忠言而导致被摈弃不用的，说明我是很乐意听到你们直言我的过错的。现在我听说国人都有怨言，这肯定是有缺失所致，之所以这样，不外乎是由于审理刑狱，以致积怨很多罢了。或者是有触犯国法而审断不公的吗？或者由于我沉溺享乐，或者是我贪财所致？我经常独处，很难自己察觉过失，你们旁观者明，对上下诸人的过失，肯定都见到了，知而不言，却想达到国家大治，很难哪！此后，凡所见到的，就应该直言不讳。我和诸贝勒的过失，以及百姓疾苦，你们各自根据自己所知道的，一一直说，不要有所畏惧而默不做声。你们这些贝勒，如果有适合朝廷的建言，可以直说，对于臣民都要遵守的国家法纪，务必落到实处。有需要更改的，怎样更改，你们各自根据自己的见解陈述上奏。"

直言勿讳　直行纠劾

【原文】

皇太极求谏："朕虚怀听览，乐闻谠言[①]。如朕所行未协乎义，宜直言勿讳。政事或有愆忘[②]，宜开陈无隐。或六部事有不公，诸臣奸伪贪邪，宜直行纠劾。即诸臣或有艰苦之情，亦宜据实奏闻。苟不务直言，而徒远引曲谕，自为身谋纷然陈奏，不惟朕难于观览，即于尔等亦无裨益。嗣否〔后〕凡有建白，惟当直陈，如心有独得，不妨就所创获入献嘉谋。若剿袭故闻，以为陈奏，何益于事耶？”〔1〕

【注释】

①谠言：直言。

②愆忘：过失，疏忽之处。

【译文】

皇太极征求谏言：“我虚心听取意见，乐于听到直言。如果我的行为有不合乎道义的，应该直言不讳。政事或有疏忽，应该直说，不要隐瞒。或者六部的事务有处理得不公正的，诸大臣有奸伪贪邪的，应该马上纠出弹劾。诸大臣或者有难言之苦，也应该据实奏闻。如果不是直言，而只是委婉表达，为自己考虑，这样不仅我很难明白你们的意思，对你们也没有帮助。今后，只要有所建言，只管直言陈奏，如果有独到的体会，不妨将所收获的直接告诉我，如果抄袭旧说，以此来敷衍我，对政事有什么好处呢？”

【评述】

皇太极即位之后，没有收到诸贝勒、诸大臣对自己的直言进谏，因此虚心要求臣属直言自己的过失：“未闻尔等一言规朕之过，岂以朕为不可与言者乎？”他用这样的反问明确表示自己是可

〔1〕《清太宗实录》卷十六，转引自《中华监察执纪执法大典》，第423—424页。

以容纳直言的开明君主，并要求臣属“凡有所见，即宜直言”。皇太极公开表示“朕虚怀听览，乐闻谠言”，这样虚心欢迎批评的态度和其父努尔哈赤类似，说明作为清朝开国皇帝的皇太极很明白批评、规谏和舆论监督对治理国家的重要性。

都察院施政纲领

【原文】

崇德元年，皇太极设立都察院，以明朝降将张存仁为都察院承政，是为都察院最高长官。同时，皇太极召都察院诸臣，发布都察院施政纲领：“尔等身任宪臣，职司谏诤。朕躬有过，或奢侈无度，或误谴功臣，或逸乐游畋、不理政务，或荒耽酒色、不勤国事，或废弃忠良、信任奸佞及陟有罪、黜有功，俱当直谏无隐。至于诸王、贝勒、大臣，如有荒废职业，贪酒色，好逸乐，取民财物，夺民妇女，或朝会不敬，冠服违式，及欲适己意、托病偷安而不朝参入署者，该礼部稽察；若礼部徇情容隐，尔等即应察奏。或六部断事偏谬及事未审结诳奏已结者，尔等亦稽察奏闻。凡人在部控告，该郡王及承政，来往审结，又赴告于尔衙门者，尔等公议，当奏者奏，不当奏者公议逐之。明国陋规，都察院衙门亦通行贿赂之所，尔等当互相防检，有即据实奏闻。若以私仇诬劾，朕察出定加以罪。其余章奏，所言是，朕即从之，所言非，亦不加罪，必不令被劾者与尔面质也。尔等亦何惮而不直陈乎？至于无职庶人，礼节错误，不必指奏。我国初兴制度，多未娴习，尔等教诫而宽释之可也。”[1]

【译文】

崇德元年（1636年），皇太极设立都察院，任命明朝降将张存仁为都察院承政，这是都察院最高长官。同时，皇太极召集都察院诸臣，发布都察院施政纲领：“你们身任宪臣，职责就是谏诤。我自己有过错，或者奢侈无度，或者错罚功臣，或者享乐游猎、不理政务，或者沉迷酒色、不勤国事，或者疏远忠臣贤良、信任奸臣，甚至提升有罪的、罢黜有功的，这些都应当直截了当地进谏，不要隐忍不言。至于诸王、贝勒、大臣，如果有荒废主管的政事，贪恋酒色，喜好逸乐，夺取百姓财物，抢掠民女，或者朝会举止不敬，穿戴不合规定，或者假病偷安不参加朝会的，礼部应该稽查；如果礼部徇私隐瞒，你们应该马上察奏。如果六部决断事务有所偏颇，或者事情没完却谎称已经了结的，你们也应该稽查奏闻。凡是有人在部内控告，负责该部的郡王和承政已经审结，又去都察院告的，你们应该举行公议，当上奏的要上奏，不当上奏的，通过公议将其驱逐。明朝的陋习，都察院也成了贿赂通行的地方，你们要互相检举，有这种情况立即据实奏报使我得知。如果因为私仇诬陷弹劾，我查出一定加罪。其余章奏，所说的是对的，我就听从，所说的不对的，我也不会加罪，一定不让被你弹劾的人与你当面对质。你们还有什么可惧怕而不敢直言的呢？至于普通百姓，礼节错误，就不必指出奏告了。我国制度刚开始建立，许多人都不熟悉，你们要多加教导告诫而容忍他们的过失。”

〔1〕《清太宗实录》卷二十九，又参见《清史稿》卷三《太宗本纪二》。

【评述】

皇太极积极学习汉文化，继承了明代大部分政治制度，仿明朝建立监察机构都察院就是其中一项。在都察院施政纲领中，他指出了都察院的职责、任务并鼓励诸臣认真履职。皇太极提出，都察院应当在三个方面开展工作：第一，对作为皇帝的自己，要在“朕躬有过”的情况下直谏无隐；第二，要在诸王、贝勒、大臣出现问题或六部断事偏谬的情况下稽查奏闻；第三，鉴于明朝政治腐败以至于都察院也成为通行贿赂之所，要求都察院人员互相检举，有不法行为即据实奏闻。而且，为了鼓励都察院放开胆子加大监察力度，皇太极特别指出都察院人员“所言是，朕即从之，所言非，亦不加罪，必不令被劾者与尔面质也”。这种主张是一种宽容开明的政治思想。

第六节　清世祖爱新觉罗·福临

【人物简介】

清世祖爱新觉罗·福临（1638—1661），即顺治皇帝，是皇太极的第九子。崇德八年（1643 年）承袭父位，时年六岁，由睿亲王多尔衮及郑亲王济尔哈朗辅政。次年改元顺治。九月自盛京迁都北京，十月初一日即皇帝位于武英殿。福临是清军入关后清朝的第一位皇帝，十四岁（1651 年）亲政，整饬吏治，推行垦荒，加紧镇压反清势力。二十四岁病死，在位十七年（1644—1661）。

申斥都察院

【原文】

顺治告谕都察院："国家设立都察院职司风纪，为朝廷耳目之官，凡事直言无隐，上自诸王，下至诸臣，孰为忠勤，孰为不忠勤，据实奏闻，方为无忝①其职。……尔等自受职以来，凡有应行陈奏之事，竟未一言。前已有旨申饬，今又数月矣，仍无一人言事，旷职若此，朕简任尔等有何裨益！……自今以后，当敬承朕旨，凡遇有宜言之处，即行奏达，若瞻徇不言，被人参论，朕将于尔等是问，悔无及矣。慎之，勉之！"[1]

【注释】

①忝：辱。

【译文】

顺治告谕都察院："国家设立都察院，职责是纠察行政风纪，都察院官员是朝廷的耳目，凡事应该直言，不要隐瞒，上自诸王，下至诸臣，哪些人忠勤，哪些人不忠勤，应该据实奏告，这样才算是不辱没这个官职。……你们自从任职以来，凡有应该陈奏的事，竟然没有发一言。前些天我已经有旨让你们整治，今天又过了几个月，仍然没有一个人上奏言事，如此疏忽职守，我选拔任用你们有什么用！……从今以后，你们要听我的话，凡是遇到应

〔1〕《清世祖实录》卷六十三，转引自《中华监察执纪执法大典》，第430页。

该进言的，马上上奏给我，如果瞻前顾后，缄口不言，被人参劾论罪，我将追究你们的责任，到时后悔也来不及了。要慎重，要努力！”

【评述】

本段文字的背景是都察院个别官员因旷职而被革退，顺治借机运用典型案例申斥教育都察院官员。都察院的职责在于监察、批评、监督，但是在专制体制之下，在朝廷党争剧烈之际，都察院由于权力受限且顾及自身利益，往往缄口不言。顺治要求“凡事直言无隐”，但是长期“无一人言事”。顺治求直言，主观上是孜孜求治的，但是在特定的政治条件下，都察院的作为会受到限制。

惩治贿赂

【原文】

顺治九年，顺治召集六部诸臣告谕道：“人言各部咸通贿赂，朕固知尔等大臣未必至此，然曹属贪污，亦尔等姑息瞻徇不肯举发之故。尔等若果善善恶恶，正以绳之，则下属何敢贪污？尔诸臣或属旧臣，或系新拔，佥宜①体国厚恩，坚持忠洁，以爱养斯民。民安斯国治，国治斯君臣同乐矣。若此之不思，仍蹈前辙，不分从前之有功无功，但就现在情罪，按法惩治，皆尔等自取也。”〔1〕

〔1〕《清世祖实录》，转引自《中华监察执纪执法大典》，第431页。

【注释】

①佥（qiān）宜：都应该。

【译文】

顺治九年（1652 年），顺治召集六部的大臣们，告谕道："有人说你们各部都收受贿赂，我当然知道你们这些大臣未必真的到了这个地步，然而你们的下属贪污，也是你们姑息徇私不肯举报揭发所致。你们如果真的奖善惩恶，纠正不法行为，那么你们的下属哪个敢贪污？你们这些大臣，有的是旧臣，有的是新选拔的，都应该体恤国家对你们的恩德，坚持忠诚廉洁，以爱护抚养百姓为务。百姓安则国家才能大治，国家大治才能君臣同乐呀。如果不考虑到这一点，重蹈覆辙，不管你们以前有功还是无功，我只根据现在的情形罪责，按照律法惩治，这都是你们自取的。"

【评述】

"尔等若果善善恶恶，正以绳之，则下属何敢贪污？"顺治指出贪污问题的原因之一是位居高层的大臣为官不正。所以顺治要求大臣"善善恶恶，正以绳之"，在理论上是非常正确的。顺治还讲到另一个观点："……爱养斯民。民安斯国治。"在民众和国家的关系上，顺治的头脑是清楚的。所谓治国安民，民安才能国治。

为臣之道

【原文】

自古国家太平之治，率由大小臣工协力和衷，以熙庶绩，乃能久安长泰，流誉靡穷。顾为臣之道，其类不一，大约不植党与，不爱虚名，不营己私，不贪贿利，敬以饬躬①，诚以事上，耿介自立，勤慎莅官②，其至要者矣。若此则品行以端，学术以正，而功业以成。称曰纯臣，庶几无愧。〔1〕

【注释】

①饬躬：正身。

②莅官：赴任，任官到职。莅，临。

【译文】

自古以来国家出现太平盛世，都是大小官员齐心协力、努力建功立业的结果。这样，国家才能长治久安，官员也会流芳百世。做好的官员的道理很多，不一而足，大致说来，不结朋党，不爱虚名，不营私利，不贪贿赂，恭敬正身，忠诚事主，正直地做人，勤谨地为官，是其中最重要的。大臣若践行了这些道理，则品行就会端正，学问就会走上正道，事业就会获得成功。说他们是纯正美善之臣，他们也会问心无愧吧。〔2〕

---

〔1〕 选自顺治钦定纲目，王永吉著、修晓波译注《〈御制人臣儆心录〉译注·植党论》，中国方正出版社1998年9月北京第1版（下同），第23页。

〔2〕 注释、译文参见《〈御制人臣儆心录〉译注·植党论》。

【评述】

本文原题为《植党论》。顺治在位的时间正是明朝朋党习气未尽消除的时段。顺治敏锐地察觉到这种恶习，公开批判了朋党的危害，倡导正确的为臣之道，树立纯臣的标准作为官员的榜样。其中充满顺治对歪风的批判、对正气的倡导、对大臣的告诫。顺治在开国之初大力破除的朋党之风在清代后期并没有像明代一样大肆泛滥，这主要是由于顺治及其后继之君对朋党始终防范甚严。

戒虚名

【原文】

凡为臣者，宜崇实效，不宜务虚名。务名者，其行必骄，其意必浮。苟取一时之声称，而其言与事之当否弗顾也。推原厥①心，以为吾发之于言，举之于事，但可以见吾志、成吾名足矣。至于必可见之施行，必可垂之永久者，则皆贻之君上而彼不与②。夫使人人尽怀好名之心，则国家之实事又将谁倚?〔1〕

【注释】

①厥：其，他的。

②与：过问。

〔1〕《〈御制人臣儆心录〉译注·好名篇》，第28页。

【译文】

凡为人臣者都应该崇尚实效，不宜追求虚名。追求虚名的人，他的行为必然傲慢，想法必然肤浅。为了暂且取得一时的名声，他不顾及说的话、办的事是否妥当。究其原因，是他们认为自己所说的话、做的事，往往只要能表达自己的意愿，成就自己的名声就可以了。至于所说的和所做的在实践中是否可行，是否具有永久的价值，则全部推诿给君主而不过问了。假如人人都怀有好名之心，那么国家的实事将依靠谁去做呢？〔1〕

【评述】

好名的深层原因是人对自我实现的追求。所以笼统地批判好名并不可取。顺治也肯定了实至名归的行为。然而，虚名则是为官之人必须力戒的顽疾。有些官员能看淡利，不会贪污受贿，却看不淡名。但是，热衷于虚名常常会损害施政效果，危害百姓利益。

戒营私

【原文】

天地以无私成其至公，人君奉之，以驭天下，故喜怒无毗①，刑赏必当，况为人臣者而可怀私心以自遂②乎？夫私每起于一念之微，而害必及于天下之大，不可以不戒也。何也？人惟无私，则其识明、其守坚、其道平、其衷坦。何德不成，何功不立？苟一

〔1〕 注释、译文参见《〈御制人臣儆心录〉译注·好名篇》。

有私，则虽有过人之才，为私所挠，而皆不能以自见。其遇事也，明知为当行者，或以不便于己而已之。及不当行者，则又明知其故，第③以有便于己而必行。因之意虑昏懵，是非淆乱，外拂乎舆论而中常怀夫瞻顾之思。欲望其进正人、陈正言、建正业，岂可得哉？[1]

【注释】

①毗（pí）：损伤。

②自遂：自得其乐。

③第：但，只。

【译文】

天地由于无私才能达到极公正的境界，君主遵循这一原则治理天下，所以不因自己的喜怒损害公正，赏罚也一定要恰当。君主尚且如此，为人臣者怎么能怀有私心而自得其乐呢？私欲往往起源于微小的念头，但造成的危害却会达到天下那么大，因此不能不加以警戒。为什么这么说呢？因为人只有无私，他的见识才能高明，他的操守才能坚定，他的道义准则才会公正，他的胸怀才能坦荡。这样的话，什么样的德行不能培养，什么样的功业不能建立？如果有了私心，那么他虽有过人的才能，也会由于私心的阻挠而无法表现出来。他在处理事情的时候，明知道应该做的事，也会由于对自己不利而停下；到不该做的事时，虽明知其不该做的原因，但还会因对自己有利而一定要去做。这样就会导致

〔1〕《〈御制人臣儆心录〉译注·营私篇》，第32页。

思想昏昧，是非混淆，既与外面的公众舆论相背，又经常在内心瞻前顾后。想要指望这种人推荐正直的人，陈说公正的言论，建立正大光明的功业，怎么可能呢？〔1〕

【评述】

私心就是利己之心。利己之心一生，公正之念就会大打折扣。“人惟无私则其识明、其守坚、其道平、其衷坦。何德不成，何功不立？”尽管他的训导仍然没能超出封建道德说教的范围，但对官员群体普遍的德性修养仍有借鉴价值。

利之祸人甚矣哉

【原文】

利之祸人甚矣哉。古来人臣之败名、丧德、亡身、覆宗，蔑① 不由此。〔2〕

【注释】

①蔑：无，没有。

【译文】

利对人的危害真是非常大呀。自古以来，为人臣子的，名声败坏、道德沦丧、本人身死和宗族覆亡等，无一不是因此造成的。

---

〔1〕 注释、译文参见《〈御制人臣儆心录〉译注·营私篇》。
〔2〕《〈御制人臣儆心录〉译注·徇利论》，第35页。

【评述】

利是诱使官员贪污的直接动因。可惜大部分贪官总是到身败名裂、锒铛入狱时才知道反悔，顺治对利的认识和论述是深刻的，具有警示作用。

第七节　清圣祖爱新觉罗・玄烨

【人物简介】

清圣祖爱新觉罗・玄烨（1654—1722），即康熙皇帝，清世祖第三子，清朝入关后的第二代皇帝。八岁即位，在位六十一年（1661—1722），是中国历史上在位时间最长也最有作为的皇帝之一。康熙亲政后，在政治军事上颇有作为：智捕鳌拜，停止圈地，出旗为民，发展生产，加强皇权，平定三藩，平噶尔丹，驱逐沙俄，巩固统一。康熙在文化方面也颇有建树，他精于儒学，对算学、水利、测量亦多造诣。他设馆纂修了《明史》、《古今图书集成》、《康熙字典》等。康熙在廉政建设方面主张“治天下以惩贪奖廉为要”。在惩贪与奖廉之间，尤重奖廉。他一生不遗余力地扶植、保护和奖励清官，其以德养廉、以清官榜样促廉的思想对后世影响很大。

观人必先心术

【原文】

康熙十二年，康熙谕曰："有治人无治法，朕观人必先心术，次才学。心术不善，纵有才学何用？"[1]

【译文】

康熙十二年，康熙下谕说："有治理国家的人才，没有自行治理国家的法制，我观察人必定首先看此人的心术，其次才是才学。心术不正的人，即使有才学又有什么用？"

以德器为本

【原文】

圣祖阅史至张华以才学文识名重一时，曰："国家用人，当以德器①为本，才艺为末。凡才长者，虽能济事，亦多败检。若德器醇朴，必不至荡轶准绳之外。朕临御日久，阅历人情，所见甚确。如张华在晋，以才学知名，后乃蔑弃典礼，以附贼后，所学又安在耶？"[2]

---

〔1〕 章梫纂，褚家伟、郑天一校注：《康熙政要》，中共中央党校出版社1994年12月第1版（下同），第154页。

〔2〕《康熙政要》卷九《论择官》，第166页。

【注释】

①德器：道德与器度。

【译文】

康熙读史书，看到《晋史》中张华凭着才学在当时享有很高声望，有感而发道："国家用人，应当以道德和器度为根本，以才学和技艺为末节。凡是有才的人，即使能够有助于国事，也多会因德行不检点而败坏。如果德行纯正朴实，一定不至于违法乱纪。我治理天下已经很长时间，看到了很多人情世故，这一点绝对正确。如晋朝张华这样的人，以才学知名，后来竟然废弃典章礼法，攀附贼人，他的才学又到哪儿去了？"

【评述】

康熙所谓心术和德器所指的都是人的道德品质。历代统治者在评价人才的标准上都是德才兼备，以德为先，康熙也不例外。不过康熙由于政治经验丰富，且酷爱读书，其对人性人情的理解、对人才评判标准的表述也就更加可取。

为清官甚乐

【原文】

尔等为清官，以清廉为第一。为清官甚乐，不但一时百姓感仰，即离任之后，百姓追思，建祠尸祝①，岂非盛事？从来百姓最愚，而实难欺。官员是非贤不肖，人人有口，不能强之使加毁誉。

尔等宜各自勉。[1]

【注释】

①尸祝：祭祀。

【译文】

你们要做清官，应把清廉当做第一要义。做清官非常快乐，不但在任时被百姓所感激仰望，即使是在离任之后，百姓还怀念追思你，建立祠堂祭祀你，这岂不是做人做官的盛事吗？从来百姓最愚昧，但实际上百姓很难欺骗。官员是贤良还是不贤良，百姓人人都有嘴，都有自己的看法。官员不能勉强他们对自己的好坏评价。你们应当人人自勉。

【评述】

康熙是有为之君，一生励精图治，尤其重视吏治，主张“治天下以惩贪奖廉为要”。在惩贪与奖廉之间，尤重奖廉。他一生不遗余力地扶植、保护和奖励清官，为官吏树立榜样，扶正抑邪，倡导造就了良好的官风士风。这样的政治思想和行为对阻扼社会腐败势力、维系民心、缓和阶级矛盾、发展社会生产力都发挥了重要的作用。在这段讲话中，康熙从正面论述了做清官的乐趣，以鼓励下属争做清官，集中体现了康熙奖廉的思想。

---

〔1〕《清圣祖实录》卷二百一十。

大法则小廉

【原文】

康熙十九年谕："朝廷致治，惟在端本澄源。臣子服官，首宜奉公杜弊。大臣为小臣之表率，京官乃外吏之观型。大法则小廉，源清则流洁，此从来不易之理。如大臣果能精白乃心，恪遵法纪，勤修职业，公尔忘私，小臣自有所顾畏，不敢妄行。在外督抚各官，自应慎守公令，洁己爱民。乃大臣等每自谓清正无私，粉饰空言，至其所行，往往营私作弊，有玷官方，深负委任之意。科道系耳目之官，凡有弊端，自当据实参奏。且居处甚近，如此情弊，岂无见闻？乃瞻徇情面，缄默不言。即有条奏，多系繁文。言官职掌，殊为未尽。如从公纠举，孰敢恣行无忌？朕以为目今之弊，莫大于此。"[1]

康熙二十七年，圣祖谕江西巡抚王骘、广东巡抚朱宏祚曰："巡抚为地方大吏，以操守为要。大法则小廉，百姓俱蒙福矣。身为大臣，寻常日用，岂能以一无所费？若必分豪取给于家，势亦有所不能。但操守廉洁，念念从爱百姓起见，便为良吏。为督抚者，在朕前皆能言之，及至地方，与所言往往不符。人贵始终如一，朕特简尔等，当砥砺清操，无负朕擢用之意。朕事事以百姓为念，尔等到地方，一切利弊有关百姓者，不妨事事奏闻。为大吏者亦须安静。安静则为地方之福。凡贪污属吏，先当训诫之。

〔1〕《康熙政要》卷六《论求谏》，第112页。

若始终不悛，再行参劾可也。”[1]

康熙四十三年，圣祖谕尚书侍郎等曰：“天下之民，所倚以为生者，守令也。守令之贤否，系于藩臬。藩臬之贤否，系于督抚，督抚又视乎部院大臣而行。部院大臣所行果正，则外自督抚而下至于守令，自为良吏矣。[2]

【译文】

康熙十九年（1680 年）下谕说：“朝廷治理国家，主要在于端正本体，澄清源头。臣子做官，首先应该奉公执法，杜绝弊患。大臣是小臣的表率，京官是地方官的榜样。高官遵纪守法，则小官就能廉洁从政。源头清，水流就干净，这是万世不变的道理。如果大臣真能内心纯正无瑕，严格地遵守国法政纪，勤勤恳恳地做好本职工作，公而忘私，小臣自然有所顾忌，不敢乱来。在外担任督抚的各位官员，自然应该严格地遵守国家的法律，自己廉洁并爱护百姓。你们大臣们每每自己说自己清正无私，这是粉饰性的空话，在实际的行为中，你们往往营私舞弊，玷污做官的原则，实在大大辜负我委任你们的初衷。科道言官都是朝廷的耳目之官，凡是有弊端，自然应当据实上奏朝廷。而且你们居处很近，这样的舞弊之情，怎么可能没看到没听到呢？你们瞻顾人情，一言不发。即便有所上奏，也多是繁饰空文。一个言官的职责，确实没有尽到。如果你们能够秉公纠举，谁敢恣意横行，无所顾忌？我认为今天的弊患，没有比这更严重的了。”

〔1〕《康熙政要》卷九《论择官》，第 161 页。
〔2〕《康熙政要》卷十五《论奢纵》，第 281 页。

康熙二十七年，康熙下谕给江西巡抚王骘、广东巡抚朱宏祚，说道："巡抚是地方大吏，要以操守为重。大官遵守法纪，小吏自然廉洁，这样，百姓都会受益。身为大臣，日常的用度，怎么可能一点儿都不花钱？如果分毫都从自己家中去取，实际上也不可能办到。但操守廉洁，时刻以爱护百姓为念，便是好官。你们这些做督抚的，在我面前都能说得头头是道，等到了地方，做的和说的往往不符。人可贵的是始终如一，我特别选用你们，希望你们一定要磨炼清洁的操守，不要辜负了我提拔选用你们的苦心。我事事以百姓为念，你们到了地方，一切利弊，只要是有关百姓的，不妨事事奏闻于我。作为地方高官在行政管理中要安稳清静。安稳清静而不生事就是地方之福，凡是下属有贪污的，首先应该训导告诫，如果他们始终不改，再行参劾，这样是可以的。"

康熙四十三年，康熙下谕给尚书侍郎等官员说："天下的百姓，所依赖为生计的，在于地方的守令。守令是否贤良，关键在于藩臬。藩臬是否贤良，关键在于督抚，督抚又看各部院大臣的样子行事。部院大臣如果真的清廉正直，那么外到督抚，下到守令，自然都是好官了。"

【评述】

大法小廉指的是，高官遵纪守法，则下面的小官就能廉洁从政。其内在的逻辑是，高官若能身体力行，为下属做出遵纪守法、廉洁奉公的榜样，并且引领官场风气，则下属就不敢造次，其中的多数会成为廉洁的官员。所谓"子率以正，孰敢不正"，就是这个道理。康熙屡次以这个道理来教育臣属，可见他对这一思想的推崇。

居官以正风俗为先

【原文】

康熙二十三年，江宁巡抚汤斌陛辞。圣祖谕曰："以尔久侍讲筵，老成端谨，江苏为东南重地，故特简用。居官以正风俗为先。江苏风俗，奢侈浮华，尔当加意化导。移风易俗，非旦夕之事，从容渐摩①，使之改心易虑，当有成效。钱粮历年不清，亦须留意。尔在内阁曾阅章奏，在外督抚所奏，凡有钱谷刑名大事，多有乖错，致令驳察。尔到地方，尤当留意。近日江南吏治，稍稍就理，尔当洁己率属，自然改观。"〔1〕

【注释】

①渐摩：逐渐地砥砺，意思是慢慢地引导教化。摩，砥砺。

【译文】

康熙二十三年（1684 年），江宁巡抚汤斌前来辞行。康熙对他说："因为你长期经筵侍讲，老成持重，端正谨慎，而江苏是东南重地，所以特别选用你做江苏巡抚。居官应当首先端正风俗。江苏的风俗奢侈浮华，你应当留意引导，使之转变。移风易俗不是一早一晚就能解决的事，你要从容而行，逐渐教化，使当地人从内心里逐步转变过来，这样应当会有成效。那里钱粮历来数额

〔1〕《康熙政要》卷十三《论尚廉》，第 249 页。

不清，也要多加留意。你在内阁曾经批阅过奏章，知道外面督抚所奏，凡是关涉钱谷刑名这样的大事，多有错漏，致使驳回让他们细察。你到地方，尤其应当留意这些事。近来江南的吏治，渐渐开始步入正轨，你应当廉洁律己，为下属做表率，吏治的情况自然会变得好起来。”

【评述】

移风易俗是治理国家的手段之一，风俗淳厚更是国家是否达到大治的标志之一。有为的统治者总是以官风民风淳厚为追求目标，“居官以正风俗为先”既是康熙对汤斌的期待和鼓励，也是康熙孜孜求治的努力方向。

廉静论

【原文】

尝读汉诏，有曰：“吏不廉平则治道衰。”又曰：“俗吏矫饰外貌，似是而非；安静之吏，悃愊[①]无华，日计不足，岁计有余。”善哉！廉静之言，立身行己之大端，制事理物之要道。凡为学者，皆宜然也，况人臣之策名委质[②]任职临民者乎？盖礼义廉耻，《管子》所谓“国之四维”。夫廉者，四维之一而已矣，然未有秉礼守义知耻而不廉者也。自为吏者有贪私之实，而后重廉洁之名，故尤以廉为贵。何则？廉则有所不取，有所不取则有所不为。凡无礼无义无耻者，皆所不为者也。吏苟廉矣，则奉法以利民，不枉法以侵民；守官以勤民，不败官以残民。民安而吏称其职也，吏称其职而天下治矣，故吏尤以廉为贵也。夫有所不取之谓廉，有所不为之谓静。惟廉故静，未有不廉而能静者也。既能廉而静矣，则有所不为也，而后可以有为。举凡利于民者，行之必力；病于民者，除之亦必力。事治而民安，无非静也。夫岂优游自私，保利禄而不恤民事之谓静乎？故凡博安静之名，不可谓之真能安静，犹之博廉平之名者，不能谓之真能廉平者也。昔人有言曰："古之清勤，为国修政；今之清勤，为身修名。"夫为国修政者，忠于君；为身修名者，私于己。臣之事君与君之待臣，贵其忠于君乎？贵其私于己乎？故愿天下为真廉吏，斯能为真安静之吏。盖久已廑③于怀也，因读汉诏，故遂论之如此。[1]

【注释】

①悃愊（kǔn bì）：至诚。悃，真心诚意。愊，至诚。

②策名委质：出自《左传·僖公二十三年》。策名，把名字写在册子上。策，通"册"。孔颖达疏："古之仕者，于所臣之人书己名于策，以明系属之也。"后即用为出仕之义。委质，古代臣子向君主献礼，表示献身。质，通"贽"，初次见人时所送的礼物。

③廑（qín）：挂念。

【译文】

曾经读到汉代诏书上有这样的话："吏不廉平则治道衰。"还有："俗吏矫饰外貌，似是而非；安静之吏，悃愊无华，日计不足，岁计有余。"真是写得好啊！以上关于廉静的箴言，是一个人立身做人的根本，行事办差的要道。凡做学问的，都应该如此，更何况那些献身于君主，出仕任职，整天面对老百姓的官员呢！礼义廉耻，是《管子》所说的"国之四维"。这个廉，仅是四维

〔1〕《康熙御批》，中国华侨出版社2005年10月第2版，第1162—1163页。

之一而已，然而还没有秉礼守义知耻的人出现不廉的情况。从做官的人有贪私行为以来，官员就很重视廉洁的名声，尤其以廉为贵，原因何在？因为廉就意味着有所不取，有所不取就会有所不为。凡是无礼无义无耻的事情，廉洁官吏都不会去做的。官员如果廉洁，就会奉公守法，造福百姓，而不会贪赃枉法，侵害百姓；就会恪守官德，勤于民事，而不会败坏官声，残害百姓。如此，老百姓安宁了，官员才算得上称职，官员都称职了，天下就大治了，所以官员尤其以廉洁为贵。不向百姓索取叫做廉，有所不为叫做静，因为廉洁所以能做到安稳清静不生事，没有不廉洁而能够安稳清静的。既能廉而静，就会有所不为，而后才可以有为。凡是利于百姓的，施行起来一定尽力；凡是不利于百姓的，革除起来也一定尽力。事情办得好，百姓得到安宁，这就是静的功劳。哪儿有自私优游、只管保自己的官位利禄而不体恤民众的叫做静的？所以凡是博取安稳清静之名的，不能够说是真能安稳清静，就像博取廉平的名声的人，不能说是真的廉平一样。古人说："古之清勤，为国修政；今之清勤，为身修名。"为国家治理效力的人，忠于君主；为自己修饰名气的人，私于自身。做臣子的侍奉君主和做君主的对待臣子，是因为他忠于君主可贵还是因为他私于自身可贵呢？所以祝愿天下的官吏是真正的廉吏，这样才能是真正安稳清静的官吏。这些话在我心中萦绕已久，因为读到汉代诏书，所以才这样论述一番。

【评述】

有清一代，康熙朝出的廉吏名臣最多，这与康熙本人崇尚理学，推崇、扶植和保护清官的思想和行为是分不开的。这一篇

《廉静论》是康熙最有代表性的系统地论述廉洁从政思想的文献，其中所涉及的经典体现了康熙的博学和才华，所分析的道理体现了康熙的慎思和敏锐。在文中，康熙从历史出发，引出对廉静的论述，从廉静作为普通知识分子立身处世的道理上升到官吏的从政道德，步步深入，条分缕析，阐明了廉静的真正含义，并表达了作为帝王对官员做廉静之官的期望。

言官正

【原文】

康熙十九年，圣祖谕吏部曰："比来言官言事，鲜非无因。意所不欲，即行弹劾。倘遇势要之人，纵知其贪秽，亦不肯纠参。总由心术不正之故。若言官正，则外吏自不敢肆行贪婪矣。"[1]

【译文】

康熙十九年，康熙下谕给吏部，说道："最近言官上奏政事，多数都是有原因的。料想是自己所不想要的事情，马上弹劾。如果遇到有势力的人，即使知道他贪污，也不肯检举纠察。这都是由于心术不正的缘故。如果言官正直，外吏自然就不敢放肆贪婪了。"

【评述】

古代的言官类似于今天的行政监察官员。言官正，在这里的意思是居心中正，没有偏私，一心奉公，正直敢言，尤其是面对权贵也具有弹劾的勇气。

---

〔1〕《康熙政要》卷十五《论贪鄙》，第279页。

民生不遂由于吏治不清

【原文】

康熙十二年，谕学士熊赐履等曰：“从来民生不遂由于吏治不清。长吏贤则百姓自安矣。”[1]

【译文】

康熙十二年（1673年），对学士熊赐履等官员说：“从来百姓不能安居乐业，都是由于官吏不清廉。上级官员贤良，那么百姓自然就安定了。”

【评述】

康熙将“民生不遂”归结为“吏治不清”，可谓抓住了传统封建社会治国理政的要害之处，表明康熙对此有着清醒的判断。

贪官之罪断不可宽

【原文】

康熙二十四年，上曰：“凡别项人犯，尚可宽恕，贪官之罪，断不可宽！此等人藐视法纪，贪污而不悛者，只以缓决故耳。今若法不加严，不肖之徒何以知警？”[2]

---

〔1〕《康熙政要》卷九《论择官》，第154页。

〔2〕《康熙起居注》第二册，中华书局1984年8月第1版（下同），第1364页；《康熙政要》卷十五《论贪鄙》，第280页。

【译文】

康熙二十四年（1685年），康熙说："凡是别项犯人还可以宽恕，贪官之罪绝对不能宽恕！这种人藐视法律政纪，贪污而不悔恨改过的原因，就是对他们缓刑造成的。今天如果不将他们严厉法办，不良之辈怎么知道警醒？"

治天下以惩贪奖廉为要

【原文】

穆尔赛身为大吏，贪酷已极，秽迹显著，非用重典，何以示惩？且九卿会议穆尔赛事，瞻顾徇庇，并未详明议罪，朕不行立断，谁肯执法耶？治天下以惩贪奖廉为要。廉洁者，奖一以劝众；贪婪者，惩一以儆百。[1]

【译文】

穆尔赛身为高级官员，贪婪酷虐已经达到极点，恶行昭著，不判处重刑，怎能显示惩贪力度？而且九卿聚会讨论穆尔赛的案子时，循顾私情，进行包庇，并没有明确定罪。朕不立即判决，谁肯执法呢？治理天下要将惩罚贪污奖励廉洁作为要务，廉洁之人，奖一人可以勉励众人，贪污之人，惩罚一人可以警戒百人。"

〔1〕《康熙政要》卷十五《论贪鄙》，第280页。

【评述】

贪官之罪断不可宽，这是清代从建国起就形成的惯例。从顺治起就立下了严惩贪官且遇大赦不赦的规矩。康熙继承了其父辈对贪官严加惩处的做法，对造就当时相对清廉的政治环境起到了重要的作用。康熙在继承严惩贪官的治国理念的同时，在廉政建设上还形成了自己的特点，即奖励清廉官员。所以康熙坚持“治天下以惩贪奖廉为要。廉洁者，奖一以劝众；贪婪者，惩一以儆百”。在整个清代，康熙朝的清官最多，这与康熙大力奖劝清官是分不开的。

严饬植党纳贿

【原文】

康熙二十七年，谕大学士等曰：“国家建官分职，经理庶政，必须矢志精白，大法小廉，各守职业，实心任事，庶无负拔擢简用之意。朕亲理万机历有年所，于尔部、院大小官员行事，无不深知。为臣子者既僭爵[①]受禄，荣及父母，庇其子孙，家能自给，便当知足，无致陨越。前已屡颁谕旨，严行申诫，又复谆谆面谕，训诲再三。今在廷诸臣，自大学士以下，有职掌官员以上，全不恪勤乃职，惟知早出衙署，偷安自便。三五成群，互相交结，同年门生，相为援引倾陷，商谋私事，徇庇同党，图取货赂，作弊营私，种种情状，确知已久。九卿、詹事、科道，皆朕委任之员，凡遇会议，自当各出己见，公同商酌。乃一二欲行倡率之人，持议于前，众遂附和于后，雷同草率，一意诡随。又其甚者，虽在会议之班，茫无知识，随众画题，希图完结。廷议如此，国是何凭！又有当集议时，缄默自容，及至偾事②，巧手推卸。朕深恶此等推诿苟容之辈，亦屡加严饬。至于用人，关系重大，群臣贤否，难以周知。故遇紧要员缺，特令会同推举。原期为国得人，实有裨益，亦欲令被举者警心易虑，恐致溺职，累及举者，因而勉自刻励。九卿诸臣宜体朕心，从公选举，方为不负委任。乃历来所举官员，称职者固有，而贪黩匪类往往败露，此皆瞻徇情面，植党纳贿所致。"[1]

【注释】

①儋爵：任爵，担任爵位。儋，"担（擔）"的古体字。

②偾（fèn）事：把事情搞坏。偾，败坏，毁坏。

【译文】

康熙二十七年（1688 年），皇上对大学士等官员说："国家设置官位分派职责，管理国家的纷繁政务，官员们必须立志纯正忠诚，大官守法，小官廉洁，各守职责，实心实意处理政事，这才不会辜负朕选拔使用的心意。朕亲理朝政多年了，对于你们各部、院的大小官员做事的情况，无不深深了解。你们作为臣子既然肩负官爵，食国家俸禄，荣耀延及自己的父母，庇护自己的子孙，能够养活家人，就应当知足，不要做出违法的事。以前朕已经多次颁下圣旨，严加申斥告诫，又当面谆谆指示，再三训导教诲。如今你们这些在朝廷的臣子，从大学士以下，有职责的官员以上，都不是勤勤恳恳地恪守本职，只知道早早离开官署，苟且偷安自便。你们三五成群，相互交结，同年门生，互相援助提拔，陷害

[1]《清圣祖实录》卷一百三十三，转引自王春瑜主编《康熙政风录》第二章《政风清廉》，中共中央党校出版社 1996 年 9 月第 1 版（下同），第 168 页。

排斥异己，合谋商量私事，徇私庇护同党，图取贿赂，营私舞弊，这种种情形，朕早已经了解确切。九卿、詹事、科道官员，都是朕委任的官员，凡遇讨论政务的会议，应当各抒己见，大家一同商议。然而实际上往往是由一两个倡议的人率先提出意见，于是众人在他们之后随声附和，草率地同意，不顾是非地盲从。还有更不称职的官员，虽然置身于议政咨询班子中，却茫然没有见解，随着众人签名同意，只希望敷衍完事。在朝廷上议事尚且如此，国家大政将依靠谁？还有些官员在议事时闭口不言，等到政事败坏，却巧妙地推卸自己的责任。朕深深厌恶这种不负责任的苟且之辈，也曾经多次严厉训诫他们。至于用人，关系重大，群臣是否贤良，很难全面了解。所以遇有重要的职位出缺，特地下令大臣们一起共同推举。这样做原意是希望为国家选拔优秀人才，对国家确实有益，也想让被推举的人心中警醒，唯恐自己失职，会连累推举之人，因而会努力自勉做好工作。九卿诸臣要体谅朕的用心，公正地推选荐举人才，这才不辜负朕委任之意。而历来所推举的官员，称职的人固然是有的，但经常有贪污的败类暴露出来，这都是因为推举之人循顾私情，树立朋党，收受贿赂所导致的。”〔1〕

【评述】

妨碍廉政建设的因素很多，官员不尽心尽责履行公职，党同伐异，植党纳贿是重要的原因。在康熙朝这样政治相对比较清明的时期，这类问题仍然层出不穷。明珠和索额图的党争曾经给正

〔1〕 译文参见《康熙政风录》，第170页。

常的行政行为造成很大的干扰。上文所选的内容源于康熙在处置明珠之后发布的谕令。在此谕令中康熙以反面案例教育申斥臣属，体现了康熙对大臣的批评、期望和爱护。

批判植党

【原文】

康熙十六年，圣祖谕大学士等曰："人臣服官，惟当靖共匪懈①，一意奉公。如或分立门户，私植党与，始而蠹国害政，终必祸及身家。历观前代，莫不皆然。在结纳植党者，形迹诡秘，人亦难于指摘。然背公营私，人必知之。凡论人议事，间必以异同为是非，爱憎为毁誉。公论难容，国法莫逭②。百尔臣工，理宜痛戒。"〔1〕

【注释】

①靖共匪懈：尽心公事，从不懈怠。匪，非，不。

②逭（huàn）：逃，避。

【译文】

康熙十六年（1677 年），圣祖晓喻大学士等大臣说："为人臣子的担任官职，应当从不懈怠地尽心公事，一心一意为朝廷服务。假如有人分门立户，私自培植党羽，开始会蛀蚀国家毒害政治，最终必定祸及自己的身家性命。纵观历代王朝，无不如此。对于

〔1〕《圣祖仁皇帝圣训》，转引自《康熙政风录》第三章《防止腐败》，第 262 页。

结党营私的人来说，他们行为诡秘，外人很难指摘他们的不法行为。但是种种背公营私的作为，最终一定会被人知道。这些人大凡评论人物议论政事，通常一定以与自己政见的异同为标准来评判是非，以个人的爱憎为标准去诋毁或赞誉。这种植党言行，公众的舆论难以容忍，也难逃国家律法的惩罚。诸位臣子，你们应该彻底地戒除这种弊端哪。”〔1〕

【评述】

朋党是历代帝王最忌讳的乱政之一。在清代，开国皇帝吸取了明朝灭亡的教训，严禁后宫和太监干政，这样，对帝王权力威胁最大的就剩下有势力的大臣了。而大臣的势力通常是通过结党营私构建的，所以清代的历代帝王都非常注重打击朋党。康熙一方面打击明珠、索额图等权臣的朋党，一方面经常教育臣属不要植党营私，可谓惩治与预防并举，双管齐下。

图治首在安民

【原文】

康熙二十一年，谕吏部："图治首在安民，劝善莫先惩恶。必咨询访，责有专官，而后民隐得以上闻，奸顽为之敛戢①。近闻直隶各省地方，多有绅衿势要、土棍豪强及旗下凶恶人员并庄头等纵暴恣行，武断乡曲，有司畏威而不敢问，大吏徇隐而不能纠。非特遣大臣巡察，难以袪除积弊。直隶为畿辅重地，尤宜首先澄清。今

〔1〕 译文参见《康熙政风录》，第263页。

应遣大臣一员，前往会同该抚，巡历地方。有势要豪强、旗人庄头大为民害者，廉访确实恶迹，提名题参，重加惩处，以警奸徒，用安良善，副朕移易风俗、爱养民生至意。”[1]

【注释】

①戢（jí）：收敛，禁止。

【译文】

康熙二十一年（1682年），皇上指示吏部说：“要想达到国家大治，首先在于安定百姓，勉励善行莫过于首先惩治凶恶之徒。必须由专管官员负责调查凶徒事宜，这样百姓的痛苦才能让官府知道，奸凶之徒才会因此收敛恶行。最近听说直隶各省有很多有权有势、身居要职的人，本地无赖和豪强，以及八旗的凶恶人员和庄园的庄头等人，以权势强断乡里之事，当地官员畏惧其威势而不敢过问，当地的高级官员徇私而不检举。不特地派遣大臣去巡察，便难以革除这一积弊。直隶是拱卫京城的军事重地，尤其应当首先整顿治理。如今应当派遣一员大臣，前往直隶会同该省巡抚，巡察地方。如果查到骄横有权势的和身居要职的人，八旗部属和庄园的庄头等人，确实祸害百姓不浅的，调查到作恶的确凿证据，点名参奏，从重惩治，以警示奸恶之徒，同时安定善良百姓。这样才符合我移风易俗，爱民养民的诚意。”[2]

---

〔1〕《清圣祖实录》卷一百三，转引自《康熙政风录》第二章《政风清廉》，第194—195页。

〔2〕译文参见《康熙政风录》，第195页。

【评述】

政治清明首重察吏安民，察吏方可安民。打击地方豪强必须和监察地方官结合起来方才有效果。康熙采取了从中央派遣巡按的方式来解决，“大为民害者，廉访确实恶迹，提名题参，重加惩处，以警奸徒”，只有这样有力度地惩恶，才能在大范围内劝善。

广开言路为图治第一要务

【原文】

康熙三十六年，圣祖谕吏部、都察院曰：“国家设立都御史及科道官员，以建白为专责，可以达下情而袪壅蔽，职任至重。使言官果能奉法秉公，实心尽职，则闾阎疾苦咸得上闻，官吏贪邪皆可厘剔，故广开言路为图治第一要务。近时言官条奏参劾章疏寥寥，虽间有入告，而深切时政从实直陈者甚少，此岂委任言路之初旨乎？自今以后，凡事关国计民生及吏治臧否，但有确见，即应指陈。其所言可行与否，裁酌自在朝廷。虽言有不当，言官亦不坐罪。自皇子诸王及内外大臣官员，有所为贪虐不法并交相比附、倾轧党援，理应纠举之事，务必大破情面，据实指参，勿得畏惧贵要，瞻徇容隐。即朕躬有失，亦宜进言，朕决不加责。其有怀挟偏私，借端倾陷者，朕因言察情，隐微自能洞悉。凡属言官，尚各精白乃心，力矢忠谠，以无负朕殷切责望至意。尔部传谕行。”〔1〕

〔1〕《清圣祖实录》卷一百八十，转引自《康熙政要》卷六《论求谏》，第115页。

【译文】

康熙三十六年（1697 年），康熙指示吏部、都察院说："国家设置都御史和科道官员，以建言作为专责，这类机构和官员可以将治理国家需要的基层情况上报朝廷，以祛除壅蔽不通的现象，职责极为重要。如果言官真能做到奉公守法，忠心尽职，那么民间疾苦都能被了解，贪污奸邪的官吏都可被清除。所以，广泛地开放言路，是治理国家的第一要务。最近言官陈奏和参劾的章疏寥寥无几，虽然偶尔有人上奏，但深刻切中政治时弊，实事求是地直言议政的很少，这难道是委任言官最初的用意吗？从今以后，凡是事关国计民生和吏治得失好坏，只要有确定的意见，就应当指出陈奏。至于所说的是否可行，朝廷自会裁夺。即使所说有不当之处，言官也不受惩罚。从皇子、诸王到朝廷内外的大臣官员，有贪污、虐害百姓等不法行为，以及互相交结、依附倾轧、朋比结党等理应弹劾举报之事，务必大力打破情面，根据事实指摘参奏，不要畏惧权贵显要，徇情枉法予以隐瞒。即使是朕本身有过失，也应当进言指出，朕决不加以责罚。那些心怀私利，借机陷害别人的，朕根据所奏内容调查实情，自然能够洞悉其中隐秘细小的图谋。所有言官都要各自保持精诚纯正之心，尽力上奏忠直之言，才不辜负朕对你们的殷切期望。你们部院将此诏谕传达执行。"

【评述】

治理国家首先必须广开言路，听取建设性意见。对于这一点，从努尔哈赤到康熙，一直都有清醒的认识。然而在特定的历史时期，言路往往会由于各种原因被堵塞，导致“深切时政从实直陈者甚少”。康熙明确要求“凡事关国计民生及吏治臧否，但有确见，即应指陈”，鼓励科道言官“务必大破情面，据实指参”，而且表态，即使言有不当，言官亦不坐罪。这样的胸怀本足以令言官们放心陈奏，但是在专制体制下，言官建言所能起到的权力制约和监督作用，在很多时候不能得到很好的发挥。

子民之道

【原文】

康熙十二年，上谕曰：“朕思各衙门政事，一时差错，尚可改正，唯刑狱关系人命，死者不可复生，断者不可复续。朕每阅重犯章奏，中心恻然不忍。念小民无知，罹于狱谳，虽罪则难宥，而情实可悯。在上者若无哀矜钦恤之意，岂所以代天子民之道乎？朕已有旨谕刑部，嗣后凡各直省重犯章奏，俱令详其供招，先期奏谳，仍下九卿、科道朝审①，再三覆奏，庶几无甚冤滥耳。”〔1〕

【注释】

①朝（cháo）审：明清两代由朝廷派员覆审死刑案件的制度。始于明天顺三年（1459 年）。每年霜降后，由刑部、都察院和大理寺把已判死刑尚未执行的重囚犯罪情节摘要制册，送九卿各官详审，上呈皇帝裁决。清代朝审与秋审并行，处理京师案件称朝审，处理外省案件称秋审。先朝审，后秋审。

---

〔1〕《康熙起居注》第一册，第 131 页；《康熙政风录》第二章《政风清廉》，第 216 页。

【译文】

康熙十二年（1673 年），皇上下谕说："朕考虑各衙门的政事，一时出了差错，还可以改正。只有刑狱关系到人命，人死了不能复活，肢体砍断了不能再接上。朕每次批阅重罪犯人的奏章，心中都会恻隐不忍。想到小小百姓由于无知而遭受牢狱诉讼之灾，虽然罪行难以宽赦，而犯罪的具体情形实在令人怜悯。为官的人如果没有同情怜悯他们的心思，怎么可以代替上天像对待自己的子女一样对待百姓呢？朕已经有旨意指示刑部，以后各直省的重罪犯奏章卷宗，都要详细审查犯人的口供，先将供词上奏审判，再下发给九卿、科道官员朝审，再三审核奏明，这样大概就不会有冤案泛滥了。"〔1〕

【评述】

康熙崇尚儒学，从仁义道德的基本思想出发，必然会主张慎刑戒杀。可贵的是康熙不但从行为上慎刑戒杀，而且在内心有一种同情怜悯之心。所谓"在上者若无哀矜钦恤之意，岂所以代天子民之道乎"。

禁止奢侈

【原文】

康熙十一年，圣祖谕礼部曰："帝王致治，首在维持风化，辨

〔1〕 译文参见《康熙政风录》，第 217 页。

别等威，崇尚节俭，禁止奢侈。故能使人心淳朴，治化休隆①。近见内外官员军民人等，服用奢靡，僭越无度。富者趋尚华丽，贫者互相效尤，以致窘乏为非，盗窃诈伪，由此而起。人心嚣凌，风俗颓坏，其于治化所关非细。今应作何分别，务行禁止，著九卿、科道会同，严加确议定例具奏。"[1]

【注释】

①休隆：休，美善，快乐；隆，兴盛。

【译文】

康熙十一年（1672 年），圣祖传谕礼部说："帝王要达到天下大治，首先在于维持风俗教化，分别等级威仪，崇尚节约俭朴，禁止奢侈。这样能使人心淳厚朴实，国家治理和风俗教化达到美善和兴盛的效果。近来见到内外官员、军民人等，服饰用度奢侈浪费，无限地超过应有的规格等级。富有的趋向华丽，贫困的也相互效法模仿，以致穷困窘迫并做出不法行为，盗窃欺诈等行为也由此产生。人心嚣张凌乱，风俗败坏，这关系到国家治理和风俗教化，并非小事。现在等级威仪应如何区分，必须禁止奢侈僭越。令九卿、科道官员一起严格切实地议出定例，具体奏来。"

【评述】

社会风俗崇尚奢侈，则社会成员不合理的欲望就会被激发出来。而欲壑难填，人的欲望一旦被激发出来，再被不平等的社会

〔1〕《圣祖仁皇帝圣训》，转引自《康熙政要》卷十五《论奢纵》，第 274 页。

等级阶层所压制，则这个社会必然会出问题。表现在政治上，则官员必然难以抵抗腐败以换取奢侈生活的诱惑；而且，追求奢侈生活所导致的僭越，将对维护封建统治的等级区分造成巨大冲击。所以康熙讲“帝王致治，首在维持风化，辨别等威，崇尚节俭，禁止奢侈”。实际上，不仅是帝王政治需要禁止奢侈，就是今天，我们也仍然要禁止奢侈浪费。禁止奢侈则人心淳朴，人心淳朴则民风官风都倾向于俭朴，国家政治就易于实现廉洁的追求。

俭以养廉

【原文】

民生本务在勤，勤则不匮。一夫不耕，或受之饥，一妇不蚕，或受之寒，是勤可以免饥寒也。至于人生衣食财禄皆有定数，若俭约不贪，则可以养福，亦可以致寿。若夫为官者，俭则可以养廉。居官居乡，只缘不俭，宅舍欲美，妻妾欲奉，仆隶欲多，交游欲广，不贪何以给之？与其寡廉，孰若寡欲。语云：“俭以成廉，侈以成贪。”此乃理之必然者。[1]

【译文】

百姓生活最根本的在于勤，勤就不会导至物资匮乏。一个农夫不耕种，有人会没有饭吃，一个农妇不纺织，有人会没有衣服穿，这是因为勤可以使人免受饥寒哪。人生来衣食财禄都有定数，如果节俭不贪婪，就可以养成福祉，还可以达到长寿。做官的如

〔1〕《圣祖仁皇帝庭训格言》，转引自《康熙政风录》第二章《政风清廉》，第167页。

果节俭，就可以养成清廉的品德。做官的人在平常生活中，只因不节俭，住房要好的，伺奉的妻妾要多，仆役奴隶要多，宾客交游要广，不贪怎能供应？与其缺少廉洁的德行，不如减少欲望。谚语说：“节俭能养成廉洁的品德，奢侈则会导致贪污行为。”这是必然的道理。[1]

【评述】

康熙本人崇尚理学，践行修齐治平之道，同时康熙也经常训导臣属要勤俭持家、清廉居官。从道理上讲，官员不节俭最终必然导致贪污腐败。所谓“俭以养廉”，是很有道理的。

第八节　清世宗爱新觉罗·胤禛

【人物简介】

清世宗爱新觉罗·胤禛（1678—1735），即雍正皇帝，为清圣祖玄烨第四子，是清朝入关后第三位皇帝，1722—1735 年在位。他在政治上采取了建立秘密立储制度和养廉银制度、完善密折奏事制度、创立军机处、整顿吏治等多种措施以巩固自己的皇位，使中国古代封建专制统治达到了巅峰。在位十三年间，勤奋理政，开拓改革。雍正的勤奋在历代帝王中是很少有人能够与之比肩的，他几乎每天都工作到深夜，仅仅在数万件奏折中所写下的批语，就多达一千多万字。雍正一改康熙宽仁作风，严明察吏，刚猛施

〔1〕 译文参见《康熙政风录》，第 168 页。

政，不仅惩治了大批贪官污吏，还创建了养廉银制度，在整肃吏治方面颇有成效。

整饬官风

【原文】

雍正元年，雍正谕大学士等："国家养育人才首重翰苑①，既读中秘之书，必当立品端方，居心慎，方不愧官箴。闻有侥幸之徒，平昔结党营私，至科场年分，互相援引，转为请托，遇谨守之人，畏干法纪，不肯通同作弊，反群相诽诋，飞语诬陷。此风甚不可长，亟当甄别，以示劝惩。著大学士张鹏翮，尚书田从典、徐元梦，左都御史朱轼，侍郎张伯行、李绂，会同满汉掌院学士，将翰林院、詹事府等官，不安本分有玷官箴者，勒命解退回籍，无得徇情。"〔1〕

【注释】

①翰苑：翰林院的雅称。

【译文】

雍正元年，雍正下谕大学士们说："国家养育人才，首先看重翰林院，因为翰林院里的人既然读了许多国家秘藏的典籍，一定会品行端正，居心恭敬谨慎，这样才不愧于为官的箴诫。听说有侥幸的人，平时结党营私，到了科考的年份，互相援引请托，遇

〔1〕《清世宗实录》卷四，转引自《中华监察执纪执法大典》，第495页。

到严谨自守的人，害怕触犯国家法纪，不肯同流合污作弊，反而群起诋毁，流言诬陷。这种风气一定不能助长，应该马上甄别，以表明赏罚。命大学士张鹏翮，尚书田从典、徐元梦，左都御史朱轼，侍郎张伯行、李绂，会同满汉掌院学士，将翰林院、詹事府等机构的官员中，不安本分，有损官箴的人，勒令解职回老家，决不能徇情枉法。”

【评述】

翰林院和詹事府是清代储才机构，其中翰林院的地位更高，有清一代多数重臣都出自翰林院。雍正在历史上以严猛治吏著称，他即位伊始便着手整饬官风，且针对翰林院和詹事府这样的储才之所，可以看出雍正严以治吏的统治风格和管理手段。

禁止奢侈

【原文】

雍正元年，雍正谕各省盐政官员：“各省盐商内实空虚而外事奢侈：衣服屋宇穷极华靡，饮食器具备求工巧，俳优妓乐恒舞酣歌，宴会嬉游殆无虚日，金钱珠贝视如泥沙，甚至悍仆豪奴，服食起居同于仕宦，越礼犯分，罔知自检，骄奢淫逸，相习成风。尔等既司盐政，宜约束商人，严行禁止，出示晓谕，谆切劝戒，使其痛自改悔。若仍前奢侈，不知悛改，或经朕访闻，或被督抚参劾，商人必从重究治，尔等亦不能辞徇纵之咎。”〔1〕

〔1〕《清世宗实录》卷十，转引自《中华监察执纪执法大典》，第496页。

【译文】

雍正元年，雍正谕告各省盐政官员："各省盐商，实际上内部空虚，但在外行事非常奢侈：衣服房子华丽无比，饮食器具穷极工巧，戏子乐妓歌舞不停，宴会嬉游几乎无日不有，金钱珠贝视同泥沙一样，甚至蓄养蛮横的仆奴，服食起居和仕宦人家一样，僭越礼法，违犯本分，不知检点，骄奢淫逸，相习成风。你们既然主管盐政，应该约束这些商人，严行禁止奢侈风气，出告示让他们明白道理，谆谆劝戒，使他们痛改前非。如果仍然继续奢靡作派，不知悔改的，或者被我打听到的，或者被督抚参劾的，这样的商人一定从重追究惩治，你们也不能推卸徇情纵容的罪过。"

【评述】

禁止奢侈是我国历代有为之君都十分注意的重要政治问题，因为官员奢侈会导致腐败贪污，富商乡绅奢侈则必然败坏社会风气且僭越犯上。这都不只是风俗问题那样简单，而是事关国家兴亡的大事。雍正专门针对盐商发布诏谕，则是因为盐商的奢侈风气负面影响较大。

批判巧宦

【原文】

雍正四年，雍正谕直省督抚布按等："居官立身之道，自以操守廉洁为本，但封疆大吏职任甚巨，《洪范》所称有猷[①]、有为、有守，三者并重，则是操守者，不过居官之一节耳。安民察吏，兴利除弊，其道多端。傥但恃其操守，博取名誉而悠悠忽忽，于地方事务不能整饬经理，苟且塞责，姑息养奸，贻害甚大。盖此等清官，无所取于民而善良者感之，不能禁民之为非而豪强者颂之，故百姓之贤不肖皆称之。无所取于属员而亦不能禁属员之不法，故属员之贤不肖者皆安之。大臣之子弟亲戚犯法则姑容而不行参革，地方之强绅劣衿生事则宽待而不加约束，故大臣绅衿皆言其和平，而望其久留。甚至胥吏作奸而不能惩，盗贼肆行而不能察，故自胥吏至于盗贼，皆乐其安静而不欲其去任。及至事务废弛，朝廷访闻加以谴责罢斥，而地方官民人等群然叹息，以为去一清官上司，为之称屈。此则平日模棱悦众违道干誉之所致也。且操守平常者，其心既不敢自恃，心怀畏惧，颇能整顿经理事务不至旷废。朝廷又时时留心访察，一有不善，即加惩戒。而在朝廷之官员及伊属下之官吏绅衿人等，皆伺察其过不肯之为隐讳，是以此等之人，贻累于地方者尚轻，而洁己沽誉之巧宦贻累于地方者更甚也。夫操守虽清，而皆顾惜情面，一味迁就，求容悦于人，自使内外之人誉之者多。若操守既更胜于他人，而又能实心任事，整饬官民，不避嫌怨，因而遂不满众人之意，或谤其苛刻，或议其偏执，或议其骄傲，故意吹索，加以评论。此风若不悛改，必致封疆大吏皆以实心任事整理地方为嫌，相率而为苟且之计，吏治何所倚赖乎！朕深望尔等为明体达用之全材，而深惜尔等为同流合俗之乡愿，故谆谆告诫，不惮周详，此《春秋》责备之义，勉之凛之。”〔1〕

〔1〕《清世宗实录》，转引自《中华监察执纪执法大典》，第504页。

【注释】

①有猷（yóu）：有所谋划。

【译文】

雍正四年，雍正告谕直省总督、巡抚、布政使、按察使等："当官立身之道，应当以操守廉洁为本，但封疆大吏职位重大，《洪范》所称有所谋略、有所作为、有所操守三者并重，那么操守不过是做好官的一部分要求罢了。安抚百姓，监察属吏，兴利除弊，治理地方的事务千头万绪。倘若仅仅仰仗操守，博取名誉而疏忽职守，不能整饬治理地方事务，马虎应付，姑息养奸，这种做法有很大的害处。这种清官，于民无犯，所以善良的人感念他；不能禁止奸民为非作歹，所以地方豪强称颂他，所以百姓中好的与不好的都称赞他。不向下属索取，也不能禁止下属做不法之事，所以属下好的不好的都相安无事。大臣的子弟亲戚违反法律，也姑息不予参革，地方上强横刁恶的绅衿犯事也宽以待之，不加约束，所以大臣绅衿都说他平和，而希望他能久任其职。甚至胥吏干坏事也不能惩治，盗贼横行也不能纠察，所以从胥吏到盗贼，都以其安静的为官之道为乐而不想他离任。等到地方事务废弛，朝廷访闻到他的罪责加以谴责罢斥，地方上的官民都叹息，以为失去了一个清官上司，为他叫屈。这就是平日无所作为取悦百姓，违犯治道以求声誉所导致的结果。而操守平常的人，心里不敢以操守自恃，心怀畏惧，倒是颇能整治料理事务，不至于荒废。朝廷又时时留心访察，一旦发现这类官员有不好的行为，马上加以惩戒。而且在朝廷的官员及他属下的官吏、乡绅等，都伺机洞察他的过错，不肯为他隐讳。因此这样的人，给地方带来的祸害反倒轻，而自己廉洁以沽名钓誉的投机取巧的官员，给地方带来的祸害更重。所谓清官操守虽然清廉，但都顾惜情面，一味迁就，以求得到别人的赞誉，自然内外官民中称许他的人多。如果有官员操守胜于别人，又能踏实干事，整饬官员百姓，不避嫌怨，因此可能满足不了众人的意愿，有的说他苛刻，有的说他偏执，有的说他骄傲，故意对其吹毛求疵，品评议论。这种风气如果坚持不改，必然导致封疆大吏都认为踏实干事治理地方讨人嫌，都苟且行事以求敷衍了事。这样的话，吏治还有什么依靠指望啊！我非常希望你们能成为明体达用的全材，而深以你们成为同流合污的乡愿而惋惜，所以谆谆告诫，不怕周详，这是《春秋》中所讲的求全责备的道理，希望你们努力施行，勇于施行。"

【评述】

在清官问题上，雍正与康熙背道而驰。雍正看重的是经世济用的治世之能臣，如鄂尔泰、田文镜、李卫等，对博取清廉名誉却缺乏实际行政才能的清官持批判态度。雍正认为清廉有操守只不过是居官之一节，清廉并不代表一个人是好官，好官还要积极有为。这种想法源自于雍正刚猛严厉的性格，也与雍正当时孜孜求治的施政目标有关。雍正即位之后，一改康熙的宽仁作风，严明察吏，刚猛施政，不仅惩治了大批贪官污吏，而且以养廉银诉诸制度保证，整肃吏治颇为有效。毕竟清官是对官吏进行反腐败教育的正面榜样，对士人世风具有道德引领作用，其作用不可小视。

治天下惟以用人为本

【原文】

治天下惟以用人为本，其余皆枝叶事耳。

从古帝王之治天下，皆言理财、用人。思用人之关系，更在理财之上，果任用得人，又何患财之不理，事之不办乎？[1]

凡有才具之员，当惜之教之。朕意虽魑魅魍魉亦不能逃我范围，何惧之有？既至教而不听，有真凭实据时，处之以法，乃伊自取也，何碍乎？朕意卿等封疆大臣，只以留神用才为要。庸碌安分、洁己沽名之人，驾御虽然省力，恐误事。但用才情之人，要费心力方可。[2]

【译文】

治天下唯以用人为本，其余都是枝叶小事。

从古以来的帝王治天下，都说理财、用人。我认为用人更在理财之上。如果任用得人，又何必担心财理不好，事情办不成呢？

凡是有才的官员，应当珍惜他教导他。我认为即使是各种可以为害的鬼怪，也不能逃出我的范围，怕什么呢？等到教而不听，有真凭实据时，依法加以惩处，这是他咎由自取的，这又有什么

〔1〕《上谕内阁》，雍正四年六月二十八日谕，拱北楼书局藏板1986年影印本。

〔2〕中国第一历史档案馆编：《雍正朝汉文朱批奏折汇编》第七册，江苏古籍出版社1989—1991年出版（下同），第840—841页。

关系？我的意思是，你们这些封疆大臣，集中精神用好有才之人是最重要的。庸庸碌碌、沽廉洁之名的人，驾驭起来虽然省力，就是担心他们误事。但是用具有才情的人，要费些心力才能够掌控他们。

【评述】

在人治的古代封建社会，法治不是最重要的。“有治人，无治法”是历代帝王信奉的治国理念。在这种理念指导下，治国的关键就在于善择人、善用人、善于驾驭人。雍正以他丰富的政治经验将这一道理表述得更加明白清楚。“治天下惟以用人为本，其余皆枝叶事耳。”这一和重臣鄂尔泰讨论治国方略时作出的朱批，充分表现了雍正的治国思想。除此以外，雍正的治国用人思想最重要的就是主张用能臣，以强大的专制力量和丰富的经验驾驭好有才能的人才，“凡有才具之员，当惜之教之。朕意虽魑魅魍魉，亦不能逃我范围，何惧之有？”

除弊莫大于去贪官污吏

【原文】

人常言兴利除弊，天下有何利可兴？最要者在除弊耳。除弊莫大于去贪官污吏，果贪污尽去，天下自享其利矣。[1]

---

〔1〕《雍正朝汉文朱批奏折汇编》第十七册，第54页。

【译文】

人们常说要兴利除弊，天下有什么利可兴呢？最要紧的在于除弊罢了。除弊莫大于除去贪官污吏，如果贪污完全除尽，天下百姓自然就享有他们的好处了。

【评述】

雍正帝即位后，面对的是康熙晚年为政宽仁、政事疏忽留下的诸多难题，其中国库空虚、吏治腐败是最大的问题。雍正的统治就是从整顿吏治和清查亏空开始的。这两者是紧密关联的，又集中表现为重手惩贪。雍正一语击中施政要害："除弊莫大于去贪官污吏。"其刚猛施政的风格由此可见一斑。

妄取贪婪总属无益

【原文】

康熙六十一年十二月十三日，雍正帝谕户部："近日道府州县亏空钱粮者，正复不少，揆[①]厥所由，或系上司勒索，或系自己侵渔[②]，岂皆因公挪用？……任意侵蚀，辗转相因，亏空愈甚。一旦地方或有急需，不能支应，关系非浅。朕深悉此弊，本应即行彻底清查，重加惩治，但念已成积习，姑从宽典。除陕西省外，限以三年，各省督抚，将所属钱粮，严行稽查，凡有亏空，无论已经参出与否，三年之内，务期如数补足。毋得苛派民间，毋得借端遮饰，限满不完，从重治罪。三年补完之后，若再有亏空者，决不宽贷。其亏空之项，除被上司勒索及因公挪移者分别处分外，其实在侵欺入己者，确审具奏，即行正法。倘仍徇私容隐，或经朕访闻得实，或被科道纠参，将督抚一并从重治罪。”[1]

雍正谕吏部：“亏空钱粮各官，若革职留任催追，必致贻累百姓。伊等既已获罪革职，岂可复留原任？嗣后亏空钱粮各官，即行革职，著落伊身勒限追还。若果清完居官好者，该督抚等奏明。”[2]

雍正二年，雍正谕：“任意贪婪，亏空库帑，朕既不严加处治，若复听其脱然事外，不行追补，何以使人知所畏惧？且朕意欲使天下贪吏知妄取之物既不能中饱私橐，贻及子孙，虽贪婪总属无益，翻然悔悟，亦澄清吏治之一法。”[3]

【注释】

①揆：探寻。

②侵渔：指贪污掠夺。

【译文】

康熙六十一年（1722 年）十二月十三日，雍正帝诏谕户部：“近日道府州县亏空钱粮的，不在少数，探寻它的缘由，有的是由于上司勒索，有的是自己侵贪，怎么可能都是因公挪用。……如果任由侵蚀，辗转相因，亏空会更加厉害。一旦地方有急用，不能供应，关系重大。我深刻了解这一弊端，本来应该马上彻底清

〔1〕《上谕内阁》，康熙六十一年十二月十三日。

〔2〕《清世宗实录》卷四。

〔3〕中国第一历史档案馆编：《雍正朝起居注册》第一册，中华书局 1993 年版（下同），第 339 页。

查，重重加以惩治的，但是考虑到已经养成积习，姑且从宽处理。除了陕西外，以三年为限，各省都督、巡抚将所属钱粮，严格地进行稽查，凡是有亏空的，无论是否被参劾出来，三年之内，务必如数补足。不得苛刻地向民间摊派，不得假借理由掩饰，到期没有补足的，从重治罪。三年补完之后，如果再有亏空的，决不原谅。亏空的钱粮项目，除了被上司勒索及因公挪移的分别处分外，其中确实自己贪污占用的，一旦确审奏明，马上正法。如果仍然徇私隐瞒，或者被我访查得知实情，或者被科道纠察参劾，将总督、巡抚一并从重治罪。”

雍正诏谕吏部：“亏空钱粮各级官员，如果革职留任催追钱粮，一定会连累百姓。他们既然已经获罪革职，怎能还留原任？此后亏空钱粮的官员，马上革职，让他们自己限期追还。如果追还完好且居官清廉的，责成总督、巡抚等奏明。”

雍正二年（1724 年），雍正诏谕：“任意贪婪，亏空国库钱粮的官员，我如果不严厉处治，任由他们逍遥事外，不追补亏空，何以使人们知道畏惧？况且我想让天下的贪官知道妄取的东西既然不能中饱私囊，遗福子孙，即使贪婪，总是无益的，由此而翻然悔悟，也是澄清吏治的一种方法。”

【评述】

康熙六十一年（1722 年），雍正刚刚即位一个月就开始清理康熙晚年留下的弊政，其中重要的一项即是清查官员亏空的钱粮。雍正对亏空的性质、缘由、负面影响，对贪官的卑劣手段以及惩治方针都作了清楚的说明。执政之初发布的第一道上谕，既表明了雍正清查亏空、整饬吏治的决心，也为之后严厉打击贪官作了政治上的铺垫。雍正对亏空问题心中有数：钱粮亏空，一小部分是由于因公挪用，多数则是由于官员侵贪。雍正给了官员们三年的期限补足亏空，但是明确要求“毋得苛派民间，毋得借端遮饰，限满不完，从重治罪”。雍正知道贪官污吏必然会把亏空向百姓摊派，所以严令不能苛派民间。为了保证这一点，他命令坚决实行革职离任催追：“亏空钱粮各官，即行革职，著落伊身勒限追还。”因为这些有问题的官员如果被允许“革职留任催追，必致贻累百姓”。为了将清查亏空和整顿吏治相结合，雍正主张对亏空贪官严加惩治。其目的就是让贪官明白侵贪对自己和家人都没有好处，要让贪官产生畏惧：“意欲使天下贪吏知妄取之物既不能中饱私橐，贻及子孙，虽贪婪总属无益。”从这些清查亏空、整顿吏治且保护百姓的主张可以看出，一直到四十五岁才登上皇位的雍正在政治上已经比较成熟，不但能刚猛行政、澄清弊政，而且注意保护百姓利益、维护社会稳定。

侵欺者正法无赦

【原文】

雍正三年，上谕：

“内外文武官历年亏空甚多，圣祖仁皇帝宽大如天，不忍加之以法。伊等罔知儆畏，骄纵日久。朕临御以来，即欲严加惩治，恐化诲未施，遽行执法，近于不教而杀，是以屡降谕旨，谆谆警诫；又因国帑关系重大，条奏亏空者纷纷，朕从其所请，令委曲设法，搜其宦囊，查其族党亲戚平日分用官赀者，多方为弥补之计，以宽本人之诛。然此不过一时权宜，非可久行。……此等侵帑殃民之人，若不明正国法，终于无所畏惧。今化诲三年，不为不久，倘仍然侵蚀，恣意妄为，不惟国法难宥，情理亦断断不容。自雍正四年以后，凡遇亏空实系侵欺者，定行正法无赦。督抚大吏务须悉心查究，不可冤抑，亦不可宽纵，期于核实具奏，毋得以侵为那，使若辈漏网。凡杀人及盗，律皆抵罪，然命案、盗案，其害不过一人一家而止。若侵帑殃民者，在一县则害被于一县，在一府则害被于一府，岂只杀人及盗之比。该督抚何得徇庇容隐，不申国家之法，以为地方除害乎！其从前一切权宜设法，原欲委曲以全其性命，今既将侵欺国帑者按例正法，则搜其宦囊，查其亲党之事，俱不必行矣。今年未完之项仍照旧追赔，从雍正四年正月为始，着遵照此旨，以彰国法。该督抚如或扶同徇隐，以侵为那，亦必严加处分。”〔1〕

【译文】

雍正三年（1725 年），雍正谕旨：

“内外文武官员，历年来亏空很多，圣祖仁皇帝宽大如天，不忍对你们施加刑罚。你们不知儆畏，骄纵日久。我登基之初，就想严加惩治，但是担心教化没有施行，马上执法，近于不教育就斩杀的暴政，于是多次降旨谆谆警示告诫；又因为国家钱财关系重大，条奏亏空的很多，我听从了他们的请求，让他们想变通的办法来弥补，搜查他的官府私财，平时也分用官银的族党亲戚一

〔1〕《雍正朝起居注册》第一册，第 437 页。

律严查，多方设法弥补，以减轻他本人的罪过。然而这不过是权宜之计，不是能长久施行的。这些侵吞公款、祸害百姓的人，如果不明正国法，最终是无所畏惧的。今天，教化施行已经三年，不能说时间不久，如果仍然侵蚀，恣意妄为，不仅国法难以宽赦，情理上也断断不容。从雍正四年以后，凡遇到实际上是由侵吞欺诈导致的亏空，亏空官员一定正法，决不宽赦。督抚大吏一定要悉心查究，不能冤枉好人，也不能放过坏人。希望你们核实奏告我，不得以侵吞当做挪用，使这些人漏网。凡是杀人、盗窃，按照法律都应当抵罪，然而命案、盗案，危害的范围不过一人一家罢了。像那些侵吞公款、残害百姓的人，在一县就会祸害整个县，在一府就会祸害整个府，杀人及盗寇的罪恶怎么能和这些贪官相比。相关的主管督抚怎么能徇庇容隐，不执行国家的法律，为地方除害呢！从前一切权宜设法，原打算委曲以保全他们的性命，今天既然规定要将侵吞诈取国家资财的官员正法，那么搜抄其家，查其亲党的事，都不必施行了。今年没有完成的项款，仍然照旧追赔，从雍正四年（1726 年）正月开始，遵照此旨执行，以彰明国法。督抚如果有徇情容隐，把侵吞当做挪用的，也一定要严加处分。”

【评述】

雍正在即位之初开始清查亏空，本意就是要整饬吏治、清除弊政。但是为了防止别人对他严厉施政、不教而诛的指责，他给了亏空的贪官们三年的时间补足亏空。“令委曲设法，搜其宦囊，查其族党亲戚平日分用宦赀者，多方弥补之计，以宽本人之诛。”然而，在康熙后期的宽政之下，骄纵日久的贪官污吏们并不警醒，三年之后仍然有大批人没有完成退赃补亏的任务。于是到了三年之后，雍正开始用更加严厉的铁腕整饬吏治。他的真正目的是“侵帑殃民之人，若不明正国法，终于无所畏惧”。所以雍正明确规定：“自雍正四年以后，凡遇亏空实系侵欺者，定行正法无赦。”之所以如此严猛治吏，是因为雍正明白侵贪官员的危害巨大：“侵帑殃民者，在一县则害被于一县，在一府则害被于一府，岂只杀人及盗之比。”有人将雍正评价为刻薄寡恩，但是在整饬吏治上雍正对贪污腐败的严厉打击值得今人借鉴。

理国之道以厚风习为要务

【原文】

理国之道，贵储材有素，首先以厚风习为要务。风习既端，斯趋向有方，而人文蔚起矣。[1]

【译文】

治理国家的方法，贵在储备人才有方，首先要以笃厚风气为第一要务。风气端正了，趋向就会知道方向，而人文之风就会蔚然而起了。

【评述】

仅仅严厉打击贪官污吏，并不能遏制贪污腐败，必须将惩治和预防结合起来才能收到良好的效果。在预防的路径选择中，最

〔1〕《朱批谕旨》第三十册，《对田文镜雍正五年二月十八日奏折之批谕》，光绪十三年上海点石斋缩印本，第97页。

直接的是教育训导，最终的目的则是移风易俗。厚风俗，是历代有为之君的追求。雍正明白厚风俗的重要性。不端正官场风气和社会风尚，仅仅依靠短期性的整饬，吏治是无法澄清的。要去除前“腐”后继的贪官，必须改变以贪污腐败为常事的官场风气。

抨击朋党

【原文】

雍正二年，颁布《御制朋党论》，谕曰：

“朕即位后，于初御门听政日，即面谕诸王文武大臣，谆谆以朋党为戒。今一年以来，此风犹未尽除。圣祖皇考亦时以朋党训诫廷臣。廷臣俱不能仰体圣心，每分别门户，彼此倾陷，分为两三党，各有私人。一时，无知之流不入于此即入于彼。……朕平日并未树立党援而登践宝位，尔等益可知朋党之无益矣。夫朋友乃五伦之一，往来交际，原所不废，但投分相好，止可施于平日，至于朝廷公事则宜秉公持正，不可稍涉党援之私。朕今《御制朋党论》一篇，颁示尔等，须洗心涤虑，详习熟体。如自信素不预朋党者，则当益加勉励；如或不能自保，则当痛改前非。务期君臣一德一心，同好恶，公是非，断不可存门户之见。……诸臣果不负朕，朕岂忍负诸臣乎？朕之用人加恩，容有未当之处，或不能保其将来。至于治人以罪，无不详慎，或宽贷之处，人有不能知者；即下一严旨，亦求至当，从未随意轻加呵斥。……嗣后朋党之习务期尽除。……尔等当上念朝廷任用之恩，下为身家子孙之计，各勉之慎之。”

《御制朋党论》曰：“朕惟天尊地卑而君臣之分定。为人臣者，义当惟知有君。惟知有君则其情固结不可解，而能与君同好恶，夫是之谓一德一心而上下交。乃有心怀二三，不能与君同好恶，以至于上下之情暌①而尊卑之分逆，则皆朋党之习为之害也。……朕以为君子无朋，惟小人则有之。……朋友之道不可无，然……今既登朝莅官，则君臣为公义，而朋友为私情。……朕在藩邸时，坦易光明，不树私恩小惠，与满汉臣工素无交与，有欲往来门下者，严加拒绝。圣祖鉴朕居心行事公正无私，故令缵承②大统。今之好为朋党者，不过冀其攀援扶植，缓急可恃，而不知其无益也。徒自逆天悖义，以陷于诛绝之罪，亦甚可悯矣！”[1]

雍正四年，雍正针对汉人科甲朋党现象训斥：

“尔等汉人，于同年师生之谊，党比成风。平日则交相固结，有事则互相袒护，夤缘③请托，背公徇私。此种颓风，不知起自何时，竟至积锢日深，相沿日甚，不以为可耻，而视以为当然。顾恤私交，罔知国法。以朝廷取士之正途，为植党徇私之弊薮④，适足以败风俗而坏人心。……因怀同年师生之见，以致各怀偏私，党同伐异，颠倒是非，互相争执，竟置公道于不问……朕为纪纲法度、风俗人心之计，岂肯容若辈朋比妄行！”[2]

雍正五年，雍正以开捐纳的方式解决科甲朋党弊端：

“近见科目出身之员，不但多有苟且因循之人，而贪赃坏法者

---

〔1〕《雍正朝起居注册》第一册，第276—280页，转引自朱杰军著《严猛治吏——雍正朝吏治研究》，中国人民大学1999年博士论文，第48页。

〔2〕《上谕内阁》,《永宪录》续编，转引自朱杰军著《严猛治吏——雍正朝吏治研究》，中国人民大学1999年博士论文，第50页。

亦复不少，至于师友同年夤缘请托之风，比比皆是，牢不可破。假若仕途尽系科目，则彼此固结，背公营私，于国计民生为患甚巨。今……应酌添捐纳事款，除道、府、同知大员不准捐纳外，如通判、知州、知县及州同、县丞等官应酌议准其捐纳。古圣人立贤无方，各途皆有可用之才……不可执一而论。且使富厚有力之家叩授官职，便不希冀科名，萌营求奔竞之妄念，亦是肃清科场之道。且科目之人……上司往往畏惧瞻顾而不敢参劾；捐纳之员一有不善，则舆论不可姑容，上司易于执法。……倘不能称职，即便参革。"[1]

【注释】

①暌（kuí）：（人跟人或跟地方）隔开，分离。

②缵（zuǎn）承：承续。

③夤缘：攀附上升，比喻拉拢关系，向上巴结。

④薮（sǒu）：生长着很多草的湖泽，比喻人或物聚集的地方。

【译文】

雍正二年（1724 年），颁布《御制朋党论》，上谕说道：

"我即位后，在第一次御门听政的时候，就当面对诸王文武大臣谆谆嘱咐说，要以朋党为戒。到现在一年以来，这种风气还没有根除。圣祖皇父在位时，也时时以朋党训诫你们。你们都不能体察他的苦心，常常树立门户，彼此倾轧陷害，分作两三派，各各都有自己的私人。一时，无知之辈不加入这一党就加入那一党。

〔1〕《雍正朝起居注册》第二册，第 1309 页，转引自《严猛治吏——雍正朝吏治研究》，第 52 页。

……我平日并没有树立过党羽，也登上皇帝之位了，你们更应该知道朋党的无益。朋友是五伦之一，往来交际，本来就是不应废除的，但是朋友相投相交仅可适用于平时，至于朝廷公事，就应该出于公心坚持正义，不能够涉及一点儿朋党的私心。我今天亲自写《朋党论》一篇，颁示给你们，你们必须洗心涤虑，仔细体会我的深意。如果自信素来没有参与过朋党的，应该更加自勉；如果有过这种行为，就应当痛改前非。希望达到君臣同心同德，好恶相同，是非一心，绝对不能存有门户之见。……你们如果不辜负我，我怎么忍心辜负你们？我用人行赏，或许有不当的地方，有的并不能保其将来。至于给人治罪，我没有不详细谨慎的，有些宽大处理的地方，是人们所不能完全了解的；即使颁下一道严厉的令旨，也力求允当无偏，从未随意轻率地加以呵斥责备。……以后希望能够根除朋党的风气。……你们应当上念朝廷任用的恩情，下为身家子孙着想，各自勉励，谨慎从事。”

《御制朋党论》说：“我认为，天尊地卑，君臣的名分职守是固定的。做臣子的，按道义应该心中只有君主；心中只有君主，那么他的感情就会坚固而不能分解，就能够与君主好恶相同。这就是人们说的一德一心而上下交好。至于有的人心怀二意，不能与君主同一好恶，以至于上下的想法相背离，尊卑的名分相反，这都是朋党的恶习为害的结果。……我认为君子不结朋党，只有小人才有朋党。朋友之道不可没有，然而……现在既然出仕为官，那么君臣的关系是天下的公义，朋友之间的关系就是私情。我在藩邸为王时，坦荡光明，从不树立私恩小惠，与满汉大臣们素无交结，有想要来投靠门下的，严词予以拒绝。圣祖鉴于我居心行事公正无私，所以让我承继大统。今天喜欢结交朋党的人，不过是希望攀援有权有势之人，得到扶植，遇到急困都可以有所依靠，却不知道这样做是没有好处的。白白地违背天道正义，将自己陷于断头灭族的大罪，也实在是值得怜悯！”

雍正四年（1726年），雍正针对汉人科甲朋党现象训斥：

“你们这些汉人，喜欢拉拢同年情谊，讲究老师门生关系，结党成风。平日经常交结，有事就互相袒护，联络请托，背公徇私。这种歪风，不知道是什么时候开始的，竟然到了这般牢固的地步，相沿日甚，不以为可耻，竟然把它视为当然。只知道私交，不知道国法。拿朝廷取士的正道，作为自己植党徇私的聚集地，真是足以败风俗、坏人心。……因为持有同年师生之见，以致各怀私心，党同伐异，颠倒是非，互相争执，竟然把公道放在一边不问……我以为纪纲法度是关乎风俗人心的大计，怎么能容忍你们这些人结党妄行！”

雍正五年（1727年），雍正以开捐纳的方式解决科甲朋党弊端：

“近来看到科目出身的官员，不但有很多苟且因循的人，贪赃枉法的人也不在少数，至于借师友同年的名义互相联络，攀附请托的风气，随处都是，牢不可破。如果出仕都系于科甲一途，那么官员互相紧密地勾结，背弃公义，钻营私利，对国计民生造成的祸害非常大。现在……应该酌情添加捐纳事宜，除了道、府、同知大员不准捐纳外，通判、知州、知县及州同、县丞等官应该酌情考虑允许他们捐纳。古代圣人立贤不限出身，各路都有可用之才，不能执一而论。而且使这些有钱之家纳捐得到官职，他们便不会再对科名有所期望，不会再萌生营求奔走的非分的念头，这也是肃清科场的办法。而且科考出来的官员，上司对他们往往畏惧而瞻前顾后，不敢参劾；但是对捐纳得来的官员，一旦干了错事、坏事，舆论难于姑息容忍，上司执法也容易。如果不能称职，就可以马上参奏革职。”

【评述】

自古以来，封建帝王最忌讳朋党乱政。这一点在雍正统治时期尤甚，因为康熙晚年的诸皇子争储，派系斗争剧烈，且延续到雍正即位之后。雍正即位之初，一方面原来与之争夺皇位的“皇八子党”势力仍然存在；另一方面拥立雍正有功的年羹尧和隆科多羽翼渐丰，势力扩张明显，结党营私，擅权纳贿。面对这样的乱政，雍正对朋党尤为警惕，一方面不断颁布谕令甚至专门的文章抨击朋党，一方面加大打击朋党的力度。《御制朋党论》颁布后，雍正将打击朋党和整饬吏治结合，相继彻底铲除了皇八子、年羹尧和隆科多的朋党势力。之后为了打击防范科甲朋党，从制度上更改成例，一方面加强了任官的科甲回避，一方面竟然不惜开捐纳授官之途。以卖官鬻爵的捐官来抗衡科甲出身的、素质更高的官员，一方面可见雍正打击朋党的力度，另一方面也昭示了在专制统治之下皇权政治不得不面对的困境。尽管这样，雍正抨击朋党的思想和打击朋党的行为仍然具有一定的借鉴意义。

第九节　清高宗爱新觉罗·弘历

【人物简介】

清高宗爱新觉罗·弘历（1711—1799），即乾隆皇帝，是雍正帝第四子。于雍正十三年（1735 年）即位，为清代入关第四帝。乾隆在位共六十年，1796 年年初禅位于十五子颙琰（嘉庆），自己成为太上皇。乾隆皇帝在文治武功方面都有建树：即位后继续平定准噶尔部，消灭天山南路大小和卓木的势力，又镇压大小金川土司叛乱。乾隆五十八年，严拒英国的侵略性要求，打击了西方殖民主义者的野心。开博学宏词科，访求书籍，完成《明史》、《续文献通考》、《皇朝文献通考》等书籍的编纂；开设四库全书馆，编成《四库全书》。但是乾隆在统治期间，到处巡游，特别是六次南巡，浪费无度。晚年自号“十全老人”，陶醉于文治武功，在政治上无所革新且听任大贪官和珅专权，导致政治日益腐败。乾隆后期也成为清王朝由盛转衰的转折点。在惩治督抚等高级官员的腐败方面，乾隆力度不可谓不大。清代二品以上大员因腐败被处死的共四十一人，其中乾隆朝就有二十七人。但这些仍阻止不了整个官场的腐败大势，一个重要的原因在于乾隆本人尚奢华，好聚敛，喜收纳进贡。乾隆的行为给当时官场树立了错误的导向。

宽严并济

【原文】

治天下之道，贵得乎中，故宽则纠之以猛，猛则济之以宽……天下之理，惟有一中。中者无过不及，宽严并济之道也。[1]

恤民与惩奸，二者原相济为用。欲恤民断不可不惩奸，而非惩奸又断不能恤民……务期宽严并济，惩劝兼施，洗因循之积弊，归平庸之淳风。[2]

【译文】

治理国家的道理，以中庸之道为贵，所以如果为政宽大则要以严猛来纠正，如果为政严猛则要以宽大来缓和……普天下的道理只有一个中的原则。中的内涵是不过分，也不要不及，这是宽严并济的原则。

体恤百姓的疾苦和惩治奸恶之人，两者在国家治理中原本是需要互相辅助的。要想体恤百姓疾苦则绝不能不惩治奸恶，而不惩治奸恶又一定不能体恤百姓……一定要宽严并济，惩治和奖励兼施，洗涤因循守旧的积弊，回归寻常的淳朴之风。

---

〔1〕《清实录》乾隆元年三月乙巳，转引自戴逸著《乾隆帝及其时代》，中国人民大学出版社2008年3月第1版（下同），第102页。

〔2〕《清实录》乾隆八年十月乙亥，转引自《乾隆帝及其时代》，第104页。

【评述】

康熙的治国之道偏于宽，尤其是晚年，政事多有荒疏。雍正的治国之道偏于严，治国理政以严苛著称，在吏治方面留下了严猛治吏的名声。雍正的严是为了纠正康熙的宽，也是为了打击政敌，巩固皇权。宽严相济，是乾隆在总结康熙和雍正几十年统治经验的基础上提出的治国原则。乾隆的宽严相济主张，一方面是为了纠正雍正苛政带来的负面影响，另一方面也为他博得了宽大之誉。但乾隆的宽大并非废弛法纪，在诛杀贪酷官员方面毫不手软，不论是皇亲还是功臣，俱不例外。所谓宽严并济，关键在于因时制宜、因事制宜。宽严并济不仅是一种治国方针，也具有“执两用中”的哲学意味。

安民在于察吏

【原文】

嗟夫，治乱之理，岂非系于人君之用贤与不用贤哉![1]

创业难而守成亦不易，惟在人君用贤纳谏，则天下自安，而国家永固。[2]

安民在于察吏。各省民风，淳漓不一，政务繁简各殊，而随时整饬，必专其责于亲民之官。古称监司择守令，一邑得人则一邑治，一郡得人则一郡治。督抚有表率封疆之任，不在多设科条，

〔1〕《乐善堂全集定本》卷四《蜀汉兴亡论》，转引自《乾隆帝及其时代》，第129页。
〔2〕《乐善堂全集定本》卷四《东晋总论》，转引自《乾隆帝及其时代》，第129页。

纷扰百姓，惟在督察属员，令其就现在举行之事，因地制宜，务以实心行实政……有治人，无治法，诚探本之论也。[1]

【译文】

啊，国家治乱的道理，难道不是决定于君主任用贤才还是不任用贤才吗？

国家政治创业难，但守成也不容易，其中的关键在于君主要任用贤才、吸纳谏言，如此则天下自然安定，国家政权永远坚如磐石。

安抚百姓的关键在于考察官吏。各省民风的淳厚与浇薄都不相同，政务的繁简也各有差异，而要随时整饬民风和政务，必须有亲民之官专门负责。古人认为，监司选择守令，一个县邑有了合适的亲民官则一个县邑能够达到善治，一个郡有了合适的亲民官则一个郡能够达到善治。督抚有为地方官员做表率的责任，其职责重点不在于多设政务科目，以至于纷扰百姓，唯一重要的是督察下属官员，命令他们因地制宜地落实当前的政务，一定要以实心施务实之政……有治人，无治法，真的是触及治国根本的理论哪。

【评述】

比起他的父祖，弘历是非常幸运的。雍正十三年（1735 年），二十三岁的弘历顺利继承帝位。此处所选文字两段来自于《乐善

〔1〕《清实录》乾隆十五年五月己未，转引自《乾隆帝及其时代》，第 129 页。

堂全集定本》，该文集所收的是弘历继承帝位之前的文字。继帝位之前，年轻的弘历就认识到创业难而守成亦不易，国家治理的关键在于用贤纳谏，这说明经过祖父和父亲的培养，弘历的政治思想已经相当成熟。在执政十五年之后，弘历的政治经验更丰富，思想更成熟，但仍然在强调其年轻时所论述过的治国思想。不同的是，乾隆十五年（1750 年）的表述更加具体深入。所谓安民在于察吏，关键在于知人任贤，在于合理驾驭使用官员。“有治人，无治法”。这一被清代多位帝王信奉的治国原则，核心在于察吏，在了解官员才能品德的基础上，合理管理驾驭使用之。有了合适的官员，国家法制自然就可以运转了。弘历在执政前期继承了雍正的勤政传统，尤其勤于察吏。知县以上的官员他都会亲自考察了解，而且还会积极地通过各种其他渠道积极考察甄选官员。他合理驾驭，严加督饬，培养出了一大批优秀的官员。这些才德兼备的官员在治国理政中发挥了重要作用。不过，对照世界史可以发现，乾隆时期西方的启蒙运动正风起云涌，三权分立和天赋民权的思想已经打开了现代法治社会的大门，《人权宣言》和巴黎起义等事件引发的政治变革已经将西方大国送上了加速度发展的快车道，而古老的大清王朝帝王还在坚持“有治人，无治法”。我们不能责怪乾隆一个人，但中西对比的视野，无疑有助于我们合理评价乾隆的政治思想。

科道官员不可怀爱憎之私

【原文】

乾隆二年，乾隆谕总理事务王大臣：“国家设立科道官员，专司建言之责，必心本无私，又能通达治理，乃为无忝厥职。若识见虽未明通，而居心朴诚，则其言虽愚戆，而尚无害于事理，朕亦鉴其忱悃①而优容之。惟胸怀爱憎之私，借章奏以展其巧计者，则有玷台垣②，国法不可以轻恕。即如并未深悉地方民情，而奏称某地某事甚善，而承办之人，已暗受推荐；奏称某地某事不善，而承办之人，已隐被其中伤。是其敷陈之时，并非据实秉公，匡襄政务，而言在于此，意注于彼，其居心尚可问乎？看来近日科道中，此等习气，颇不能免，亦难逃朕之洞察。今年毛城铺一案，即其明验也。……科道官员，当扪心自问，如稍有爱憎之私未泯于中者，各宜猛省后改，毋蹈罪戾。”[1]

【注释】

①忱悃：诚实。

②台垣（yuán）：指科道官署。

【译文】

乾隆二年（1737 年），乾隆诏谕总理事务王大臣：“国家设立科道官员，专门负责建言，一定要内心无私，又能通达治理，才不辱这个职位。如果识见虽然不算通达，但居心诚实，那么他的发言即使憨直，也还无害于事理，我也会看在他诚实的分儿上包容他。但是那种胸怀个人爱憎的私心、借章奏来施展机巧之计的人，则玷污科道官职，国法不能从宽处理。打个比方，并没有深入了解地方民情，而奏称该地某事办得好，则承办的人已经暗中受到

〔1〕《清高宗实录》卷五十一，转引自《中华监察执纪执法大典》，第 530 页。

他的推荐了；奏称该地某事办得不好的，承办的人已经被他隐蔽地中伤。因为他奏报之时，并不是据实秉公，匡助政务，而是说的是此，意思却在彼。他的居心还需要问吗？看来近来科道中，这样的风气颇不能消除，也难逃我的洞察。今年毛城铺一案，就是明显的例子。……科道官员，应当扪心自问，如果稍有爱憎的私念还没有泯灭于心的，都应该猛然醒悟悔改，不要奔向罪恶。”

【评述】

科道官员是监察官员，在清代专制统治下，更是朝廷的耳目，最重公正直言。所以，清代多位帝王都对科道言官挟私言事保持警觉，并且时常加以申斥。任何一位皇帝刚刚执政，最需要的是准确的信息、公正的监察和勇敢的规谏。乾隆即位伊始就关注此事，也是理所当然。

京察乃激浊扬清之大典

【原文】

乾隆谕："在京官员，三年京察一次，乃国家黜幽陟明、激浊扬清之大典。各该堂官分别等次，必应矢慎矢公，至确至当。举一人使众皆知劝，退一人使众皆知儆，始足以澄清吏治，整饬官方。况国家有一等加级之例，倘举劾不公，则奖所不当奖，而劣者仍得苟且姑容，将视京察为具文矣。本年察典届期，为此特颁谕旨，著各该堂官等一秉公心，屏除私念，去瞻徇之习，孚舆论之同，以副朕旌别淑慝①之至意。”[1]

【注释】

①淑慝：好的坏的。

【译文】

乾隆告谕：“在京官员，三年京察一次，这是国家除恶奖善、激浊扬清的大典。各部堂官分别等次，一定要非常谨慎公道，十分准确允当。举荐一人，要使大家都知道劝勉；黜退一人，要使大家都知道警戒，这样才能够澄清吏治，整饬官员队伍。何况国家有一等加级的条例，如果荐举或参劾不公正，就会奖所不当奖，而劣官仍然得以苟且姑容，把京察看做一纸空文。本年京察大典要到了，为此特颁谕旨，命各部堂官等应完全出以公心，摒除私心杂念，除去徇私陋习，使公众舆论信服，以达到我所希望的甄别好坏的目的。”

【评述】

清承明制，以京官京察和外官大计作为文官的政绩考核大典。鉴于考核在吏治中具有极其重要的作用，每次考核都关系到官员的升降、奖励、惩罚甚至革职，所以京察被称之为激浊扬清之大典。但是在实际执行中，京察和大计往往成为形式，失去了激浊扬清、劝善惩恶的功能。乾隆在京察举行之前重申京察乃澄清吏治、整饬官方的大典，必须起到提振吏治的作用。官员的考核制

〔1〕《清高宗实录》卷一百三十五，转引自《中华监察执纪执法大典》，第536页。

度不但要注重制度建设，更要注重制度的落实。

明刑弼教乃国家刑政之大纲

【原文】

详论蒋炳及九卿科道庇护杨灏之谬及其对国之危害。乾隆谕：

“秋审官犯册内，该抚以及九卿科道，共存党庇婪赃侵蚀之原任布政使杨灏，竟拟缓决。其情实属可恶，已降旨分别治罪议处矣。夫明刑弼教，乃国家刑政之大纲，近日内外问刑衙门习气，不求其情罪之允当，惟事妇寺①之仁……转以依律科罪为不免过当，成何政体！……至俨然服官从政，自当知凛遵宪典，而犹悍然作奸犯科，此而可宽，则谁不蔑法营私？小民将必深受其害。如杨灏身为藩司，为阖省属员表率，乃侵扣谷价数千两，是其肥橐者，皆民之脂膏也。而遽以限内完赃，欲贷其死。夫限内完赃，姑从末减，在微员犹或可言，岂有方面大员，婪赃累累，而尚借口完赃，俾得偷生视息，有是理乎！朕临御二十二年，试问在朝诸臣，有敢窃弄威福能生死人者为谁？”〔1〕

【注释】

①妇寺（shì）：宫中的妇女近侍，也指宦官。这里指妇女。

【译文】

详细讨论蒋炳及九卿科道庇护杨灏的荒谬，以及如此对国家

〔1〕《清高宗实录》卷五百四十六；另见中国第一历史档案馆藏《乾隆朝上谕档》，转引自王春瑜主编《中国反贪史》，四川人民出版社2000年版，第1022页。

的危害。乾隆告谕说："今年秋审官犯册里面，该巡抚及九卿科道一起包庇贪赃枉法的原任布政使杨灏，竟然打算死刑缓决。这种情况实属可恶，已降旨分别对他们治罪议处。明正典刑，辅以政教是国家刑政的基本大纲，近来内外问刑衙门的风气，不求罪犯情罪是否允当，只求妇人之仁……转而以依照法律定罪为过当，这算什么政体？……至于正式服官从政的，本应知道敬遵国家宪典，而犹然作奸犯科，这样的人如果宽恕，那么谁不会蔑视国家的法律而营私舞弊？百姓将肯定深受其害。如杨灏，身为藩司，是全省官员的表率，却侵扣谷价数千两，他所中饱私囊的，都是百姓的脂膏。竟然以他在规定期限之内追还赃款，想要免其一死。在规定期限之内追还赃款而姑且减罪，对小官来说，或者还有几分道理，哪有地方大员贪赃累累，还借口完赃得以偷生的，有这种道理吗？我治理天下二十二年，试问在朝这些大臣，有谁敢私自玩弄威福使人生使人死？"

【评述】

杨灏、蒋炳一案是乾隆时期的大案。案件起因是因为杨灏贪污。乾隆本意是借公开严惩杨灏，以反面典型教育世人，所以在之前给军机大臣的谕令中特别强调："杨灏受朕特恩，简用藩司，乃敢侵扣银至三千余两，负恩枉法，罪无可贷；监候已属恩典，岂得借口完赃便从缓决，著蒋炳接奉此旨后，即率同藩臬二司，将杨灏即行正法。倘若泄露风声，致杨灏先知而自戕殒命，不及明正典刑，即令蒋炳抵偿。"乾隆之所以要将杨灏即行正法，是因为明刑弼教，乃国家刑政之大纲，严办腐败大员是澄清吏治的需要。但是在之后的执行中，蒋炳审理杨灏侵扣婪赃一案，将本已被判拟斩的杨灏以“完赃减等”的律例为依据，改判为限内完赃，归入缓决。这种做法令乾隆非常生气，于是不但严办杨灏，还要严办蒋炳，顺带还就此反面典型案例对其他官员进行教育。乾隆的主张主要有两点：其一，要严惩贪官，以明刑弼教；其二，要杜绝妇人之仁，保持严打高压，促进明刑弼教。应该说，乾隆的主张是非常正确的，反腐败必须保持一定的惩处力度，才能对贪官构成震慑。最终，此案中的杨灏即行斩决。蒋炳虽然犯了过错，但乾隆考虑到他从轻处理此案只是营私沽誉，没有受贿枉法，免其斩候，发往军台效力赎罪。与乾隆对杨灏、蒋炳一案的判决相关的一个重要史实是：在此案的第二年，乾隆废止了成文于雍正三年（1725 年）的“完赃减等发落”的例文。从那之后，乾隆朝的律例对贪官的威慑力大为提高。这些都表明，在执政前期，乾隆的反腐力度还是相当大的。

第十节　清仁宗爱新觉罗·颙琰

【人物简介】

清仁宗爱新觉罗·颙琰（1760—1820），即嘉庆皇帝，是乾隆皇帝第十五子，为清代入关后第五代皇帝。于乾隆六十年（1795 年）被正式立为皇太子，第二年正月受乾隆帝禅位即帝位，其后朝政仍被太上皇乾隆帝控制。嘉庆四年（1799 年）正月乾隆帝死后，嘉庆开始亲政，整肃纲纪，诛杀和珅，广开言路，祛邪扶正，整饬内政，很想有所作为。然而尽管嘉庆勤俭施政，力图振兴，但他的努力未能从根本上扭转清朝政局的颓败。其统治期间，吏治腐败，武备废弛，土地高度集中，农民起义不断，清政权日趋衰落。

居官清正为国之宝

【原文】

嘉庆六年四月，嘉庆特谕："国家设立官职，务在养民，培植民之生业，使之家给人足，各安其生，不至流而为匪，国本自固。因此居官清正为国之宝，贪黩者为国之害。……官员以养廉俸银涓滴之资捐出办公，以图博取一个好名声。朕非好货之主，不必以此取宠，只能得到朕的轻蔑。近来湖北偶然聚集了大量难民，又正值军需用度很大，因而书麟、倭什布各捐数千金捐赈，使地方安定。朝廷特予议叙，以奖其急公之举。但此事终不可效仿，否则会流弊造成向属员索取，或剥削百姓。朕特书此谕，以警戒官心。愿吏治永清，民生永静。"[1]

【译文】

嘉庆六年（1801年）四月，嘉庆特谕："国家设立官职，目的在于养民，培植百姓的生计家业，使他们家给人足，各安其生，不至流离失所沦为匪寇，国家也因此自然牢固。因此，当官的清廉正直是国家的财富，贪婪污浊是国家的祸害。……有的官员把养廉和俸银捐出来办公事，以图博取一个好名声。我不是喜欢财货的人，不必以此邀宠，这样做只能得到我的轻蔑。近来湖北偶

〔1〕《清仁宗实录》卷八十二，转引自《中华监察执纪执法大典》，第625页。

然聚集了大量难民，又正遇上军需用度很大，因而书麟、倭什布两位官员各自捐出数千金来赈灾，使地方安定。朝廷特此给予表彰，以奖励他们的急公行为。但这样的事终究不可效仿，否则会流弊无穷，导致向属员索取，或者剥削百姓。我特写此谕，以警戒官员之心。希望吏治永远清廉，老百姓永远过太平日子。”

【评述】

在乾隆时期，由于乾隆本人的贪婪，曾经形成了一种官员上贡、上缴议罪银以满足乾隆个人私用的腐败风气。嘉庆申明自己“非好货之主”，告诫官员“不必以此取宠”，并且公开提倡“居官清正为国之宝，贪黩者为国之害”，表明嘉庆和清代前期的帝王一样在廉洁贪污这样的大是大非的问题上毫不含糊。作为置身于腐败成风的清后期的帝王，嘉庆的这些思想无疑是值得肯定的。

申斥言官挟私言事

【原文】

嘉庆十六年四月，嘉庆谕内阁：“国家设立都察院堂官、六科各道，凡内自王公大臣，外自督抚藩臬，以至百职庶司，如有营私执法、辜恩负职者，言官据实纠弹，立即按款严究。近年言官中竟有怀挟私怨，阳沽鲠直之名，阴施报复之计，以巧试其术者。其初列款上闻，浮言耸听，及查明毫无证据。今后各言官当矢天良，遇有不公不法之事，必求确据。若以毫无影响之谈，诬人名节，天鉴难逃，国法具在，凛之慎之。”[1]

【译文】

嘉庆十六年（1811 年）四月，嘉庆告谕内阁：“国家设立都察院堂官、六科各道，凡是内自王公大臣，外自督抚藩臬，以至各部门所有官员，如有徇私枉法、辜负圣恩、有负职守的，言官应该依据实情纠举弹劾，立即按规定严厉追究。近年来言官中竟有心怀私怨，表面上博取耿直之名，暗地里实施报复之计，以机巧施展他的权术的人。他开始具事上奏，听起来很吓人，等到仔细查证，发现毫无根据。今后各位言官，一定要凭良心施政言事，遇到不公正不守法的事，一定要求证据确凿。如果拿捕风捉影的话诬陷人的名节，上天可鉴，注定难逃，国法就在眼前，应该敬重它、谨慎地对待它。”

【评述】

言官挟私言事，自古以来就存在，但是在政治清明的时期，或者遇到精明强干的帝王，言官不敢造次。到了嘉庆时期，清帝国的专制统治已经有所削弱，言官挟私言事这样的乱政就缺少了有力的制约。嘉庆重申这一点，无疑是为了整饬国政、澄清吏治，但是其效果却不一定理想。

---

〔1〕《清仁宗实录》卷二百四十二，转引自《中华监察执纪执法大典》，第 641 页。

第十一节　唐甄

【人物简介】

唐甄（1630—1704），清朝初年著名思想家和政论家。初名大陶，字铸万，号圃亭。四川省达州（今达川）人。清顺治十四年（1657年）中举人。曾在山西长子县担任过十个月的知县，因与上司意见不合被革职。后经商赔本，流寓江南，靠讲学卖文维持生活，著有《潜书》九十七卷。在该书中，他对君主专制制度和在这种制度下的种种社会弊端进行了猛烈的抨击。其学问近于“陆（九渊）王（守仁）”一系，宗阳明良知之学，但反对理学家空谈心性，不讲事功。在经济上主张“富民”。对于时政、民生、实务多有论述。其民本思想对后世有较大影响。

治贪富民

【原文】

财者，国之宝也，民之命也；宝不可窃，命不可攘。圣人以百姓为子孙，以四海为府库，无有窃其宝而攘其命者，是以家室皆盈，妇子皆宁。反其道者，输于幸臣之家，藏于巨室之窟。蠹多则树槁，痈肥则体敝。此穷富之源，治乱之分也。

……天下之大害莫如贪，盖十百于重赋焉。穴墙而入者，不能发人之密藏；群刃而进者，不能夺人之田宅；御旅于途[①]者，不能破人之家室；寇至诛焚者，不能穷山谷而遍四海。彼为吏者，星列于天下，日夜猎人之财。所获既多，则有陵己者负箧而去。既亡于上，复取于下。转亡，虐取，如填壑谷，不可满也。夫盗不尽人，寇不尽世②。而民之毒于贪吏者，无所逃于天地之间。是以数十年以来，富室空虚，中产沦亡，穷民无所为赖。妻去其夫，子离其父，常叹其生之不犬马若也。

今之为吏者，一袭之裘，值二三百金，其他锦绣视此矣；优人之饰，必数千金，其他玩物视此矣。金盏银罂，珠玉珊瑚，奇巧之器，不可胜计。若是者，谓之能吏；市人慕之，乡党尊之，教子弟者劝之。有为吏而廉者，出无舆，食无肉，衣无裘，谓之无能；市人贱之，乡党笑之，教子弟者戒之。盖贪之锢人心也甚矣！

治布帛者，漂则白，缁③则黑。由今之俗欲变今之贪，是求白于缁也。治贪之道，赏之不劝，杀之不畏，必渐之以风④。《礼》曰："知风之自。"昔者明太祖衷襦⑤之衣，皆以梭布。夫衣可布，何必锦绣；器可瓦，何必金玉；粱肉可饱，何必熊之蹯⑥、玉田之禾。吾闻明之兴也，吴之民⑦不食粱肉，闾阎无文采，女及笄⑧而不饰，市不居异货，宴宾者不兼味，室无高垣，茅舍邻比。吴俗尚奢，何朴若是？盖布衣之风也。人君能俭，则百官化之，庶民化之。于是官不扰民，民不伤财。人君能俭，则因生以制取，因取以制用。生十取一，取三余一。于是民不知取，国不知用，可使菽粟如水火，金钱如土壤，而天下大治。为君之乐，孰大于是哉！〔1〕

【注释】

①御旅于途：拦路抢劫。

---

〔1〕 唐甄著，吴泽民编校：《潜书》下篇上《富民》，中华书局1963年6月增订第2版（下同），第105—107页。

②盗不尽人，寇不尽世：盗不是尽人皆是，寇不是尽世都有。

③缁：用黑色染料去染。

④渐之以风：用社会风气浸染。

⑤衷襦：内衣短袄。

⑥蹯：脚掌。

⑦吴之民：明太祖朱元璋籍贯安徽濠州，地属吴，朱元璋曾为吴王。以下各句皆述吴人俭朴之风。作者认为正是由于出身平民的朱元璋的倡导，才造就了吴地百姓的节俭之风。

⑧及笄（jī）：指女子年满十五岁。古时女子年满十五岁把头发绾起，戴上簪子。笄，古代束发用的簪子。

【译文】

财富是国家的宝物，老百姓的命根子。宝物是不能被偷的，命根子也是不能夺取的。圣人把百姓视为子孙，把四海视为国家的府库，从来不偷宝物和夺取生命，于是百姓之家都很富足，男女老幼都很安宁。违反圣人之道的做法，则把宝物输送到宠幸的大臣家里，藏在大家族的深洞内。蠹虫多了，树会枯萎，疮大了，身体会瘦弱。这两种不同的做法是国家穷富的源泉，也是国家治乱的区别所在。

……天下最大的害处莫过于贪腐，这比加重赋税更有害百倍。破墙而来偷盗的，不能够发现人们秘密的宝藏；聚众持刀闯进家门的，不能夺走人的田地房屋；半路抢劫的，不能破坏人家的家室；匪寇即使又杀又烧，也不能四海横行。但是那些当官的，就像天上的星星一样广布于天下，日夜夺取百姓的财富。所获既多，又被上面更大的官拿去了。下面的官吏既然失去了之前贪占掠夺之财，于是又从百姓中索取。没有了，就大肆向百姓掠夺，就像填山谷一样，永远填不满。强盗不是每个人都抢的，匪寇也不是哪里都能横行的，但老百姓受贪官的毒害，天地之间没有可以逃避之处。因此几十年来，殷实的家庭变得空虚，家境中等的逐渐破败，穷苦百姓则更无所依赖。于是妻子离开丈夫，子女失去父亲，常常叹息活得连狗马畜生都不如。

现在当官的，穿一身裘皮做的衣裳，足值两三百两银子，其他的锦绣衣物与此类似。优伶戏子的装扮，动不动就是几千银子，其他的玩物与此类似。金杯银碗，珠宝玉器珊瑚，奇异精巧的器物，数也数不过来。只有这样的官员才称得上是有能力的官员。市井之人争相仰慕，同乡敬重，教育子弟，鼓励他们向这样的人学习。如果有当官清廉的，出行无车，饮食无肉，穿着无皮衣，就被称作无能。市井之人鄙薄他，同乡之人耻笑他，教育子弟的则告诫子弟们要引以为戒。贪腐的风气充塞人心真是厉害呀！

做布帛的，用水漂就白，用黑染就黑。在今天这种风俗环境中，想要改变贪腐之风，无异于要白布却用黑色染料来染。治理贪腐的办法中，赏不会获得奖励之效，杀不会获得畏惧之效，一定要以社会风气来浸染。《礼记》中说：“知风之自。”过去，明太祖的内衣都是普通梭布做的。衣服既然可以用普通布料，何必一定要用锦缎绸布？器具可以用陶瓦，何必一定要用金玉？稻粱畜肉可以吃饱，何必一定要吃熊掌、玉田的禾？我听说明朝兴起时，明太祖朱元璋的老家吴地的百姓不吃好米好肉，民间穿着没有什么文采修饰，女的十五岁了也不怎么妆饰，市场上不积储珍奇异货，请客吃饭不同时吃多种美味，百姓之家没有高墙，茅屋相邻。吴地的风俗本来是很奢侈的，为何如此俭朴？这是太祖穿普通布衣所引领造就的俭朴风气。君王能够俭朴，于是百官得到教化，黎民得到教化。于是官吏不扰害百姓，百姓不挥霍钱财。君王能够俭朴，就会根据生财数量按制度来取财，根据所取得钱财的量按制度来施用。老百姓的财富十份才取走一份，用三份还剩下一份。于是百姓不知道被取走了钱财，国家也不知道用了钱财。这样可使豆粟如水火一样普通，金钱和土壤一样平常，而天下太平。做君王的乐趣，哪里有比这更大的?

【评述】

在这篇著名的《富民》论之中，唐甄提出了治贪以富民的政治主张。唐甄认为一个社会是藏富于民还是聚富于官宦大家，是社会治乱的主要区别。天下之大害莫如贪，因为贪比盗寇更可怕。贪官荼毒百姓，百姓没有逃脱的可能。而唐甄所生活的康熙年间世风奢侈："今之为吏者，一袭之裘，值二三百金，其他锦缎绸布视此矣；优人之饰，必数千金，其他玩物视此矣。"能够贪财且过上奢侈生活的官吏则被世人所羡慕，而生活简朴的廉吏则被世人"谓之无能——市人贱之，乡党笑之，教子弟者戒之"。面对世风日下、贪风日涨的世道，唐甄提出要大力治贪。治贪之道在他看来，必须在奖赏与惩杀之外，通过统治者带头提倡节俭之风以改变官风世风。只有风俗改变了，通过风俗浸染教化百姓，才能消除奢侈和贪污的社会大环境，才能治贪，才能富民。唐甄居官时间虽然不多，但是短期的亲民官的经历和长期的底层生活让他看到了贪官对于社会的巨大危害，其论述可谓深刻。更可贵的是，唐甄还提出了有效的治贪方法："治贪之道，赏之不劝，杀之不畏，必渐之以风。"唐甄所提出的"渐之以风"的治贪方法，对加强社会风气塑造，以文化的力量制约腐败，很有启发意义。

养民之道必以省官为先务

【原文】

官多，则禄不得不薄。禄薄，则侵上而虐下，为盗臣，为民贼。故养民之道，必以省官为先务焉。今夫富人之家，百羊为群，以一人牧之，足矣。主人虑其不周也，既立之牧，又为之监，司刍有人，司菽有人①。欲厚其廪食，而羊息②不足以供之；薄其廪食，则必窃刍与菽，而羊且瘦而多耗矣。多官害民，亦犹是也。[1]

【注释】

①“既立之牧”四句：既有牧养的，又有看守的，有管草料的，又有管豆类的。

②羊息：养羊所获的利润。

【译文】

官员设置过多，俸禄必然变少。俸禄少，则官员必然会贪公欺下，成为贪占国家财产的盗臣，成为欺虐百姓的民贼。所以说养育百姓的方法，一定是以减省官员为第一要务。比如一个有钱人家，养了一百只羊，用一个人看管牧养就足够了。主人怕他照顾不周，已经设置了牧养的人，又增设一个监管的人、一个专门管理草料的人、一个专门管理豆类饲料的人。想让这些人的薪水高些，而养羊的利润又不足；想减少这些人的薪水，他们势必会

---

〔1〕《潜书》下篇上《省官》，第135页。

偷盗草料豆食，这样羊群势必会消瘦损耗。官员设置过多一定会侵害百姓，道理和这个是一样的。

【评述】

省官，或称裁汰冗员、精兵简政，历代都有政治家、思想家不断地提出这样的主张。唐甄的高明之处在于，他论述任何道理都非常生动深刻，善于用非常形象的比喻，将道理论述得通俗而深刻。官多则禄薄，禄薄则害民，这样的教训应当认真汲取。

以养民富民为功

【原文】

古之贤君，举贤以图治，论功以举贤，养民以论功，足食以养民。虽官有百职，职有百务，要归于养民。上非是不以行赏，下非是不以效治。后世则不然。举良吏而拔之高位，既显荣而去矣。观其境内，冻饿僵死犹昔也，豕食丐衣犹昔也，田野荒莽犹昔也，庐舍倾圮犹昔也。彼显荣之举奚为乎？为其廉乎？廉而不能养民，其去贪吏几何？为其才乎？才而不能养民，其去酷吏几何？爱赤子者，必为之择乳母。勤谨不懈，得主母之欢心，可谓良乳母矣；然而无乳以饿其子，是可谓之良乳母乎？廉才之吏，不能救民之饥饿，犹乳母而无乳者也，是可谓之良吏乎？廉者必使民俭以丰财，才者必使民勤以厚利。举廉举才，必以丰财厚利为征。若廉止于洁身，才止于决事；显名厚实归于己，幽忧隐痛伏于民。在尧舜之世，议功论罪，当受四凶之次也，安得罔上而受赏哉！

朝廷行政，群臣从政，未有行左而从右者。上不以富民为功，而欲吏以富民为务，岂可得乎？……为治者不以富民为功，而欲幸致太平，是适燕而马首南指者也。虽有皋陶稷契之才，去治愈远矣。[1]

【译文】

古时候贤明的帝王，举用贤才来达到治世的理想，通过考量政绩来选拔贤才，而政绩的考量标准在于能否养育百姓，能否养育百姓又在于能否让百姓有充足的食物。所以，虽然官有百职，职有百务，主要还在于养民。在上位者不是如此则不会行赏，在下位者不如此就不算有效地治理。后世就不这样了。选拔一个良吏使他居于高位，非常荣光地走了。但观察他所治理的地方，冻死饿死的和过去一样多，百姓吃穿和过去一样糟糕，田地和过去一样荒芜，房舍和过去一样破败。提拔他是为什么呢？是因为他廉洁吗？廉洁而不能养民，他跟贪官有什么区别？是因为他有才干吗？有才干却不能养民，他和酷吏有何区别？爱孩子的一定会给孩子选择好的乳母，乳母勤快谨慎而不懈怠，得到主母的欢心，这样可以说是个好乳母了。然而如果无乳而让孩子挨饿，还能说是好乳母吗？廉洁而有才干的官吏却不能救民之饥饿，就像无乳的乳母一样，还能说是良吏吗？廉洁的官员必定使百姓俭朴以增加财产，有才干的官员必定使百姓勤劳以获得厚利。提拔廉洁的有才干的官员，一定要以百姓的丰财厚利为表征。如果廉洁仅仅止于他自己，才干仅止于决事，名声和实惠给了他自己，幽忧隐

〔1〕《潜书》下篇上《考功》，第110、111页。

痛却给了百姓。在尧舜的时代，议功论罪，他们的罪过仅次于共工、驩兜、三苗和鲧这“四凶”，怎么能欺骗皇上受到奖赏呢？

朝廷行政，大臣们施政。没有朝廷倡导走左边而臣下走右边的道理。皇上不以富民为功劳，而想要官吏以富民为务，那能实现吗？……治理国家不以富民为功劳，而想达到太平盛治，完全是南辕北辙。即使有皋陶、稷、契那样的才干，也只会离治世更远。

【评述】

“虽官有百职，职有百务，要归于养民。”唐甄政论的立足点是养民富民，这种朴素的民本思想是非常可贵的。更可贵的是唐甄从这个立论出发，批判了一般的廉洁从政理论：“廉而不能养民，其去贪吏几何？”这样的批判是非常犀利的，是非常有特点的廉政思想。在唐甄看来：“廉者必使民俭以丰财，才者必使民勤以厚利。举廉举才，必以丰财厚利为征。”唐甄认为，只有有操守有才能的官员都致力于改善百姓生活，天下才会大治。唐甄的思想是朴素的、务实的，然而却是深刻的。

第十二节　林起龙

【人物简介】

林起龙（？—1667），顺天大兴（今属北京）人，原籍福建，字北海。顺治三年（1646 年）进士，授吏科给事中。顺治十二年，迁大理寺寺丞。十三年，擢工部侍郎。十五年，改户部侍郎，总督仓场。十六年（1659 年），加太子少保。康熙即位之后，授漕运总督。

严饬官箴疏

【原文】

臣惟天下治乱，视百姓之安危；百姓之安危，系守令之贤否。……夫为朝廷教养百姓者，守令也。今之守令，有能招徕流亡者乎？有能开垦荒芜者乎？有能巡行阡陌者乎？有能教民树艺[①]者乎？有能稽核发户口者乎？有能均平赋税者乎？有能轻省徭役者乎？有能驱除盗贼者乎？有能抑制豪强者乎？有能禁戢衙蠹[②]者乎？有能赈恤灾患者乎？有能救济孤寡者乎？有能修浚城池者乎？有能平治桥梁者乎？有能兴举学校者乎？凡此十五者，皆守令之责。臣非刻论天下，知其未有能举行者也。即其善者，不过急赋敛、听狱讼、谨簿书而已。至于贪酷暴虐，朘[③]膏血以肥己，昏庸罢软[④]纵虎狼而噬人。守令如此，百姓安所得生乎！

臣请敕下该部，申明守令职事，严行抚按急加督课，务令实心任事，勿尚虚文。仍于臣所言十五事，分别多寡，用为殿最[⑤]。如全行者为上，一半者为次，少者为下。上者许巡按御史不时特荐，次者复命保举，下者论劾。如此，庶人知职事，实政举行，积弊自除矣。若夫贪酷暴虐，必拿问重处。盖此辈以市井无行，滥盗名器[⑥]。一入仕籍，即垂涎民髓，及囊橐充满，自揣不过罢官而已，归买良田美宅，扬扬得计，是罢职反投其愿也。

臣请自今如遇赃官，不徒论罪，必如数追出助饷[⑦]，依律问罪。赃至五七百两者，必籍没资产，使彼有身家子孙之虑，庶贪者敛迹守法矣。若昏庸罢软，必题参斥革。盖此辈以老惫聋聩，谬膺重寄，任凭书吏纵横，满堂皆官，较贪吏虽未得财，而误国殃民，为害更大。今法止降调简僻。夫何地非皇上之疆土！何民非皇上之赤子？且简僻之地，穷乡下邑，悉无告穷民，以此辈治之，是益重其穷矣。况天下之大，何患无才，必欲姑息如此也？臣请自后如遇老迈龙钟，即行斥革，不必降调。庶人知鼓励，不致因循废弛矣。[1]

【注释】

①树艺：种植。

②衙蠹：衙门蛀虫，指官府内为非作歹的官吏、差役。

③朘（juān）：剥削。

④罢（pí）软：疲惫软弱。

⑤殿最：下等与上等。

⑥名器：名号与车服仪制。封建社会用以区别尊卑贵贱的等级。

⑦助饷：加派的赋银，非法所得。

【译文】

臣认为天下的安定与否取决于百姓的安危，百姓的安危则取决于守令的贤与不贤。……守令是朝廷用以教养百姓的。如今的守令，有能招徕并安顿流亡百姓的吗？有能开垦荒田的吗？有能到田间进行实地考察的吗？有能教授民众种植庄稼的吗？有能稽

〔1〕 贺长龄辑、魏源编：《皇朝经世文编》卷十九《史政五·考察》，转引自《魏源全集》第十四册，岳麓书社2006年版（下同），第214—215页。

查核实户口的吗？有能使赋税更公平合理的吗？有能减轻徭役负担的吗？有能驱除盗贼的吗？有能抑制地方豪强的吗？有能清除衙门中为非作歹的蛀虫的吗？有能赈济体恤灾民的吗？有能救助孤寡老人孩子的吗？有能修建整治城池的吗？有能兴建桥梁的吗？有能兴办学校的吗？以上十五种，都是守令的职责。臣并不是苛刻地评论天下守令，但在现任守令中实在没有能完成这十五种职责的官员。即使是优秀的守令，也不过是着力于催收赋税，处理官司，披阅起草公文而已。至于残酷暴虐的官吏，则剥削百姓膏血以自肥；昏庸无力疲软无能的官员则听凭手下鱼肉百姓。守令如此，百姓哪里还有活路呢？

臣请皇上敕命有关部门，申明守令的职责，严令巡抚巡按迅速督促考核，务必令他们实心做事，不要追求虚言文饰。可以拿臣所述的十五件事作为评判标准，根据所做事情的多少，评出上下档次。十五件事全能做者为上，能做一半者为次，更少者为下。评为上的允许巡按御史随时予以特别推荐，评为次的可以保举，评为下的予以弹劾处分。这样一来，官吏就会注重职守，做出实实在在的政绩，过去留下的弊端不除自清。若是贪酷暴虐的官吏，一定革职重处。这些人本来就是市井中的无赖，滥盗名器成为国家官员。一旦当了官，就垂涎于民脂民膏，一直侵贪到钱囊丰足。他们心想，即便受惩也不过罢官而已，那就回家买良田美宅吧。这样，被惩治反让他们扬扬得计，罢官反而遂了他们的心愿。

臣请求皇上今后若处理赃官，不光要定罪，而且要如数追回非法所得，并依法律问罪。若赃款达到五七百两银子，必须没收其资产，使他们不得不为自身、家庭、子孙后代考虑，这样贪官才会收敛贪欲，遵章守法。若是昏庸疲软之辈，必须题参革职。

这些人年老体弱，耳聋眼花，胡乱应付差事，任凭手下书吏胡作非为，满衙门都成了官，比起那些贪官污吏，尽管自己并未得财，但祸国殃民，为害更大！现在的处置方式是将他们降职调到穷山僻壤之处。但哪里不是皇上的疆土？哪里的百姓不是皇上的子民？况且穷山僻壤之处均是贫困之地，百姓都是上告无门的穷苦百姓，若让他们去治理，百姓的日子不是更穷困了吗？再说天下之大，还怕没有人才，何必如此姑息他们呢？臣请求皇上日后若遇到老迈龙钟的官员，立即予以革职，不要再降级调用。如此，官吏才会知道国家鼓励的方向，不致因循守旧，使政事废弛。[1]

【评述】

顺治年间，时任给事中的林起龙上疏论述地方长官与治理国家的关系，并恳请皇帝按照严格的标准考核地方长官。林起龙认为：天下治乱百姓安危，取决于守令是否贤能。他提出了衡量贤能的十五条标准，请求按照这些标准来考核官吏，分别优劣。同时，他认为对不称职的官员也不能采取调任的办法，而应当坚决罢免，以免继续给百姓造成危害。地方官是中央政令的执行者，直接负责百姓的生计问题，责任重大。林起龙针对当时地方官吏治不清的现状，提出必须从严治吏，严格考核和选任，不可姑息。

---

〔1〕译文参见王宏刚、曹书杰主编《治国之道——中国历代谏书》下卷，中国大百科全书出版社2008年4月第1版（下同），第301—302页。

第十三节　王命岳

【人物简介】

王命岳（1610—1668），字耻古，福建晋安人。家贫，少有志向。顺治十二年（1655 年）进士。累官至刑科都给事中。凡所陈奏，多军国大计。时比之汲黯、田锡。著有《耻躬堂文集》十八卷，《读易杂卦牖中天》一卷及《读诗牖中天》一卷。

惩贪议

【原文】

臣闻致理必在惩贪，惩贪莫先旌廉。今天下吏治方饬，而纠墨[①]之章，日满公车。议者谓小吏之不廉，大吏导之也。至大吏之不法，又谁导之？臣于是不能为在内部臣讳也。盖其一，能鬻朝廷之爵，而使天下无廉吏；其一，能卖朝廷之法，而使天下之贞良无所劝，污黩无所惩也。夫天下无廉吏，而又善者无所劝，恶者无所惩也，几何不纵千百虎狼于天下，而尽吮天下之苍生哉？举朝大小臣工，莫不心知其故，然而莫肯为皇上言者，人怀自为心也。

今夫同一迁除也，或则以迟，或则以速；迟必有为而迟，速必有为而速也。同一削黜也，或复其故物，或锢之终身；其锢也必有为而锢，其复也亦必有为而复也。今有同犯一科也，或则以出，或则以入；出非无故而出，入非无故而入也。同罪同情也，或则议轻，或则议重；重非无故而重，轻非无故而轻也。凡若此者，皆贪人所以盗名器、窃威福，而行其黩货之私者也。彼所借以文其贪者，则例为之阶耳。夫朝廷惟典章法度为不可移，若夫例，则亦有轻有重，有予有夺，皆足便其转移迁就之端，以遂其私图也。

今惩贪必自近始，而惩贪良不易。功令纠参赃吏，必有实迹证据，否则以其罪罪之。夫买官于选曹，受金者隐，受官者亦隐，肯出而证之曰“若人以某官购吾金”乎？买法于秋曹者，卖法者隐，脱法者亦隐，敢出而证之曰“若人得吾金而逭②吾罪”乎？如是则证据必不可得，实迹必不可求。夫贪廉之行不同也。廉者不告人以廉，贪者亦不告人以贪。然而品行在人，公论难掩，质以国人之舆情，廷臣之佥议，与众弃之可也。

昔者杨绾为相，而百僚减驺从，毁第宅。毛玠为尚书，而群吏无敢为好衣美食者。今岂遂无其人乎？苟专其委任，待以至诚，以风励庶官，矫易俗尚，即有贪人，能不革面而回心哉？而其大本则在朝廷崇惇大之政，毋使贪人得借以图其私。盖贪人往往于赇赂③不入之时，行其刻深，故惜名器似忠，严用法似正。人君不察而信其心，则彼于其受赇者得以径行其私，而人主不之疑。今朝廷事事宽大，则贪吏无由操其急以要索宠赂，岂惟吏治可清，将国家悠久之福，实始基之矣。〔1〕

【注释】

①纠墨：检举贪污。

〔1〕《皇朝经世文编》卷十九《吏政五·考察》，转引自《魏源全集》第十四册，第207—208页。

②逭（huàn）：逃避。
③赇（qiú）赂：贿赂。

【译文】

为臣我听说治世的大道一定在于惩治贪污腐败，而惩治贪污腐败最首要的在于表彰廉洁。现今天下的吏治刚刚开始整饬，而检举贪污的奏章已经很多。有人说小官的不廉洁是由于大官导致的。那么大官的不法，又是谁导致的呢？我于是就不能替朝廷内的大臣们避讳了。其一，这些大臣能买卖朝廷的官位，这就使得天下无廉吏。其二，这些大臣能出卖朝廷的法律，这就使得天下的忠良之人无所劝进，而贪腐之人无所惩罚。如果天下没有廉吏，而且善者不被鼓励，恶者不被惩治，那么，哪能不纵使千百个虎狼般的官员吮吸天下老百姓的脂膏呢？这一点，满朝大小臣子都知道，但是没有一个人肯在皇上您面前讲，就因为各自怀有私心哪。

现在同样是提拔和任命干部，有的提得慢，有的提得快。慢一定是有原因而慢，快也一定是有原因而快。同样贬官，有的会官复原职，有的被禁锢终身。禁锢的肯定是有禁锢的理由，官复原职也一定有官复原职的理由。现在同犯一种罪行，有的脱罪没事，有的则被判罪。没事的不是没有原因就没事了，判罪的也不是没有理由就被判罪的。同样的罪行同样的情状，有的判得轻，有的判得重。重不是无缘故地重，轻也不是无缘故地轻。以上种种，都是贪官污吏利用国家法律窃取个人威福和贪取私人利益的方式。那些人用来掩饰贪腐罪行的，是法律的例文。朝廷的法典是不可以改变的，但是同一个法律规定的例文却有的轻，有的重，有的给予，有的剥夺。这例的存在方便了贪官随意解释法律条文，通过例文的空子营求私利。

现在惩治贪污腐败一定要从皇上身边开始，但是惩治贪腐确实不容易。按照法律检举纠参贪官，一定要有实际的证据，否则会以与贪污罪相当的诬告罪把你抓起来。如果向吏部官员买官，受贿的人不说，买官的人也不说，怎么肯站出来说“某个官员要了我多少钱卖给我官位”呢？向判案的官员买法的人，卖法的人不说，脱法的人也不说，怎么肯站出来说“某人得了我的财物而免了我的罪行”呢？如果是这个样子，证据一定难以得到，真相也难以了解。但是贪腐和廉洁的行为还是不同的。廉洁的人不会告诉人自己廉洁，贪腐的人也不会告诉人自己贪污。然而官员的品行，老百姓都有说法，老百姓的舆论是遮掩不了的。如果核实百姓的舆论与朝臣的公议，从众之议惩治贪官也是可以的。

过去杨绾当宰相，官员们都减去车骑随从，毁坏华丽的房舍院宅。毛玠做尚书时，官员们没有敢贪恋好衣美食的。今天难道没有了这样的人吗？如果能任用这样的人，并以坦诚之心相待，树立廉洁的官风以鼓励众官，进而改变风俗，即使有贪官，能不洗心革面而回心转意吗？但是这种风尚的根本在于朝廷崇尚敦厚宽大的政风，不使贪官借机图私。因为贪官往往在没有收贿赂的时候装作严格的样子，珍惜名器像个忠臣一样，严格执法像个正直官员。皇上如果不能够明察而信任他，那些人就会在那些向他行贿的官员身上借机行私，大肆受贿，皇上还不会怀疑。现在的朝廷事事宽大，那么贪官就没有理由以急迫的方式操纵法律以索贿。这样，不仅吏治可以变得清明，就是国家未来悠久的福祉，也真的要以这种政风为基础了。

【评述】

在论述贪污腐败的原因、表现形式、治理措施等问题时，王命岳表现出深刻的思想洞察力。他认为，内臣（朝中高官）的卖官鬻爵和贪赃枉法导致整个官员群体贪污腐败，所以他提出“今惩贪必自近始”。王命岳的这个主张实际上是要求最高统治者从身边的、掌握核心权力的官员开始惩贪反腐。

第十四节 彭鹏

【人物简介】

彭鹏（1635—1704），字奋斯，号无山，一号古愚，福建莆田人。顺治十七年（1661 年）考中举人，康熙二十三年（1684 年）被选授三河（今属河北）知县。后任工科给事中。三十六年起，历任刑科给事中、贵州按察使，后升佥都御史，巡抚广西。三十九年调任广东巡抚。有《古愚心言》传世。彭鹏是被康熙树立的清官榜样，是著名清官故事《彭公案》的原型。康熙深知彭鹏这样的清官刚正不阿，易为奸佞残害，所以有意扶植保护。彭鹏曾经因事多次受到革职处分，但康熙都改为降级留用，直到被降了十二级，仍奉旨留任原官。康熙三十二年，关中大旱，蝗灾肆虐。赴灾区赈灾的彭鹏上疏参劾陕西等地的官员不恤民情，营私肥己，要求严惩贪官。

请严惩贪虐各官疏

【原文】

臣闻秦省西、凤两府频年灾荒，民命阽危①，流离转徙，而灾属各官仍行敲朴②，每事扣克饱囊，营私肥己。安其危而利其灾。……真天灾流行，贪吏上负圣恩，下戕民命，甚以救民不得已之开例，一经收纳，百计取盈。臣所谓利其灾者，比比皆是，其罪当死。贪吏死而贫民生矣。在督臣钦承皇上宽大慈祥，姑与维新，请于旧任者革职戴罪，于捐纳者提回原任，限年招垦，准其还职照用。违限，前罪并治，复照侵克钱粮治罪。会议无异。臣见督臣疏称：诛不胜诛，黜不胜黜；又称此辈将地方倒坏已极，思之眦裂。窃以死罪或可赎，而还职照用，养痈流毒，断不可容也。所当确采舆论，分别差等，察其最甚者备死罪状，榜诸灾属通衢。明示以招流垦荒赎罪，贷一死，仍革职永不叙用；果无剥克者不在此例。请自圣裁。又闻已故三原知县汤为雯逆天殃民，柩出邑门，饥民唾骂。所当削其生前卓异之名，追夺品级，使未死贪奸心寒胆落。秦民闻圣恩允发三十七万五千余金为牛种、农具工本；又以从前民害虽死无赦，其克剥最甚者赎罪，不准留任，尽除所苦，必皆保抱携持，言归恐后。此则招徕之本计也。[1]

【注释】

①阽（diàn）危：临近险境。

---

〔1〕 选自《皇清奏议》卷二十二，转引自《治国之道——中国历代谏书》下卷，第372—373页。

②敲朴：即“敲扑”。鞭打的刑具，短的叫敲，长的叫扑。指敲打鞭笞，残酷榨取。

【译文】

我听说陕西西安、凤翔两府连年遭受灾荒，百姓生命已经临近危急的境地，百姓流离失所，迁徙逃荒。可是，灾区所属各地方官员，仍旧在盘剥榨取本已贫困如洗的百姓。每宗公务都要克扣，中饱私囊，营私肥己。不仅安于这种危难形势，而且还从灾祸中渔利。……真是天灾流行，贪官污吏对上辜负皇上圣恩，对下残害百姓生命，甚至凭借救民不得已的借口打破常例实行捐纳，一经将流民收纳，千方百计榨取盈利。我所说的那些从灾难中谋私利的官员比比皆是。他们的贪酷罪行严重，应该处死。贪官死掉，贫困的百姓才有生路啊。在有罪的督抚官员中，承蒙圣上宽大慈祥，姑且给他们自新之路，请允许在旧任上的官员革去官职，戴罪候审。捐纳钱粮的官员可以准其调回原职，限定年份招回流民开垦荒地，准许这些人恢复官职照常任用。如果这些官员违反所规定的限年招垦的要求，现罪与前罪合并惩治，还要依照该罪臣侵贪克扣钱粮额数治罪。即使会审合议也不能有异议。我看到督抚呈上来的疏文中讲，贪酷官员杀也杀不尽，黜也黜不尽；又讲这些贪官已经把所管辖地区破坏到了极点，想起这些事情让人愤怒到眼眶都要裂开了。我认为，这些贪官死罪或可以赎减，然而若让他们官复原职照常任用，那等于养疮且任其流毒，是绝对不可以容许的。就应该确确实实采纳地方百姓对官员的舆评，区别他们每个人所犯罪恶的轻重程度，调查其中罪行最严重官员的足以构成死罪的罪状，张榜到各灾区所属的交通要路。明白告示他们要以广招流民垦荒之功赎罪，宽免一死，但仍要革职永远不任用；如果真没有剥削克扣等劣迹的官员不在这个范围之内。请皇上圣裁。又听说已经死掉的三原县知县汤为雯，违逆天意祸害百姓，棺椁运出城门，遭饥民们唾骂。应当削掉他生前国家所赐予的卓异的荣誉，追夺他生前品级，让还没死的贪官奸臣胆战心惊，受到震慑。陕西灾民得知圣恩准允发放三十七万五千余金给百姓们，作为购买种牛、农具的工本；又规定从前是在灾区曾祸害百姓的官员，人虽死仍不赦免其罪；那些曾严酷地克扣剥削百姓的贪官，即使赎罪后也不准留任，除尽让百姓受苦的贪官，（流民们）一定会扶老携幼、争先恐后地返归乡里。这就是招引流民安居的根本大计呀。[1]

【评述】

彭鹏此疏是有感而发。当时陕西西安、凤翔两府遇灾，不少地方官却趁灾营私自利，压榨盘剥本已贫困如洗的灾民。面对这样无耻的贪官行径，彭鹏气愤至极，上疏康熙要求严惩贪官，并提出了具体的惩治措施。彭鹏此疏，通篇表现出一腔为民请愿、疾恶如仇的热血和一股刚烈昂扬的正气，令人敬佩！

第十五节 张伯行

【人物简介】

张伯行（1652—1725），字孝先，号敬庵，一号恕斋，河南仪

〔1〕 译文参见《治国之道——中国历代谏书》下卷，第374—375页。

封（今兰考）人，世称“仪封先生”。康熙二十四年（1685 年）进士，历任内阁中书、福建巡抚、江苏巡抚，官至礼部尚书。他为官清正廉洁，深受民众爱戴，且深得康熙、雍正嘉许。康熙帝赞扬他“居官清廉”、“操守为天下清官第一”，雍正帝誉之为“礼乐名臣”。谥清恪，意思是为官清廉，恪尽职守。治程朱理学，著有《困学录》、《正谊堂文集》等。光绪四年（1878 年），准张伯行从祀文庙。清代以名臣从祀文庙的，仅张伯行、汤斌、陆陇其三人。康熙四十八年（1709 年），张伯行奉旨调任江苏巡抚。《禁止馈献檄》即是张伯行在江苏巡抚任上发布的严禁馈送钱物以整顿贪腐官风的檄文。

禁止馈献檄

【原文】

为严禁馈送陋习以肃官方[①]、以遵功令事：

照得洁己奉公，官守之常节；存心爱物，吏治之本原。迩来习俗移人，廉隅日刓[②]。刮民财以肥己，疾苦罔闻；敲民髓以媚人，逢迎绝巧。其驭下惟货贿是视，其奉上以献款为能。就令盈万盈千，止图此身温饱；谁知一铢一黍，尽属百姓脂膏。亦思宽一分，民受一分之赐，期于自尽吾心；若使爱一文，身受一文之污，何以无惭衾影[③]。

本都院冰檗[④]夙盟，各司道激扬同志，务期苞苴永杜，庶几风化日隆。诚恐属县视馈献为故常，势必小民竭疮痍以填补。虽曰交际之情，于礼不废；试思仪文之具，此物何来？将取之家乎？抑取之民乎？取之家，惧难为继；取之民，当何以堪！

夫风宪固在上司，而亲民莫如守令。彼称我曰“父母”，我称彼曰“子民”。土地我为之垦，差徭我为之清，逃亡失业我为之复，茕独无告我为之恤，豪强侵占田宅我为之直，盗贼劫夺财物我为之逐，士风学政颓靡不振我为之兴，天叙人纪⑤循行无亏我为之举。诸凡周知痛苦，如入赤子之室，如摩赤子之肤。斯民爱戴欢欣，如坐慈母之怀，如含慈母之乳。是谓父母，是谓子民。该有司果体此心，风行百里，何幸如之！倘贪饕成性，借馈献以邀赏，有忝官箴，难乎人望。亲民之任既不堪居，风宪之司将与有责。合行出示，严禁为此。

示仰所属各郡县官员知悉，嗣后务存心爱物，洁己奉公。毋以登垄⑥罔利之术剥削吾民，毋以入厕堕臭之身玷污上官。从此风清弊绝，共成大法小廉，本都院与有荣施焉！各宜仰体，毋违毋忽！[1]

【注释】

①官方：即官常，官员必须遵守的礼法。

②廉隅日刓（wán）：方正的品行日益磨损、残缺。

③无惭衾影：典出《刘子新论》：“独立不惭影，独寝不愧衾。”衾（qīn），被子。影，身影。

④冰檗（bò）：饮冰食檗，形容处境寒苦。檗，一种可制苦药的乔木。

⑤天叙人纪：天道的运行秩序，人类社会的纲纪法度。

⑥登垄：登坟，这是对祖宗不敬的恶行。垄，墓冢，高大的

〔1〕 张伯行：《正谊堂文集》卷五，《四库全书存目丛书》集部第二五四册，齐鲁书社 1997 年版。

坟墓。

【译文】

关于严禁送礼歪风以整肃政风、要求谨遵国家法令事由的告示：

保持自身的廉洁，尽力为国家服务，是官员操守中的重要内容；常存仁心，珍惜百姓财物，是整饬吏治的根本。近来一些不良风气腐蚀官场，使官员们的方正品行日益消磨。他们搜刮民财以中饱私囊，对民间疾苦置若罔闻；他们榨取民脂民膏以向上司献媚，极尽其逢迎取巧之能事。他们驾驭管理下属的办法是只看贿赂自己钱物的多寡，而奉承上司的手段则以献殷勤为能事。其实，就算有万贯家财，也不过图个自身温饱就够了；要知道，虽然小到一文钱一粒米，却全是民脂民膏啊！要这样想，为官者的政策宽大一分，老百姓就多受一分恩惠，只求尽心为民办事就安心了。如果你贪了一文钱，你的人格就受了一文钱的污染，怎么能问心无愧呢？

本巡抚以饮冰食檗为向来的誓愿，希望各位下属同仁互相激励，务必永远杜绝送礼行贿的歪风，希望使风气日益纯正。我十分担心所属州县把馈献行贿当做官场惯例，那样的话老百姓就不得不穷竭财力以满足官员贪欲。虽说讲点儿私人交情并不是礼法所禁止的，但试想一下，各种礼物是从哪里来的呢？取之于自己家里，还是取之于老百姓呢？如果取之于自己家，恐怕会有难以为继的时候；如果是取之于百姓，百姓怎能承受得了呢？

纠察违法行为的责任固然在上级机关，但守令在亲民方面更胜一筹。百姓称呼我们为“父母官”，我们称呼他们为“子民”。

子民的田地要由我们为他们开垦，子民应服的差役要由我们为他们了断，子民如有逃亡、失业者要由我们为他们追回或恢复，子民中鳏寡孤独无依无靠者要由我们抚恤，如有豪强恶霸侵占子民的田地房屋要靠我们为他们伸张正义，如有盗贼劫夺子民的财物要靠我们为他们驱逐，士风学风颓废委靡要靠我们振兴，天道秩序和人伦法纪运行不乱要靠我们予以维持。我们处理这种种众所周知的民间疾苦，就像进入初生婴儿的房间，就像轻轻地抚摸婴儿嫩肤那样。那么人民拥护爱戴你，感到欢欣鼓舞，就像坐在慈母的怀抱、吮含着慈母的乳头那样甜蜜。这才是所谓父母官，这才是所谓子民。你们这些官员，果真能够体会这片苦心，在所管辖的百里之地教化施行，我会感到不胜荣幸！如果有人贪婪成性，假借给上司送礼的名头来邀功取赏，那么不但有辱做官的戒规，而且难以取得百姓信服。赋予他的亲民职责既然不能胜任，那么监察部门就有责任查处。所以颁布这一告示，严禁馈赠送礼。

我要求所属各郡县官员了解：从此以后，务必要存仁心爱民物，廉洁奉公。绝不要用对祖宗不敬的见利忘义的权术去剥削残害老百姓，千万不要以掉进茅坑臭烘烘的身体去用贿赂玷污上级官员。如果从此以后能做到政风清廉、弊端杜绝，大家共同来造就大臣守法、小臣守廉的局面，那么本巡抚也与大家一起，感到无比荣幸啊！以上告示希望各位认真体会，不可违犯，不可忽视。[1]

---

〔1〕 注释、译文参见吴光、祝鸿杰注译《古今廉文》，浙江人民出版社 2005 年 10 月第 1 版，第 93—96 页。

【评述】

本文题目全称为《禁止馈献谕江苏等七府一州示》。本文是康熙四十八年（1709 年）张伯行调任江苏巡抚时，为整肃官风而向全省官员发布的一道反贪尚廉政令檄文。张伯行是清代的著名清官，在世时就被树立为清官榜样。他受到康熙的重用。其《禁止馈献檄》篇幅虽短，却充满政治激情，浸透着清官情怀，字字句句掷地有声，铿锵有力。文章不但批判了官场送礼行贿、逢迎上司的不正之风，也表达了整顿官风、提振昂扬正气的廉政思想。在一个贪官众多、官场风气不正的时代，张伯行能够严于律己、廉洁奉公、以身作则，严格要求下属，实为难得。

第十六节　汤斌

【人物简介】

汤斌（1627—1687），字孔伯，别号荆岘，晚号潜庵，河南睢州（今睢县）人。顺治九年（1652 年）进士。历任陕西潼关道副使、江西岭北道参政、江苏巡抚、礼部尚书、工部尚书、《明史》总裁等职。汤斌一生清正廉明，政绩斐然，是清初著名的理学名臣和清官榜样。他在江苏巡抚任上，整顿吏治，打击豪强，蠲免苛赋，建立义仓社学，宣传儒家经典，政绩突出，被康熙尊为“理学名臣”。雍正年间，入贤良祠。乾隆元年（1736 年），谥文正，有《汤子遗书》传世。

临行晓谕

【原文】

照得本院抚吴二载，一饮一食，何非尔百姓脂膏？而地方钱谷刑名簿书鞅掌[①]，昼夜拮据，未尝暇逸。心虽无穷，力实有限，兼以功令严切，有心知有利于民，而事须题咨，定例有碍，心知有害于民，而职掌各分，掣肘殊多。如长洲之版荒，昆山之田粮……民生疾苦，莫大于苏松之浮粮，淮扬之水患。虽请命于朝，而事关重大，未易举行。此皆本院夙夜负疚者。

今蒙圣恩优擢，辅导东宫。……尔百姓念本都院爱民有心，忘本都院救民无术，罢市扳留，日聚集院署，哀号之声，至不忍闻。本都院与尔百姓一体相关，岂忍因本都院之行，使尔等士废诗书，农废耒耜，商废贸易？本都院为之寝食不安。

本都院于地方利弊、民生疾苦知之颇真，入朝之后，或至尊顾问，或因事敷陈，或九卿会议，当尽力凿凿言之。倘蒙圣主垂鉴鄙诚，未必不大有造于尔百姓。若身在此地，去天甚远，或有奏请，格于部覆，未必有济。况圣主眷念财赋重地，必慎简公忠清惠、才德兼全之大臣，十倍于本都院者，来抚兹土。尔百姓何用多虑？

本都院平日告诫尔百姓之言，历历俱在。即朔望率尔百姓叩拜龙亭，讲解乡约，亦欲尔百姓知君臣之大义、朝廷之恩德。自今以后，愿尔百姓孝亲敬长，教子训孙，勤俭公平谦让。事要忍耐，勿得妄兴词讼；心要慈和，勿得轻起斗争。勿赌博，勿淫佚，勿听邪诞师巫之说，复兴淫祠。……本都院身在京华，此心犹当往来此地。本都院见尔百姓如此情状，既愧平日救民之道未尽，亦不忍恝然②而去。但君命不敢违，辅导东宫之任，谊③不敢辞。惟尔士归书舍，农归田畴，商归市肆，使本都院之心稍安，毋得纷纷扰乱也。[1]

【注释】

①鞅掌：事务繁忙的样子。

②恝（jiá）然：冷漠不在意的样子。恝，无动于衷，不经心。

③谊：同“义”。

【译文】

我在江苏担任巡抚两年，一饮一食，都是你们百姓所奉养。地方上的钱谷、刑名簿书等公务非常繁忙，我日夜用工，从未懈怠。然而即使心愿很好，但能力有限，加上法令严明，有时候内心知道某事有利于民，但是由于需要上奏咨询，且碍于常规定例最终没有施行。有时候心知某事有害于民，但是由于相关的职责由多个机构负责，各方面掣肘的情况很多，有些事情最终也没有做好。比如长洲的版荒、昆山的田粮……民生疾苦，没有比苏松的浮粮和淮扬的水患更大的，虽然我曾经向朝廷请命，但是事关重大，不易落实施行。这都是我日夜感到歉疚的事情。

现在蒙圣恩提拔，辅导东宫太子。……你们百姓念我爱民有心，忘掉我救民无术，数日罢市挽留我，天天聚集在院署，哀哀号泣之声，实在让我听不下去。我和你们百姓一体相关，怎么能忍心让你们因为我的离任而士废诗书、农废耒耜、商废贸易呢?

---

〔1〕《皇朝经世文编》卷二十《吏政六·大吏》，转引自《魏源全集》第十四册，第277—278页。

我为此实在寝食不安。

我对地方利弊、民生疾苦知道得比较具体真实，入朝之后，或者皇上顾问，或者因事陈述我的观点，或者九卿聚会议政，我一定会尽力如实汇报。如果皇上听从我的诚恳建议，未必不大有益于你们百姓。如果我留在这里，离皇上很远，如有奏请的事项，被相关部门阻隔，这对解决问题未必有用。何况皇上眷念吴地是财赋重地，一定会慎重地挑选公正、忠诚、廉洁、爱民，才德兼备的比我强十倍的大臣来江苏任巡抚，你们百姓何必多虑？

我平日告诫你们百姓的话，历历俱在。逢初一、十五率领大家叩拜龙亭讲解乡约，也想让你们知道君臣大义和朝廷的恩德。从今以后，希望你们孝亲敬长，教子训孙，勤俭、公平、谦让。遇事要忍耐，不要动不动就打官司；心要慈和，不要轻起争执。不要赌博，不要过于安逸，也不要听信巫师邪说而再搞不正当的祠堂。……我身在京华，这颗心仍然会来到吴地。我看到你们百姓这样的情形，既惭愧于平时没能很好地履行救民之道，也不忍心冷漠无情地离去。但君命不敢违背，辅导东宫的责任重大，义不敢辞。希望你们士归书舍、农归田畴、商归市肆，使我心境稍稍安定，不要继续纷纷扰乱了。

【评述】

《临行晓谕》是汤斌离开江苏之前，对自己在江苏巡抚任上工作的总结以及对百姓的劝导。这一篇廉政文献，饱含着一代名臣汤斌关于从政的思想和态度、对百姓的情感、对自我身份的体认。透过本文，可以看到一个热爱百姓、忠于职守、情怀高尚的清官的思想和情感。

第十七节　于成龙

【人物简介】

于成龙（1617—1684），字北溟，号于山，山西永宁（今离石）人。明崇祯副榜贡生。清顺治十八年（1661 年）出任广西罗城知县。康熙时，累官知府、福建按察使、直隶巡抚、两江总督。在二十余年的宦海生涯中，三次被举“卓异”，曾被康熙帝誉为“清官第一”而蜚声朝野。于成龙的著述、奏稿等被辑成《于山奏牍》七卷、附录一卷和《于清端公政书》八卷行世。

我作官不管尔

【原文】

广西柳州罗城，偏在山隅，土司环绕，山如剑排，水如汤沸，蛮烟瘴雨，北人居此，生还者什不一二。……成龙于十八年之官。选后，亲者不以为亲，故者不以为故，友者不以为友。赊脚钱，寄口食，行至清源。同年生王君吉人，其人慷慨好义，反复开譬，谓粤西非吉祥地，夙知成龙家食尚可自给，劝之勿往，以缴凭[①]为高。成龙时年四十五矣，然英气有余。私心自度，读书半生，曾知见利勿趋，见害勿避。古人义不辞难之说何为也？挥泪而别。五月抵家，别母及妻儿。资斧艰难，典卖田屋，止得百金。携苍头五人，勇壮可伴。临行，族人相饯，欢饮至夜。古云：“壮士非无泪，不洒别离间。”此不情语也。天明，举家拜别，以祖遗田产文券，交付长子。但云："我作官不管尔，尔作人莫念我。"揽辔登程，不复回顾。[1]

【注释】

①缴凭：交纳凭限。清朝官员被分派到某地之前，由吏部发给写明上任期限的文书，叫"凭限"。到任时即须交纳凭限，称"缴凭"。

【译文】

广西柳州罗城，地处偏远山区，四周都是少数民族聚居区，山势陡峭如剑排，河流湍急如沸水，加上长年烟雾湿气，北方人居住在这里，能够活着回来的十不到一二。……成龙我于顺治十八年来到这里上任。当初被选任罗城县令之后，亲戚故交都不愿意和我交往。一路赊贷盘费干粮，走到清源县，遇到同年王吉人。他是个慷慨好义之人。他反复开导劝解我，说粤西实在不是一个吉利的地方，一向知道我的家境还行，足够自给，不至于为了生计赴任，劝我不要去了，只要缴凭即可。成龙我虽然当时已经四十五了，但仍然英气有余。私下琢磨，读书半生，也知道见利勿趋、见害勿避的道理。古人所谓"义不辞难"之论所推崇的不正是这种精神吗？我和王吉人挥泪而别。五月到家，和母亲及妻儿告别。由于长途赴任所需费用较多，不得不典卖田产房屋，但也才凑得百金。携五个勇壮一点儿的仆人随行。临行前，族人来饯别，大家欢饮至夜。古语说："壮士非无泪，不洒别离间。"这是

〔1〕 节选自《与友人论罗城事书》，《皇朝经世文编》卷二十一《吏政七·守令上》，转引自《魏源全集》第十四册，第336页。

不合人情的话呀。第二天天一亮，举家拜别。把祖宗遗留下的田产文券交付给长子，并跟他说："我做官不管你，你做人也不要想着依靠我。"骑马上路，不再回头看。

【评述】

顺治十八年（1661 年），已四十五岁的于成龙，被任命为地处蛮荒的广西罗城的知县。当时，不少官员都因为被任命的地方蛮荒贫瘠而不去赴任。于成龙胸有大志，不顾亲朋的劝告，抛妻别子，怀着"此行绝不以温饱为念，所自信者，天理良心四字而已"的信念，毅然赴任。在《与友人论罗城事书》中，于成龙回顾了当时抛妻别子悲壮赴任的情形，以及到任之后艰难为官理事，甚至差点儿病死的种种情形。在本书所选的这段文字中，所表现的于成龙义不辞难、慷慨赴任的高尚情操令人动容。其对长子的嘱咐"我作官不管尔，尔作人莫念我"，更是令人肃然起敬。

第十八节　陆陇其

【人物简介】

陆陇其（1630—1692），原名龙其，字稼书，浙江平湖人。自幼博学苦读，以圣人之学自期，做学问专以朱熹为宗师。康熙九年（1670 年）进士。四十六岁才做了江南嘉定县知县。生性恬淡清高，不为名利所拘，赴任后即"以兴利除害、移风易俗为己任"。有才学，操守好，是康熙朝著名的清官。乾隆元年（1736 年），谥清献，加赠内阁学士兼礼部侍郎衔。著作有《困勉录》、

《松阳讲义》、《三鱼堂文集》、《学术辨》等。

治法论

【原文】

帝王之道，中而已矣。惟中，故缓狱措刑而不厌其宽，诘[①]奸锄暴而不厌其严，治具纤悉而不厌其烦，独持大体而不厌其简。此唐虞三代之治所以万世莫与京[②]也。苟不审其中，而徒徇于一偏，方其宽也，则奸宄[③]肆行而不知诘；方其严也，则无辜触网而不知恤；方其烦也，则天下多事而吏弗能纪；方其简也，则教弛法废而上弗知饬。安在其能振风俗而感人心乎？汉唐宋之所以有古治遗意者，则以其宽严烦简偶合于中也；其所以不如三代者，则以合而有未尽合也。

今皇上绍承先烈，思所以整齐风俗，和辑[④]人心，则宽严烦简之间，诚不可不加之意。

然愚窃谓今日为宽严烦简之说者，皆未得其要而徒徇一偏者也。故见《周礼》之委曲烦重，则以为宜用烦；见太公之三月报政，则以为宜用简；见汉高三章之约，则以为宜用宽；见诸葛严峻之治，则以为宜用严。夫周公之治周诚烦矣，然其间岂无简者存乎？太公之治齐诚简矣，然其间岂无烦者存乎？汉高、孔明诚一以严而一以宽矣，然宽者岂无用严之处，严者岂无用宽之处乎？盖宽严烦简者，为治之大体，因乎时者也；宽严并用，烦简互施者，为治之大要，随乎事者也。故善为政者，贵因时而知变，又贵因事而知变。苟谓时可宽而一乎宽，或可严而一乎严，犹未知宽严之变者也；谓时可简而一乎简，或可烦而一乎烦，犹未知烦简之变者也。……

今日之宜详者莫大乎尊卑上下之差别，宜简者莫要乎簿书文移之虚名，宜宽者在钱粮之诖误⑤、诏狱之株连，宜严者在吏胥之舞法、守令之贪污。……宽而详者为体，严而简者为用，此今日之中道也。致治之谟，无逾于此。[1]

【注释】

①诘（jié）：追问，责问。引申为整治查办。

②京：大。

③宄（guǐ）：作乱或盗窃的坏人。

④和辑：和睦团结。

⑤诖（guà）误：贻误，连累。引申为官吏因过失受谴责或失官。

【译文】

帝王治理国家的原则，在于用好“中”字罢了。因为要“持中”，所以牢狱之刑越宽越好，除奸锄暴越严越好，治乱条文越详细越好，治国大略越简单越好。这是唐虞三代之治使得后世无法媲美的原因。如果不能够按“中”行事，而偏于一端，那么当其宽时，就会奸邪横行而得不到查处；当其严时，就会有许多无辜的人触犯法网而得不到体恤；当其烦时，就会天下多事而官吏不能够遵守约束；当其简时，就会教化不行、法制废弃而朝廷不知道整饬。这样一来，怎么能够振风俗、感人心呢？汉唐宋之所以有古代

〔1〕《皇朝经世文编》卷十一《治体五·治法论》，转引自《魏源全集》第十三册，第463—464页。

治世的遗意流传下来，就在于它宽、严、烦、简偶尔合乎“中”。他们所以不如三代的地方，就在于不能尽合“中”的原则。

现在皇上能够继承先烈，想纯化风俗，团结人心，那么宽、严、烦、简之间，实在不能不多加注意。

但是，我以为，今日提倡“宽严烦简”这个说法的，都没有掌握要领而仅仅是偏颇地遵从一端而已，所以看到《周礼》的委曲烦重，就认为应该用烦；看到太公的三月报政，就以为应该用简；看到汉高祖的三章之约，就认为应该用宽；看到诸葛亮治蜀之严峻，就以为应该用严。其实周公治周确实很繁复，然而其间怎么可能没有简约的东西存在呢？姜太公治齐确实很简单，然而其间怎么可能没有繁复之处呢？汉高祖和孔明确实是一个用严而一个用宽，然而宽的怎么可能没有用严之处，严的怎么可能没有用宽之处呢？其实，宽、严、烦、简是治理的总原则，要因时而变罢了。宽严并用、烦简互施是为治的关键，一切都随事情变化而变动。所以善于为政的，贵在因时而知变，又贵在因事而知变。如果说有时可宽而全部宽，或者说有时可严而全部严，则是仍然不了解宽严变通的道理。说有时可简而全部简，或者说有时可烦而全部烦，也是仍然不了解烦简变通的道理呀。……

今天应该详的地方最重要的是尊卑上下的差别，应该简化的地方主要是簿书文移之类的虚名；应该宽的地方在钱粮有所差错而招致的罪行和诏狱的株连之罪，应该严的地方在于小吏的违法弄法、守令的贪污。……宽而详是治国的根本，严而简是灵法掌握的变通原则，这是今天的“中”道。达到治世的良策，没有比这更好的了。

【评述】

陆陇其的《治法论》所论述的是帝王治理国家的哲学原则——持宽严烦简之中，而不是偏执一端，同时因事而知变，因时而知变。陆陇其做学问专以朱熹为宗师，朱子力倡中庸之道，所以陆陇其对中庸的理解非常深刻到位。文章将抽象的“执两用中”的哲学思想贯穿到具体的施政原则和措施中，通过条分缕析的论述，讲清了一个治国理政的道理：“帝王之道，中而已矣。”

第十九节　赵申乔

【人物简介】

赵申乔（1644—1720），字松伍，字慎旃，江南武进人。谥恭毅。康熙九年（1670 年）进士，授商丘知县。历任刑部主事、浙江布政使、浙江巡抚、户部尚书。著有《恭毅剩稿》八卷。

严饬官方以肃功令示

【原文】

吏治之清浊，关系民生之休戚，而属员之贤否，尤视大吏之贪廉。本都院总藩一载，矢念澄清，虽铲除宿弊，严行禁革，而波靡难挽，积习犹存。今荷圣主特恩，升授浙抚，深惧蚊负，夙夜靡宁。惟冀司道府州县恪遵法纪，加意抚绥，以仰副皇上爱养元元至意。

第大吏者，小吏之表率；有守者，有为之根本。前以欲除州县之亏空，先革藩司之陋规等事，严切戒谕，谅共闻知。今日端本澄源，则更自巡抚始。巡抚取之于司道，则司道不得不取之于下属；知府取之于州县，则州县自不得不取之于小民。层层剥削，咎实有归。今本部院抚浙伊始，首饬官方。念正己乃可正人，小廉必由大法。亟除陋习，布告宜先，仰司道府州县官吏知悉：务期洁己奉公，不得忘身黩货。

如本都院有一毫之不肖、一事之非法，该司道府厅州县则据实上闻，愿甘重典。倘司道苛求下属，以及知府勒索州县，知县虐诈小民，一经告发，或有访闻，立以白简①从事，弗顾一家之哭。本都院不谙世法，不徇人情。各宜洗涤肺肠，勿以功名性命尝试也。[1]

【注释】

①白简：古时弹劾官员的奏章。

【译文】

吏治的清浊直接关系到民生的欢乐和忧愁，而下属官吏是否廉洁奉公，尤其取决于高级官员是廉洁自律还是贪污腐败。我当了一年的藩司，立志澄清官场吏治，虽然铲除了不少旧有的弊端，严格禁止革除违法行为，但是官方败坏难以挽回，积累的不良习气仍然继续存在着。现在蒙皇上重用，升迁为浙江巡抚，深怕自己有负圣恩，心中日夜不安。希望各司道府州县能够恪守规章制度，安抚民心，以不负皇上爱民养民的真诚意愿。

---

〔1〕《皇朝经世文编》卷二十《吏政六·大吏》，转引自《魏源全集》第十四册，第274页。

位居高位的大官是小官的表率，有操守是人有所作为的根本。前段时间因为要弥补各州县的亏空，先革除各藩司的陋规等事务，已经严格告诫大家，你们肯定都听说了。现在正本清源，就从我这个巡抚开始革除陋规。巡抚所得的陋规取之于司道，于是司道不得不取之于下属；知府取之于州县，于是州县自然不得不取之于小民。层层剥削，责任实际上都在上面。今天我刚开始担任浙江巡抚，首先整饬官风。念及只有先自己端正了才可以端正别人，下属廉洁源于上司守法。陋习亟待革除，应该先行告谕，让司道府州县官吏都清楚了解相关精神：强调务必要廉洁自律，克己奉公，不得忘却身家性命之忧而违法贪财。如果我有一丝不好的地方，有一事违法，你们各司道府厅州县要据实向上报告，我甘愿接受法律的重惩。如果有司道苛求下属，以及知府勒索州县，知县虐诈小民的事情发生，一经告发，或者被我访查得知，我会立即弹劾查办，不会顾及当事官员家人可能会承受的痛苦。我不熟悉人情世故，也从不讲究私情。你们要洗涤自己的良心，不要拿功名性命来以身试法。

【评述】

《严饬官方以肃功令示》是赵申乔在刚刚担任浙江巡抚之后，为了整饬吏治发布给下属的布告。赵申乔是康熙朝著名清官，这篇布告比较简练地体现了他的廉政思想：第一，吏治之清浊，关系民生之休戚；而属员之贤否，尤视大吏之贪廉。第二，大吏者小吏之表率，正己乃可正人，小廉必由大法。简单地讲就是，百姓生活好坏决定于吏治清廉或者腐败，小吏的清廉则必须有高官作为榜样。为了达到大法小廉的目标，必须先正己再正人。于是赵申乔对下属作出了保证："如本都院有一毫之不肖、一事之非法，该司道府厅州县则据实上闻，愿甘重典。"可以说，这篇布告是一个清官以身作则、训导下属的铮铮誓言。"愿甘重典"一句，表现了赵申乔勇于以身作则的人格魅力，堪为清官的自白书。从理论上来讲，从自身做起，正己再正人，严格要求下属，确实是廉政建设的不二法门。

第二十节　陈廷敬

【人物简介】

陈廷敬（1638—1712），字子端，号说岩、半日村，晚年号午亭山人。山西泽州（今晋城）人。顺治十五年（1658 年）以二甲进士授翰林院庶吉士，由此进入仕途，从初任会试同考官到文渊阁大学士，曾经二十八次升调官职，历任左都御史以及吏、户、礼、刑、工五个部的尚书。在大学士任上去世，被康熙称为"完人"，并谥文贞。陈廷敬是清初杰出的政治家。他以总裁官的身份领导编修了《康熙字典》、《佩文韵府》、《明史》、《三朝圣训》、《鉴古辑览》、《大清一统志》等大型语言工具书和史志巨著，堪称清代著名的语言文字学家和编辑家。著有《三礼指要》和《午亭文编》。陈廷敬为政清廉，《清史稿》给他以"清勤"的评价。

劝廉祛弊请敕详议定制疏

【原文】

国家久安长治之基，关于风俗。风俗盛衰之故，系乎人心。正人心厚风俗之机，存乎教化。故品节度数，必有定制，所以辨上下，定民志，使天下移风易俗，回心向道，尤教化之急务也。洪惟皇上尧仁舜哲，禹俭汤勤①，总揽天下之大权，先教化而后刑罚。谓礼义廉耻，国之四维，而宏奖官方，廉为尤重。臣愚谓，贪廉者，治理之大关；奢俭者，贪廉之根柢。欲教以廉，当先使俭；然而不能遽致者，则积习使之然也。……窃谓风俗未能尽俭者，盖古者衣冠、舆马、服饰、器用之具，婚丧之礼，贱不得逾贵，小不得加大。今或等威未别，因而奢僭之习未尽化也。……贫者循旧而见嗤，富者即新而无厌，转相慕仿，积以成风。外官之任者，或拥仆从数十百人，衣轻策肥，车马阗咽②，震惊道路，泥沙之用不惜，贪饕之行易成。由是则富者黩货无已，贫者耻其不如，冒利触禁，妄冀苟免。……其始由于不俭，其继至于不廉，其卒至于天下饥寒。饥寒切于其身，奸宄因之而起，此所以刑罚未能衰止也。然则风俗何以厚之？亦曰“正人心而已”。夫好尚嗜欲之中于人心，犹水之失堤防也，是教化之所宜先务矣。伏祈敕下廷臣博考旧章，详议定制。御赐之衣物，许其服用，及近御之人，照常不议外，官员士庶冠服、衣裘、饰用之制，婚丧之礼，有宜更定者，斟酌损益，务合于中，其浅近易行。如貂、猞猁、狲，昔有官品之分，今则庶人服之矣；如缎绸，昔有官民之别，今则杂然无辨矣，并宜厘正，使永远遵行。至若外任官，舆马仆从，不得过侈。制度既定，罔敢陵越，则节俭之风可以渐致。工者不必矜能于无用，商者不必通货于难得，奇技淫巧，弃本趋末之民，将转而缘南亩③。田畴辟则民无饥寒，民无饥寒，然后可以兴于礼义廉耻。而国之四维以张，太平无疆之盛治，端在于此，又岂惟劝廉吏而已？[1]

【注释】

①尧仁舜哲，禹俭汤勤：像尧一样仁厚，舜一样贤明，禹一样节俭，汤一样为民勤苦。

②阗咽：装得满满的。

③南亩：农田的雅称。

【译文】

国家长治久安的基础在于风俗，风俗盛衰的原因在于世道人心，端正人心、淳厚风俗的关键在于教化。所以品节度数，一定有固定的制度。所以说辨上下尊卑，安定民心，使天下移风易俗，回心向善，尤其是教化的紧迫事务。我伟大的皇上，像尧一样仁厚，像舜一样有智慧，像禹一样节俭，像汤一样勤政，总揽天下大权，先行教化而后施行刑罚。礼义廉耻是国家的四个根本，而在奖劝为官之道方面，廉又尤其重要。我浅陋地以为，贪和廉，是治理国家的关键；奢和俭，又是导致贪或廉的根本。想要官吏廉洁，应当先使他们生活节俭，如此还不能马上产生效果，原因在于积习难改。……我以为风俗不能全部节俭的原因，在于古时

〔1〕陈廷敬：《午亭文集》，转引自《康熙政要》卷十三《论尚廉》，第249页。

候的衣帽、车马、服饰、日常用具和婚丧的礼节，卑贱者不能超过尊贵者，小不得加大。今天有的地方这种等级差别没有区分清楚，所以奢侈僭越的风气不能完全被化育。……贫穷的遵循旧例反倒被嗤笑，有钱的追求新的东西且不满足，互相羡慕模仿，变成风气。外官赴任的，有的手下的仆役随从达到数十百人，穿着好衣服，赶着肥马，车马装得满满的，行人震惊，各种花费像泥沙一样不珍惜，贪婪的行为就容易养成。于是有钱的贪财不止，没钱的羞愧自己不如别人，于是违反法纪追求利益，妄想侥幸得脱。……这些风气的开始都源于不节俭，随之就会导致不廉洁，最终导致天下饥寒。一旦饥寒交迫于自身，违法作乱的事情就会发生，这就是刑罚不能禁止奸恶现象的原因哪。那么怎样去淳厚风俗呢？答案是“正人心而已”。贪欲之心失去节制，就像水失去堤防一样。这是教化应首先解决的问题。我请求皇上您发诏书让廷臣广泛地查考旧的规章，详细地讨论商定制度。除了皇上赏赐的衣物可以使用，且您身边的内臣按照常规不需讨论之外，官员、士子、百姓们的冠服、衣裘、饰用的规制和婚丧的礼仪，有需要更定的，斟酌增减，务必使它合乎“中”的原则，并且浅近易行。如貂、猞猁、狲，原先是有官员品级区分的，现在竟然普通百姓都穿上了；如缎和绸，过去官和民的使用是有区别的，现在已经混杂得很难区别了，这些都应该厘正，使其永远遵行。至于外任官，随从车马，不能过于奢侈。制度一旦确定，没人敢于僭越，那么节俭的风气就会慢慢实现。能工巧匠，不必在不实用的奢侈品上夸耀自己的能力；做生意的，不必致力于贩卖流通难得之货；而奇技淫巧、弃本趋末的百姓，他们将会自觉地回到农田中来。这样就会使田地得到开垦，百姓不受饥寒；百姓不受饥寒，然后才可以在礼义廉耻的教化中奋起。这样一来，国家的四维也会得到伸张，宏大的太平盛世会在这样的局面中到来，又怎么能仅仅局限在鼓励大家做官要廉洁呢？

【评述】

康熙二十四年（1685 年）正月，刚刚出任左都御史不久的陈廷敬上《劝廉祛弊请敕详议定制疏》。陈廷敬此疏的主旨是："贪廉者，治理之大关；奢俭者，贪廉之根柢。欲教以廉，当先使俭。"至于造就节俭之风气的措施，陈廷敬提出两点：从内在的方面要推行教化，正人心，厚风俗；从外在的方面要博考旧章，详议定制，规定各种等级官民所准许采用的器物用度标准，并严加执行，则节俭之风可以渐致。从现实可行性来讲，后者又是前者的具体依托。简单地讲，陈廷敬所提出的建议是：通过朝廷立法，严格衣冠、舆马、服饰等级的方式，使天下去除奢侈僭越之习，移风易俗，使人心崇俭。可以说陈廷敬的主张既有理论高度，又具备现实可行性，所以在上疏之后获得了康熙的高度肯定："……定为等次，使上下有序，所言极是。"不但如此，康熙还以陈廷敬此疏为契机，对百官进行了申斥和谆谆教诲："务期反璞还淳，恪循法制，以副朕敦本务实、崇尚节俭之意。"

第二十一节　魏象枢

【人物简介】

魏象枢（1617—1687），字环溪，号庸斋，山西蔚州（今河北蔚县）人，清初政治家和思想家。顺治三年（1646 年）进士，历任刑科给事中、左都御史等职，累官至刑部尚书。以清廉直谏著名，曾向康熙面陈大臣索额图、明珠贪赃受贿，植党营私。被誉为“清初直臣之冠”。从政三十余年，勤于职守，积极建言献策，政绩卓著。在政事之余，他积极研究学问，是当时的理学名臣。有《儒宗录》、《知言录》、《寒松堂集》等。

整吏治以彰公道

【原文】

《奏请整吏治以彰公道疏》曰：“窃维进退赏罚，国家之大权。是非可否，天下之公论。进一人，赏一人，而天下知劝；退一人，罚一人，而天下知惩。盖有合乎天下之公是公非共可共否也。故孔子曰：‘举直错诸枉，则民服。举枉错诸直，则民不服。’[①]洵不诬也。皇上用人致治，以大公至正之道出之，满汉内外，惟取贤良。而督抚大臣受上之恩，自当体皇上之心为心。廉介者宜举而不宜黜，溺职者宜黜而不宜举，贪酷者宜揭参而不宜徇隐。……夫朝廷所以鼓励人才，澄清吏治者，惟在赏善、罚恶、进贤、退不肖耳。况当公道昭明之日，乃将廉官与贪官参处同例，尽职与溺职，保荐无分，岂皇上励精图治、激浊扬清之盛心哉？若不严加申饬，则前者不戒，后者不警，下官可以欺上官，上官可以欺皇上。上下相蒙，使廉吏灰心，贪风日长。臣切鳃鳃[②]虑之也。伏乞严饬各督抚大破积习，躬先率下，表正则影直，源清则流洁。荐举必首廉介，参劾必协舆情，于以肃官方而励人心，民

命庶其有瘳③乎？”〔1〕

【注释】

①“举直错诸枉”四句：出自《论语·为政》。全句的意思为：选拔正直的人置于邪曲的人之上，则人民信服；反之，则不信服。错，通“措”，放置。

②鳃鳃（xǐ xǐ）：忧虑、恐惧的样子。

③瘳（chōu）：病愈，治愈。

【译文】

《奏请整吏治以彰公道疏》写道：“我认为进退赏罚是国家的大权，是非可否是天下的公论。提拔一人，赏赐一人，而天下的士人知道互相劝勉为善；黜退一人，惩罚一人，而天下的士人知道警戒。因为其中的道理合乎天下人的公论。所以孔子说：‘举用正直的人，置于邪曲的人之上，老百姓便服从；举用邪曲的人，置于正直的人之上，老百姓便不服从。’确实是这样的。皇上用人理政，以非常公正的原则来选拔，无论满族汉族、内臣外臣，只选用贤良之人。各督抚大臣受皇上之恩，自应当体察皇上的用意。清廉耿介的应该举荐而不应该罢黜，玩忽职守的应该罢黜而不应该举荐，贪腐的应该揭发而不应该包庇。……朝廷所用来鼓励人才、澄清吏治的方法，只在于奖赏良善、惩罚恶人、举用贤才，黜退不贤之人。何况在公道昭明的今天，如果将廉官与贪官一样参劾处理，尽职与溺职的官员没有区别地予以推荐，这种做法哪

〔1〕《康熙政要》卷十三《论尚廉》，第255页。

能对得起皇上励精图治、激浊扬清的雄心呢！如果不严加申饬，之前的官员得不到惩戒，之后的官员得不到警示，下官可以欺骗上官，上官可以欺骗皇上。这样上下互相欺蒙，会使廉洁的官员灰心，贪腐的风气日益滋长。我确实为此忧心忡忡啊。恳请皇上严格饬令各督抚大破积习，亲自为下属做表率，表正则影子自然直，水源清则水流就洁净。荐举一定首先考虑廉洁耿介的，参劾务必合乎民情，这样来整肃官风、激励人心，公道和民意差不多可以慢慢挽回了吧？”

【评述】

时任左都御史的魏象枢上疏，论述整饬吏治的原则和目的。魏象枢认为：“澄清吏治者，惟在赏善、罚恶、进贤、退不肖耳。”同时，魏象枢认为，虽然进退赏罚官员是国家的重要权力，但是进退赏罚只是手段和措施，以这种手段整饬吏治必须符合公道和舆情，所谓“是非可否，天下之公论”。如果只是提出整饬吏治的措施，那么魏象枢的主张并没有什么突出之处；可贵的是魏象枢提出了整饬吏治必须符合公道、服从公论、参考舆情这样的主张。实际上，由于下级官吏的欺骗蒙混，上级官员在赏善罚恶之时，往往只是凭借单一渠道的信息而作出判断决策，所以才会导致廉洁官员不但不被提升，还被淘汰；同时，不称职的和贪酷的官员却可能因为善于运用非法手段，而被提拔重用。如果按照魏象枢的主张，以公论和舆情作为标准和参照，则整饬吏治就不至于走向歧途，而能彰显正义公平并走向正道。

第二十二节 陈宏谋

【人物简介】

陈宏谋（1696—1771），字汝咨，号榕门，原名弘谋，晚年因避乾隆（弘历）讳，改为宏谋。雍正元年（1723 年）中进士，乾隆时历任陕、湘、苏等省巡抚，湖广总督。乾隆二十八年（1763 年）奉调进京，历任吏部尚书、工部尚书、协办大学士、东阁大学士等职。三十六年卒，谥文恭。陈宏谋是雍乾时期清官廉吏的代表和蜚声朝野的理学名臣，一生任经十三行省，官历二十一职，宦迹半天下，处处留下惠政仁绩，被后人称为“太平宰相”“从政楷模”。著有《五种遗规》，影响很大，《皇朝经世文编》收入其中的五十三篇，仅次于《皇朝经世文编》所收清初思想家顾炎武著作数量。著作总集有《培远堂全集》和《陈榕门先生遗书》。陈宏谋重视整饬吏治，革除弊政，所以辑《从政遗规》以规下属，辑《在官法戒录》以戒胥吏。这两本书集中阐明了他的吏治思想。

清仕习

【原文】

窃谓凡百风俗，自上及下，而转移之机，全在于上。欲端士习，先清仕习。仕途中人怀便利之私，每遇一事，为己之念重，为民之念轻。明知其于民有益，而于己无益，亦不肯为。若更于己有累，则动色相戒。其所谓累，亦不必重大劳费，即眼前心思稍费筹画，口语稍费开导，非尽不能，直是不肯。不曰何苦乃尔，则曰不如其已耳。先儒云：“古之学者为己①，其仕也为人；今之学者为人，其仕也为己。”文中子云：“古之仕也养人，今之仕也养己。”吕叔简云：“变民风易，变士风难；变士风易，变仕风难。”此风不变，流弊何穷！[1]

【注释】

①“古之学者为己”二句：出自《论语·宪问》。子曰：“古之学者为己，今之学者为人。”意思是古人做学问是为了提高自身的修养，今人做学问是为了炫耀于他人。

【译文】

我认为，一切风俗都是自上而下的，而转移风俗的关键，全在于上。想要端正读书人的风气，先要澄清官场的风气。官场上的人怀私念多，每遇到一件事，打自己的算盘多，为百姓考虑得少。明明知道一件事对百姓有益，但若对自己无益，也不肯去做；如果还要让自己有所受累的，则动色相戒。其实所谓的累也不一定是重大的劳费，不过是就眼前的事略微筹划、费些口舌开导一下而已，不是完全不能够做，只是不愿意做。不说何苦呢，就说不如算了吧。先儒曾经说过：“古人做学问是为了修养自身，做官是为他人办事；今人做学问是为了炫耀自己，做官是为自己办事。文中子说：“古人做官，奉养他人；今人做官，供养自己。”吕叔简说：“改变民风容易，改变士风难；改变士风容易，改变官风

〔1〕 陈宏谋：《寄杨清江锡绂书》，《皇朝经世文编》卷十六《吏政二·吏论下》，转引自《魏源全集》第十四册，第66页。

难。”这种风气不变，流弊哪有穷尽呢！

【评述】

风俗问题是重大的政治问题，有作为的政治家都对移风易俗很在意。陈宏谋作为清代杰出的政治家和思想家，对这个问题也有自己的主张：风俗的形成是自上及下的，“转移之机，全在于上。欲端士习，先清仕习。”就是说要培养造就良好的社会风气（包括民风和士风），必须清理整顿官吏的积习和风气。陈宏谋认为官风存在的问题是“为己之念重，为民之念轻”。崇尚理学的陈宏谋所推崇的是儒家传统的价值观：“古之学者为己，其仕也为人。”这种价值观其实就是儒家所讲的内圣外王、修齐治平的道理。儒家讲究学问是为己之学，是内在的修养功夫，是提高道德修养的学问；同时在学而优则仕的情况下，则要兼济天下，以百姓苍生为念，为万世开太平。在陈宏谋看来，只有按照儒家圣人的教诲将当时社会上官员们“为己之念重，为民之念轻”的仕风转变过来，才能造就良好的社会风气。可以说，陈宏谋的政治思想是一派正大气象，且充满理想主义情怀，不愧为一代理学名臣。

事事从民生起见

【原文】

官场陋习，上下衙门，终日忙迫，究竟实在及民者甚少。官有事于民，而民反不之知；民所切望于官，而官又不之知。官民情意不通，虽法良意美，行之反以滋弊，甚至因偶一有之之弊，而废经久当行之法，皆官司苟安自便，奉行不实之故也。……其言之可听，而行之甚难，固多有之，然亦有名虽奉行实亦未曾行者。即如每奉部文，层层转行，上下衙门，案将成帙，似乎已经奉行，而士民则尚不得知，地方何从受益？总由上司以转行为了事，州县以发房为了事。即出告示，亦只在于城门通衢，远乡士民，何能遍观尽识？出示之后，官亦全不照应。及至士民或有违犯，不曰事不可行，则曰民不肯行，而不知实未曾行也。

地方官果肯事事从民生起见，每奉行一事，体察民情，逐处计画：利在何处，害在何处，惟求有利于民，并防有累于民。行之而利多弊少，则当救弊以全利，不可因弊而废利。如此则虽法未能即效，亦可补偏救弊，渐收其益矣。

大凡有益于世之事，其始也不能不有所难，迨其后则又不能一无所累。畏其难，惧其累，必至视天下事皆可以已。不但己不可为，且劝人之不为，且忌人之为。见有为之者，则又即其小疵以议其大醇，使卒无以自解。此所以驱天下之人皆趋于苟安自便之一途，而鲜有人焉出而任天下之事也。[1]

【译文】

官场的陋习在于，上下衙门终日繁忙，切实惠及百姓的却很少。官府做和百姓有关的事，而百姓反而不知道。百姓所切望于官府的，官府又不知。于是官民情意不通，虽然出台的政策法规很好，初衷很善，施行起来反而滋生了弊害，甚至因为偶然的一个弊端，而废除了在很长时期内应当实行的政策法规。这些都是因为官员苟且偷安，只图自便，执行起来不扎实所造成的。……

---

〔1〕 陈宏谋：《与各属论治》，《皇朝经世文编》卷十六《吏政二·吏论下》，转引自《魏源全集》第十四册，第68—69页。

那种听起来很好，施行起来很难的，固然不在少数，然而也有名义上已经奉行，实际上却没有施行的例子。比如每得到上级部门的文件，层层传达，上下衙门，案头都快堆积成册了，似乎已经奉行了，而底下的士人百姓却还不知道，地方怎能受益呢？归根到底，在于上司以转发为了事，州县也以转发为了事。即使出告示，也只贴在城门大街，远乡士民怎么能都知道呢？告示贴出之后，官员也全不照应。等到士民中有人违犯了告示条文，不是说责任在于事不可行，就说民不肯行，而不知告示的内容实际上并没有施行过。

地方官如果肯事事从民生起见，每奉上级文件实行一事，都本着体察民情的立场，一处一处地谋划好：好处在哪里，害处在哪里，只求有利于民，防止有累于民。一件事若施行时利多弊少，就应当补救弊病以保全实利，不可因为有些弊病而废弃实利。这样虽然政策法规不能马上收到好的成效，也可以补偏救弊，慢慢得到好处的。

大凡有益于世的事，开始不可能没有困难，等到施行之后又不可能一无所累。畏难惧累，那么必然会认为天下政事都可以停止不做了。不但自己不做，而且还劝别人不要做，甚至妒忌别人有所作为。看到有为的人，则在议论其淳厚的品质德行时只看到他的小毛病，使有所作为的人最终无法自我辩解。这实际上是把天下的人都驱赶到趋向于苟安自便这一条道上来，最终必然导致没有人愿意挺身而出担当天下大事了。

【评述】

本文原来的篇名为《与各属论治》，其主旨则是探求怎样去除弊政，以民生为念，为民谋福利。在陈宏谋看来：“官民情意不通，虽法良意美，行之反以滋弊。”所以地方官应当“事事从民生起见，每奉行一事，体察民情，逐处计画”，看清利弊，务求对民生有利。本文所论的都是行政管理方面的种种小弊端，但是背后却有一个为百姓谋福利的宗旨在其中。

望于吏役之迁善而远罪

【原文】

有官则必有吏，有官则必有役。……吏役，盖未可忽矣。只以人之才质不同，趋向各别，往往一入公门，图利之心既盛，办公之念遂轻。竭智尽能，无非为网利营私之用；气求声应，不外乎舞文骫[①]法之中。行险徼幸，恬不知非。而人之指而目之者，胥号曰奸，吏名为滑，衙役则目之曰蠹，所以贱而恶之者亦太甚矣。不知是人皆有天良，何地独无君子。况吏役中多有名家子弟，科第未就，托业公门，未必皆卑污苟贱之流。历观古今以来，以掾[②]吏起家为名臣者，固不可胜数。而本朝由吏员出身跻显秩者，亦复有之。至于身为吏役，为善种德，以致子孙贵盛者，更复不少。若一概鄙夷其人，不加教训，大非有教无类之意。且官衙所理者，非关国是，即涉民瘼，何事不经吏胥之手？而竟视为不可与言之人，不思所以感发其天良，湔[③]洗其积习，任其陷于罪戾。纵吏役不足惜，而吏治何以肃清，民生又将何赖乎？

本都院自筮仕[④]以来，历官内外，其驭吏不敢不严，而其望于吏役之迁善而远罪也不得不切。所至必开诚劝勉，不欲遽加以法；而敢有蔑良而舞弊者，究惩亦不稍贷。今忝任封疆，约计全省吏役不下数千人，既不能将此意与群吏役耳提而面命之，欲檄行诰诫，又恐言之未详，听之不广，因采旧事辑成一书，以广劝诫。……惟望得此书者偶寓于目，有动于心，常念祸福无门，感应可信。善者可以跻通显为名臣，即不能尽登仕进，而取法乎上，亦得乎中。果能积德行善，可以福子孙；奉公守法，可以保身家。……衙门多一奉公守法之吏役，则小民免遭冤累；官司得一奉公守法之吏役，则吏治日见肃清。官有恩泽，可以下逮闾里；官行教化，可以移易风俗。而胥吏之得以利济乡里，种福子孙者，亦自不少。本都院以此劝诫于吏役，正所以保全乎吏役也。各吏役其各体此意，以自图保全。〔1〕

【注释】

①骫（wěi）：弯曲，引申为枉曲。

②掾（yuàn）：佐助之官的通称。

③湔（jiān）：洗涤，清除。

④筮仕：初赴任，第一次去当官。

【译文】

有了官员就一定有属吏，有了官员就一定有差役。……属吏差役不能够轻视啊。因为人的才质不同，追求不同，往往一人官府，贪图私利之心就会滋长，办事的想法就会削弱。想尽一切办法，所做的无非是为了自己营私；同气相应，所为不外乎是玩弄文字枉曲法律。冒险为非，心存侥幸，恬不知耻。而人们都把这

〔1〕 陈宏谋：《分发在官法戒录檄》，《皇朝经世文编》卷二十四《吏政十·吏胥》，转引自《魏源全集》第十四册，第477—478页。

些小吏称之为奸胥滑吏，衙役则视之为衙蠹。这样来贱视且讨厌他们也太过分了点儿啊。要知道人都有天良，哪个地方没有君子？何况吏役中许多是名家子弟，他们科举没能成功，在公门谋一份差事做，不一定都是卑污苟贱的人。历观古今，以小官小吏起家而成为名臣的，原本不在少数。而本朝由小吏出身，后来跻身高官显位的，也是有的。至于身为吏役，为善积德，以致子孙后代显贵兴旺的人，更不在少数。如果对他们一概鄙夷，不加教训，这是和先贤“有教无类”的道理相违背的。而且官府衙门所操办的事务，不是关乎国家大事，便是涉及民生疾苦，哪一件事不经过小吏们的手呢？而我们竟然把他们看做不可以言谈的对象，不去想怎么样去感动启发他们的天良，涤除他们的不良积习，任由他们陷于罪戾。即使这些吏役不足惜，而国家的吏治如何得到肃清？民生又将依靠谁呢？

本都院我自出仕以来，在京内京外都做过官，治理手下吏役不敢不严，希望他们远罪向善之心很急切。我凡到一处做官，一定诚心诚意地劝勉，不想急急忙忙地用律法来惩治吏役；但是对敢于泯灭天良而舞弊作奸的，一定追究惩治而不宽恕。现在朝廷让我主政一方，约计全省吏役不下数千人，既然不能将我的这些想法耳提面命地告诉吏役们，想要发文告诫，又怕说得不细，听到的人不多，于是，我采集旧事，编辑成书，来扩大劝诫的范围。……只希望得到这本书的人，哪怕是偶尔看看，有动于心，常念祸福无门，感应可信。为善的可以跻身通显成为名臣，即使不能全都荣升高官，取法其上，也能够得其中。如果能积德行善，可以福佑子孙；奉公守法，可以保全身家。……衙门多一个奉公守法的吏役，老百姓就能免遭一些不明不白的牵累；官司得一个奉公守法的吏役，吏治就会日见肃清。如此，则官施恩泽，可以泽被乡里；官行教化，可以移风易俗。而小官小吏中能够为乡里谋福利，为子孙造福的，也确实不少。我想通过这本书来劝诫那些吏役，正是为了保全他们。各位吏役应该体会我的意图，以自图保全。

【评述】

“清与胥吏共天下。”清代胥吏对行政的介入是清代吏治不清的重要原因之一。清代诸多政治家探讨吏治都未能对基层小吏给予足够重视。陈宏谋点出了清代政权机构中最容易被忽视又最重要的环节，即基层胥吏差役管理的重要性。他指出，政令政策执行是否到位、能否赢得民心，可以说在很大程度上取决于基层小吏。民众和上层官员对他们爱护少，苛责多，没有设身处地地去为他们着想。陈宏谋不愧为清代的“从政楷模”，他敏锐地洞察了这个危险的环节存在的问题，并提出应对基层小吏进行教化训诫开导，引导其一心向善，远离罪恶。

第二十三节　纪昀

【人物简介】

纪昀（1724—1805），字晓岚，又字春帆，晚年号白云，道号观弈道人，直隶献县（今属河北）人。是清代名臣、文学家。乾隆十九年（1754 年）进士，入翰林院为庶吉士，授编修，官至翰林院侍读学士。三十五年被任命为《四库全书》总纂官，纂定

《四库全书总目提要》，凡二百卷，为代表清代目录学成就的巨著。《四库全书》修成后，晋升为左都御史、礼部尚书及经筵讲官。嘉庆元年（1796 年）任兵部尚书。嘉庆十年复为礼部尚书，同时充任协办大学士，加太子少保，管国子监事。因其“敏而好学可为文，授之以政无不达”（嘉庆帝御赐碑文），故卒后谥文达。著有《阅微草堂笔记》、《纪文达公遗集》等。

拟请重亲民之官疏

【原文】

……生民之命，尝系于亲民之官。而居是官者，其人乃不可不择。……陛下即位以后，宵衣旰食，百废俱兴，升中告成，于昭万祀。虽唐虞三代，无以加兹也。而独于亲民之官，若未加意，岂以其卑而忽之耶？

夫寸辖[①]制轮，尺枢转关，权之所在，不限大小。封疆大吏，所任不为不重，然衔天下之命，赫然建节钺[②]以临之，百姓视之，仅下天子一等耳。其势愈重，其体愈尊，而于民间休戚之故，愈阔绝而难通。故古之循吏，下僚多而大臣少，势使然也。知州通判，其位卑，易控制也；其势近，易察核也；其所治狭，易周览也；其见民数，易相习也；其资望轻，虽履闾阎问琐屑而不以为亵也。上达下情，下宣上德，是亦天下之辖与枢矣。陛下轻之，毋乃未深计耶？且夫吏治易弛而难张，官方易淆而难澄，一不经心，其弊百出。方今清公守法、约己爱人者，守令之中，岂曰无人？然南山之竹，不揉自直，器车之材，不规自圆，此千百之一二耳。其横者毛鸷搏噬，其贪者溪壑不盈，其谲者巧诈售欺，其懦者昏愦败事，而贵族权门依势作威者又错出于其中。一二良吏恐不能补千百人之不及，况此一二人者，无所激劝，亦将随而波靡哉？良由视之太轻，核之不力，势遂至此也。

陛下兢兢业业，日有万幾，诚不能于铨除之时，一一亲见。……请慎简宰执，责以以人事君之道，委以进贤退不肖之任。于遣任之时，以言语观其才能，以容仪观其德器，虽未必周知心术，而拔十得五，亦足风厉天下。磨砺渐久，庶乎澄清。至于县令以下，虽不当以细事烦大臣，亦宜以台谏等官裁其去取。慎之于始与治其败露之时，所得所失，相去万里。陛下傥留意焉，天下幸甚！〔1〕

【注释】

①辖：古代车上的部件，用以固定车轮与车轴。

②节钺：符节和斧钺。在古代，帝王将其授予将帅，作为权力的标志。

【译文】

……百姓的命运，往往系于亲民之官。而当这种官的人，不能不严格挑选。……皇上您即位以后，勤劳地治国理政，使百废俱兴，国家发展出现了中兴的局面。就是唐虞三代，也不能比现在的局面更好。然而，只对亲民之官这一问题，好像没有尽心留意予以治理，难道是因为这一问题不重要才忽视了吗？

寸辖可以固定车轮，尺枢可以控制门的开与关，权力的所在，

---

〔1〕《皇朝经世文编》卷十五《吏政一·吏论上》，转引自《魏源全集》第十四册，第22—23页。

不在大小。封疆大吏，其责任不可以说不重要，然而肩负国家的使命，由皇帝将节钺授予他们，老百姓认为他们仅仅比皇帝低一等而已，他们的势力越大，身份越高贵，对于百姓喜乐悲伤的原因，就越加隔绝而难于了解。所以古代奉公守法的官吏是下层官吏多而大臣少，这是客观形势所决定的。知州通判这类官，他们的地位不高，容易控制；他们的权势不远，容易纠察和考核；他们所管地区狭小，容易遍览全局；他们与百姓接触多，容易熟悉民情；他们的资历浅、声望不重，即使去平民那里去调查琐碎的小事也不觉得降低身份丢面子。他们向上报告民情，在百姓中宣示圣德，也是国家的“辖”与“枢”了。陛下您轻视他们，不是未从深处着想吗？况且吏治问题容易宽而难从严，官方易乱而难以澄清，一不小心，就会弊端百出。当今清廉、公正、守法、约束自己、关心别人的人，在守令之中不能说没有。然而像南山的竹子不鞣就直，像做车轮的成材，不规就圆，这种情况只能是千百中之一二罢了。其中强横的，像凶猛的大鸟一样到处抓咬；贪婪的，其贪欲像河流的深谷一样难以填满；狡黠的，巧取豪夺；怯懦的，昏庸糊涂败坏政事。而贵族豪门，依势作威的人又夹杂在其中。一两个好官恐怕不能弥补千百个不称职官员的不足。况且这一两个好的，如果不被适当激励劝勉，也将会随波逐流渐渐变坏吧？这确实是因为对亲民之官太不重视，考核不力，结果造成了这样的局面。

陛下您兢兢业业，日理万机，的确是不能在选官的时候逐个儿当面考察这些亲民官。……请陛下您谨慎地选择宰执，以通过忠诚侍奉君主的准则来要求他们，给他们举荐贤者和罢退不肖者的权力。在派任亲民官的时候，宰执从言谈中观察他们的才能，从外表和仪容上观察他们的德行，虽然未必能全面了解他们的居心，然而挑选十个得到五个，也足以形成风气激励天下人才。这样磨砺日久，差不多可以澄清吏治了。至于县令以下的官员，虽然不应当用些烦琐的事去麻烦大臣，但也应当以台谏之类的官员决定他们的去留。在开始选任官员时谨慎一些和在官员劣迹败露时整治，两者比较，所得所失，相差万里。陛下您如果在这件事上用心的话，将是国家的大幸事![1]

【评述】

纪昀这篇写于乾隆十九年（1754 年）的《拟请重亲民之官疏》，其主旨是恳请皇帝重视基层亲民之官，因为亲民官“上达下情，下宣上德，是亦天下之辖与枢”，国家通过他们治理地方。他们地位不高，却责任重大。只有保证了作为国家政治枢纽的亲民官的品德和才能，才能确保政治清明。纪昀在提出问题的同时，也提出了解决问题的方法——严格选任：皇帝谨慎选择宰执大臣，并由执宰大臣谨慎选择德才兼备、心术端正的人担任亲民官，从选人的源头上严把官员入口。这样就可以将不合格的人排除在亲民官队伍之外，达到了澄清吏治的效果。

〔1〕 译文参见《治国之道——中国历代谏书》下卷，第 426—428 页。

参考文献：

《清实录》（顺治、康熙、雍正、乾隆等朝），台湾华文书局影印本。

《清史稿》，中华书局1976年版。

中国第一历史档案馆编：《康熙朝汉文朱批奏折汇编》，档案出版社1984年版。

中国第一历史档案馆编：《雍正朝汉文朱批奏折汇编》，江苏古籍出版社1989—1991年出版。

《清代起居注册·康熙朝》，台湾中华书局、联经出版事业有限公司2009年版。

中国第一历史档案馆编：《雍正朝起居注册》，中华书局1993年版。

贺长龄、魏源编：《皇清经世文编》，中华书局1992年版。

中仁主编：《康熙御批》，中国华侨出版社1999年版。

中仁主编：《雍正御批》，中国华侨出版社1999年版。

章梫编纂：《康熙政要》，中共中央党校出版社1994年版。

王春瑜主编：《康熙政风录》，中共中央党校出版社1996年版。

王春瑜主编：《中国反贪史》，四川人民出版社2007年版。

钱穆著：《中国近三百年学术史》，中华书局1986年版。

钱穆著：《国史新论》，三联书店2001年版。

侯外庐著：《船山学案》，岳麓书社1982年版。

戴逸著：《乾隆帝及其时代》，中国人民大学出版社2008年版。

戴逸主编：《简明清史》，中国人民大学出版社2006年版。

萧一山著：《清代通史》，中华书局1985年版。

孟森著：《清史讲义》，中华书局2007年版。

郭成康著：《18世纪的中国与世界：政治卷》，1998年。

郭成康著：《康乾盛世历史报告》，中国言实出版社2002年版。

李治亭著：《清康乾盛世》，凤凰出版传媒集团、江苏教育出版社2005年版。

杨旭辉著:《拷问盛世:棒喝康乾衰世》，中原出版传媒集团2008年版。

许明、王宏刚主编:《治国之道——中国历代谏书》，中国大百科全书出版社2008年版。

林喆著:《权力腐败与权力制约》，山东人民出版社2009年版。

王亚南著:《中国官僚政治研究》，中国社会科学出版社1981年版。

萧公权著:《中国政治思想史》，台湾联经出版事业公司1982年版。

萨孟武著:《中国政治思想史》，台湾三民书局1979年版。

吴思:《潜规则:中国历史中的真实游戏》，复旦大学出版社2009年版。

彭勃主编:《中华监察执纪执法大典》，中国方正出版社2002年版。

杨洪柱、郭墨兰、林玉久主编:《中国历代廉政通观》，济南出版社1994年版。

李泽厚著:《论语今读》，安徽文艺出版社1998年版。

金良年撰:《论语译注》，上海古籍出版社2004年版。

张觉等撰:《韩非子译注》，上海古籍出版社2007年版。

顾炎武著:《日知录集释》，上海古籍出版社2006年版。

王夫之著:《船山全书》，岳麓书社1988—1996年。

王夫之著:《读通鉴论》，中华书局1975年版。

黄宗羲著:《黄宗羲全集》，中华书局1959年版。

黄宗羲著、李伟译注:《明夷待访录译注》，岳麓书社2008年版。

徐定宝著:《黄宗羲评传》，南京大学出版社2002年版。

许苏民著:《顾炎武评传》，南京大学出版社2006年版。

萧萐父、许苏民著:《王夫之评传》，南京大学出版社2002年版。

孟昭信著:《康熙评传》，南京大学出版社1998年版。

王同君、侯文友、邹远修编著:《中国历代廉政思想教育读本》，中国方正出版社2007年版。

刘泽华、葛荃主编：《中国古代政治思想史》（修订本），南开大学出版社2001年版。

刘泽华、汪茂和、王兰仲著：《专制权力与中国社会》，天津古籍出版社2005年版。

纪宝成主编：《中国古代治国要论》，中国人民大学出版社2004年版。

罗宏曾、佟飞主编：《从政史鉴》（修订本），天津社会科学院出版社1999年版。

唐瑞裕著：《清代乾隆朝吏治之研究》，台湾文史哲出版社2001年版。

阎现章著：《中国古代吏治史》，中州古籍出版社2003年版。

黄惠贤、陈峰：《中国俸禄制度史》，武汉大学出版社2005年版。

杨启樵著：《雍正帝及其密折制度研究》，广东人民出版社1981年版。

冯尔康著：《雍正传》，人民出版社1985年版。

史松著：《雍正研究》，辽宁民族出版社2009年版。

龚群著：《新加坡公民道德教育研究》，首都师范大学出版社2007年版。

刘建基著：《中国古代吏治札记》，社会科学文献出版社2005年版。

汪学群、武才娃著：《清代思想史论》，中国社会科学出版社2007年版。

孙宝山著：《返古开新——黄宗羲的政治思想》，人民出版社2008年版。

张师伟著：《民本的极限——黄宗羲政治思想新论》，中国人民大学出版社2004年版。

张力均著：《清代八旗蒙古汉文著作家政治思想研究》，辽宁民族出版社2007年版。

黎东方著：《黎东方讲史：细说清朝》，上海人民出版社2007年版。

阎崇年著：《正说清朝十二帝》，中华书局2006年版。

邹范平著：《君臣道——盛世朝堂的存亡法则》，陕西人民出版社2006

年版。

裴传永主编:《为官思想录》，中共中央党校出版社 2005 年版。

季正矩著:《通往廉洁之路——中外反腐败的经验与教训研究》，中央编译出版社 2006 年版。

师少林编著:《中国廉政史鉴》，中国经济出版社 1999 年版。

王雅轩、王凯旋、王大海主编:《中国历代王朝反贪录》，沈阳出版社 2005 年版。

陈泽军编著:《廉政史鉴》，湖南人民出版社 2009 年版。

朱杰军:《严猛治吏——雍正朝吏治研究》，中国人民大学博士论文，1999 年。

刘丽君:《清代顺康两朝科道官员研究》，中央民族大学博士论文，2007 年。

本章执笔：刘　藩